DÉLÉGATION

DES

OUVRIERS RELIEURS

PREMIÈRE PARTIE

LA RELIURE

AUX EXPOSITIONS DE L'INDUSTRIE

(1798-1862)

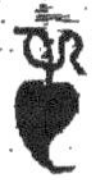

PARIS

AU SIÉGE DE LA COMMISSION

CHEZ M. CLÉMENCE, RELIEUR

RUE DES JUIFS, 19 (MARAIS)

1868

EXPOSITION DE 1867

DÉLÉGATION

DES

OUVRIERS RELIEURS

DÉLÉGATION

DES

OUVRIERS RELIEURS

PREMIÈRE PARTIE

LA RELIURE

AUX EXPOSITIONS DE L'INDUSTRIE

(1798-1862)

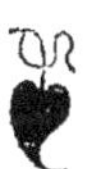

PARIS

AU SIÉGE DE LA COMMISSION

CHEZ M. CLEMENCE, RELIEUR

RUE DES JUIFS, 19 (MARAIS)

1868

PUBLIÉ

PAR

LA COMMISSION ET LA DÉLÉGATION

DE LA RELIURE

AU MOYEN

D'UNE SOUSCRIPTION GÉNÉRALE

A NOS SOUSCRIPTEURS

Lorsqu'au début de nos travaux nous avons dû nous occuper de la partie matérielle de notre œuvre, notre attention fut de suite attirée sur l'impôt onéreux que nous étions obligés de payer au fisc pour avoir le droit d'exprimer notre pensée. Il était de notre devoir de protester contre une loi qui nous paraît contraire à notre dignité ainsi qu'à nos intérêts, et la meilleure protestation que nous avons cru pouvoir faire contre le timbre a été de ne pas le payer. Cette détermination nous obligeait à faire un livre de plus de dix feuilles d'impression. Nous nous y sommes décidés; et afin d'occuper l'espace que nous nous tracions d'avance, nous avons dû rédiger un programme assez vaste pour le remplir.

Les développements de ce programme nous ont entraînés bien au delà de ce que nous pensions tout d'abord, et nous n'avons pas tardé à nous apercevoir que, à moins de nous renfermer dans une analyse insuffisante, nous ne pourrions échapper à un supplément. La nouvelle loi sur la presse est intervenue à propos pour nous permettre de publier notre travail en deux volumes de plus de six feuilles chacun.

Cette détermination a été l'objet de sérieuses discussions, et nous ne l'avons adoptée qu'après nous être assurés de l'assentiment de ceux qui nous entourent ; nous espérons que nos souscripteurs se rangeront à cette opinion, surtout lorsqu'ils auront pris connaissance de la partie que nous publions aujourd'hui.

Ce travail pourrait être plus complet, nous le reconnaissons volontiers, car nous avons omis d'y faire entrer, faute de place, plusiéurs documents qui se trouvaient naturellement indiqués ; nous aurions désiré aussi apprécier plus souvent que nous ne l'avons fait les reliures et les relieurs mentionnés dans les rapports officiels, ainsi que les diverses appréciations dont ils ont été l'objet de la part de certains bibliophiles.

Tout cela nous aurait entraînés trop loin, et nous avons dû maintenir notre travail dans des limites qui, malgré leur peu d'étendue, donneront, croyons-nous, satisfaction à la généralité

de nos lecteurs. Nous espérons que la bienveil-
lance qui nous a accueillis nous sera continuée, et
que le supplément de souscription que nous serons
obligés de demander , lors de l'apparition de
notre second volume, nous sera accordé par nos
souscripteurs, qui en reconnaîtront la justice et
la nécessité.

La deuxième partie de notre publication est
actuellement sous presse ; elle contiendra, outre
le Rapport des délégués de 1867, une étude sur
la reliure ancienne , comparée avec la reliure
moderne ; cette étude sera accompagnée de quelques planches dessinées et gravées expressément
pour notre publication : Nous mentionnerons ,
dès aujourd'hui, deux eaux-fortes gravées par
par M. Aglaüs Bouvenne ; elles reproduisent
deux dessins de reliures tirées de son intéressante collection ; indépendamment de ces deux
planches, M. Bouvenne en a gravé une troisième
qui est la reproduction d'un des chefs-d'œuvre
de M. Trautz.

En plus de ces trois eaux-fortes , nous
devons à la gracieuse obligeance de M. Boucheron de pouvoir donner à nos souscripteurs la
reproduction par la photo-gravure de son magnifique exemplaire du *Jules César*, exposé dans la
section de la bijouterie. Deux planches y sont

consacrées; elles représentent l'ornementation extérieure et intérieure de la reliure.

A côté du *Jules César* de M. Boucheron figurera celui de M. Gruel-Engelman, qui, d'après le désir exprimé par les délégués, a bien voulu coopérer aussi à notre publication ; deux dessins de son exemplaire, l'un représentant le plat, l'autre le dos, en compléteront la description et mettront le lecteur à même d'apprécier avec plus de certitude le mérite de la dorure.

Nous espérons que tous ces efforts réussiront à faire de notre publication une œuvre sérieuse et utile. Nous croyons surtout pouvoir affirmer que l'impartialité, cette qualité qui ne s'acquiert pas sans froisser parfois certaines opinions et mécontenter quelques personnalités, ne nous sera pas contestée ; et, si notre appréciation n'est pas toujours ratifiée par le lecteur, nous pensons que, s'il veut bien se placer à notre point de vue, il ne méconnaîtra pas que nous nous sommes toujours efforcés d'être justes et que nous avons pris pour guide constant : l'intérêt de tous.

PRÉLIMINAIRES DE LA DÉLÉGATION

A l'approche de cette grande manifestation pacifique : L'EXPOSITION UNIVERSELLE, en présence de ce concours toujours grandiose des industries de toutes les nations, les travailleurs s'émeuvent instinctivement. Que résultera-t-il de cette exhibition de tant de prodiges, de tant de chefs-d'œuvre ; de cette accumulation de produits variés à l'infini, de merveilles venues de tous les points du globe ?

De nombreuses récompenses seront données, des fortunes colossales se feront sans doute par suite de la publicité d'invention et de produits utiles jusqu'alors ignorés. Quelle sera la part du travail ? Quel bien découlera, pour le peuple, de tout ce bruit, de tout ce mouvement ?

Le travail, disent les économistes officiels, n'a-t-il pas été désintéressé dans le concours par le salaire qu'il a reçu ? Les fabricants, les entrepreneurs restent seuls détenteurs des produits ; à eux tous les honneurs, tous les bénéfices, comme à eux tous les risques.

L'ouvrier pourra venir admirer les produits de ses labeurs qui auront valu des récompenses ou la fortune à ses patrons ; il pourra faire une étude comparative des travaux exposés afin d'améliorer encore sa ma-

nière de faire et concourir ainsi au perfectionnement
de l'industrie ; on l'aidera même dans l'accomplissement de cette tâche, car on comprend tous les avantages que l'on peut tirer de son initiative et de son
savoir industriel.

Dès le 29 novembre 1866, un arrêté ministériel
organise une Commission d'encouragement ayant pour
but : « de préparer, par voie de souscription, de cotisation, et par toutes autres mesures, la création d'un
fonds destiné à faciliter la visite et l'étude de l'Exposition universelle aux contre-maîtres, ouvriers et coopérateurs divers de l'agriculture et de l'industrie. » (1)
Sitôt instituée, cette Commission fait appel à tous les
industriels, manufacturiers, fabricants, commerçants;
à tous les fonctionnaires, propriétaires, rentiers, en
un mot, à toutes les personnes les plus intéressées au
progrès de l'industrie : grands producteurs ou grands
consommateurs.

Le travailleur voit toutes ces machinations; il sent
bien qu'il n'a rien à gagner immédiatement à cette
joute industrielle et spéculative qui s'engage sur son
dos et dont les premières conséquences sont un ren-
chérissement général de toutes choses de première
nécessité. Mais qu'importe, le travailleur a foi dans
l'avenir, il ira puiser un grand enseignement dans
cette Exposition, il coopérera encore au progrès,
parce qu'il espère en une réparation prochaine de la
longue injustice sociale.

Il a compris que pour obtenir une répartition plus
équitable de la production générale, il faut qu'il cesse
d'être un simple rouage dans la grande machine industrielle, un simple instrument dans la main des ca-

(1) Circulaire de la Commission d'encouragement, 26 février 1867.

pitalistes ; il faut qu'il apprenne à connaître les causes et les effets de toutes ces merveilles de la mécanique et de la science ; il faut qu'il découvre les grandes *ficelles* administratives, afin de pouvoir établir son compte et réclamer sa part. Il a enfin compris que le savoir est indispensable pour revendiquer.

Il se met à l'œuvre. Il va non-seulement faire une étude approfondie sur l'industrie, mais les problèmes sociaux les plus ardus vont être résolument abordés par lui. Il sait que les maux qu'il supporte ne sont pas particuliers à son propre métier, mais qu'ils tiennent à des vices généraux de l'ordre social ; c'est donc dans son ensemble qu'il va étudier l'organisation de la Société. Il connaît à fond toutes les misères, puisqu'il vit au milieu d'elles ; il va chercher les remèdes et sans doute il les trouvera, car il est autrement intéressé à leur découverte que les philanthropes qui, jusqu'alors, se sont occupés de ceux qui souffraient, sans jamais connaître le besoin.

Les ouvriers relieurs s'étaient trop inquiétés de leurs intérêts depuis plusieurs années pour ne pas saisir avec empressement cette occasion de faire une étude sérieuse au profit de tous. La Société de Crédit mutuel, le seul lien de solidarité entre les membres de la profession, devaient prendre l'initiative ; elle se réunit en assemblée générale extraordinaire pour délibérer spécialement à cet effet.

Nous ne pouvons mieux faire que de reproduire textuellement le procès-verbal de cette assemblée.

Procès-verbal de l'assemblée générale de la Société de Crédit mutuel des ouvriers relieurs, tenue le 13 avril 1867, rue de l'École-de-Médecine, 69.

PRÉSIDENCE DE M. VARLIN.

La séance commence à neuf heures cinquante-cinq minutes du soir. Trente-six sociétaires sont présents : vingt-quatre membres actifs et douze adhérents.

Le Président expose, au nom de la Commission administrative, la nécessité d'envoyer quelques délégués de la reliure à l'Exposition, dans le but d'examiner les travaux exposés, les améliorations acquises et d'en rendre compte dans un mémoire détaillé. Il ajoute que la Société de Crédit mutuel doit en prendre l'initiative, étant actuellement seule capable de représenter dignement la reliure.

Le sociétaire Robillard rappelle l'Exposition de Londres en 1862, et le résultat insignifiant obtenu par la délégation des ouvriers relieurs de Paris. Il demande à l'assemblée si elle croit qu'aujourd'hui les ouvriers relieurs prendront sérieusement en considération l'appel que la Société de Crédit mutuel leur fera, et sauront choisir des hommes capables de mener à bonne fin la tâche qui leur incomberait.

M. Varlin croit qu'après les divers mouvements qui ont eu lieu dans la reliure, les idées sont beaucoup plus développées, et que malgré les derniers événements nous sommes sûrs d'être mieux accueillis que ne l'a été, en 1862, la Société de secours mutuels, dont le président, après avoir consulté la corporation, viola l'expression du suffrage universel en envoyant des délégués de son choix en remplacement des élus.

Le Président met ensuite aux voix la proposition suivante :

Croit-on qu'il soit nécessaire d'envoyer des délégués de la reliure pour étudier les travaux de notre métier à l'Exposition ?

L'Assemblée en reconnaît unanimement l'utilité.

Ensuite s'engage une longue discussion, dans laquelle plusieurs sociétaires prennent la parole, sur les conditions dans lesquelles devra se faire la délégation.

L'Assemblée générale adopte comme conclusions les résolutions suivantes :

1° La Société de Crédit mutuel prendra l'initiative et convoquera une assemblée générale de la reliure ;

2° Cette assemblée aura pour but :

De nommer une commission chargée de préparer les élections ;

De recueillir les sommes nécessaires pour couvrir les frais de la délégation ;

Et de s'occuper de l'impression et de la mise en vente du rapport des délégués ;

3° Cette commission, une fois nommée, la Société de Crédit mutuel s'effacera complétement ;

4° La Société de Crédit mutuel ayant pour principe fondamental : *l'affranchissement des travailleurs par les travailleurs eux-mêmes*, nous ne devons, sous aucun prétexte, accepter de patronage et, par conséquent, les fonds offerts par la Société d'encouragement ;

5° Dans le cas où la réunion générale des ouvriers relieurs déciderait l'acceptation de fonds étrangers à la corporation, la Société devra se retirer et agir seule ;

6° La Commission administrative est autorisée à

faire autographier des lettres de convocation pour la réunion de tous les membres de la profession, qui aura lieu le lundi de Pâques 22 avril, à neuf heures du matin. Le Président est chargé de faire la demande d'autorisation.

La séance est levée à dix heures quarante-cinq minutes.

Conformément aux résolutions prises, la Commission de la Société de Crédit mutuel adressa à tous les ateliers de reliure des lettres d'invitation pour la réunion générale des ouvriers relieurs, en même temps qu'elle faisait insérer un avis dans plusieurs journaux politiques des plus répandus.

Procès-verbal de la réunion générale des ouvriers relieurs de Paris, tenue, le 22 avril, rue Victor-Cousin, 11.

PRÉSIDENCE DE M. VARLIN.

La séance commence à dix heures et quart.

Le Président explique que la Société de Crédit mutuel a pris l'initiative d'une convocation générale de tous les membres de la profession, pour les consulter sur l'utilité d'envoyer des délégués à l'Exposition et les inviter à nommer une commission chargée d'en préparer l'élection. Il propose qu'une souscription soit ouverte parmi les ouvriers relieurs pour fournir les frais de la délégation, et termine en déclarant que la Société de Crédit mutuel s'effacera complétement aussitôt la commission nommée.

M. Clémence prend la parole. Il rappelle la délégation de 1862 à Londres. Il croit que le rapport fait par les délégués n'a pas été profitable pour les membres de la profession, à cause de son manque d'étendue. Il demande que celui que l'on ferait cette année n'ait pas le même défaut. Il croit même que l'on pourrait faire un volume de plus de dix feuilles, afin de ne pas avoir à payer le timbre, ce qui réaliserait une économie considérable et serait un moyen de protester contre un impôt inique, l'impôt sur les œuvres de la pensée. A son avis, la matière ne manquerait pas, car, outre l'étude industrielle à faire sur l'Exposition universelle, nous avons de nombreuses questions très-intéressantes à élucider : telles que l'histoire de la reliure et les questions sociales. Il propose que l'on profite de la circonstance, et croit que l'on pourrait adjoindre les membres de la commission aux délégués, afin de faciliter la tâche.

L'Assemblée appuie cette proposition.

Le Président met aux voix la proposition suivante :

L'Assemblée juge-t-elle nécessaire l'envoi de délégués à l'Exposition ?

L'Assemblée approuve à l'unanimité.

M. Combaz croit que les souscriptions ne suffiront pas pour l'envoi des délégués et pour l'impression du rapport ; il cite, comme exemple, la délégation de 1862, et demande pourquoi on n'accepterait pas la subvention offerte par la Commission d'encouragement.

M. Varlin répond : Si les souscriptions n'ont pas suffi en 1862, cela a tenu sans doute au peu de confiance que l'on avait dans le président de la Société de secours mutuels qui dirigeait les élections, manque de confiance d'ailleurs très-justifié, puisque le vote des membres de la profession n'a pas été respecté. Quant à la subvention, il croit que si nous voulons conserver notre indépendance et pouvoir librement dire nos impressions et exprimer nos idées, nous devons repousser toute espèce de tutelle et faire la délégation avec nos propres ressources.

M. Lancelin croit que l'on pourrait faire une souscription spéciale pour la publication du rapport.

La réunion décide que l'on n'acceptera pas de subvention et que le nombre des délégués, ainsi que la quotité de leur indemnité, seront fixés ultérieurement en raison du produit de la souscription.

Afin qu'il ne puisse y avoir aucun doute sur la loyauté des élections, la réunion décide qu'aucun membre de la commission électorale ne pourra se porter candidat à la délégation. Elle décide également, afin d'assurer la plus complète impartialité de jugement aux délégués, qu'aucun d'eux ne pourra être pris parmi les ouvriers travaillant chez des patrons exposants.

On procède ensuite à la nomination de la commission électorale, qui aura pour mission :

1° D'ouvrir une souscription ;

2° De faire appel aux candidats, de les questionner, d'en dresser la liste et d'éclairer le vote autant que possible, sans cependant repousser personne.

Sont nommés membres de la commission : MM. Barrier (Elie), Boullet, Bouvinet, Bourgoin, Boyenval, Briotet, Cammaert, Clémence, David (Jean), Faure (Victor), Gouet (Léon), Javelle, Lancelin, Lévêque, Prévost, Rifflet, Stauber, Stugard, Vassal.

La séance est levée à onze heures.

Aussitôt la Commission nommée, elle se met à l'œuvre et après avoir constitué son bureau comme suit : MM. Clémence, président ; Prévost, vice-président ; Lancelin, secrétaire ; Gouet, secrétaire-adjoint ;

Stauber, trésorier, elle ouvre une liste de souscription qu'elle fait circuler dans les ateliers.

Cette liste de souscription est précédée d'un préambule qui résume le procès-verbal de la réunion du 22 avril, afin que chacun ait connaissance de la manière dont la délégation doit se faire, et fait appel en même temps aux ouvriers qui désireraient se porter candidats.

La Commission adresse, en outre, à tous les ateliers la circulaire suivante :

Paris, le 9 mai 1867.

M

La Commission, nommée pour préparer l'élection des délégués de la reliure à l'Exposition, prévient les ouvriers relieurs et doreurs qui désireraient se porter candidats, qu'ils peuvent, dès à présent, adresser leur demande par écrit au président de la Commission, M. Adolphe Clémence, rue des Juifs, 19 (Marais). Ils devront indiquer leurs noms, âge, demeure et spécialité ; leurs vues sur l'état actuel de la reliure, ainsi que sur les améliorations qui pourraient y être apportées.

La Commission croit devoir rappeler que, par décision prise dans la réunion du 22 avril, les membres de la Commission, ainsi que tout ouvrier travaillant chez un patron exposant, ne pourront être nommés délégués. Elle invite les candidats à envoyer leur demande le plus tôt possible afin qu'il puisse leur être donné avis du jour où la Commission pourra recevoir leurs explications.

Passé le 25 mai, il ne pourra être fait réponse à aucune demande.

Une prochaine circulaire indiquera le jour de l'élection.

Pour la Commission :

Le président, A. CLÉMENCE.

Le secrétaire, A. LANCELIN.

Puis, lorsque la souscription a réuni les fonds nécessaires pour assurer la délégation, la Commission adresse aux journaux l'appel suivant, publié par l'*Opinion nationale* du 14 juin :

Aux ouvrières et ouvriers de la reliure et de ses diverses
spécialités.

Paris, le 6 juin 1867.

L'appel relatif aux délégations ouvrières fait par la Commission de la reliure a été entendu. Grâce à l'appui sympathique que nous avons rencontré dans tout le corps d'état, la première partie de notre mission est remplie, et nous venons donner avis à nos camarades que l'élection de cinq délégués aura lieu le dimanche, 16 juin, à neuf heures précises du matin, salle du Gymnase Gesell, rue Victor-Cousin, 11 (ancienne rue de Cluny).

Dans notre travail, nous avons dû, pour nous conformer aux décisions prises à l'unanimité dans la réunion générale du 22 avril dernier, ouvrir une souscription dans toute la reliure, et faire appel aux ouvriers réunissant les conditions requises pour la délégation.

La souscription est en très-bonne voie. Tous, nous avons compris que la première condition pour faire de notre délégation une œuvre utile et féconde, était d'avoir une entière liberté. Nous n'avons voulu qu'aucune influence étrangère au corps d'état puisse exercer une pression quelconque sur les décisions que nous pourrons avoir à prendre ; et c'est avec un juste orgueil que nous annonçons que les frais de toutes sortes, nécessités par notre manifestation, seront souscrits entièrement par les membres de la profession.

Ce fait renferme son enseignement ; il nous prouve, une fois de plus, que ce que nous voulons, nous le pouvons ; il nous prouve aussi que la doctrine de la mise en tutelle et du protectorat a fait son temps.

Les candidats qui, jusqu'ici, se sont présentés nous paraissent réunir les conditions nécessaires pour l'accomplissement de cet important mandat. Comme nous, ils pensent que l'utilité des expositions industrielles est incontestable et doit encore avoir de plus grands résultats que ceux obtenus jusqu'à ce jour; car c'est seulement dans ces luttes pacifiques, surtout lorsqu'elles sont internationales, que peut se mesurer l'avance ou le retard sur le chemin du progrès.

Là, seulement, nous pouvons compter nos triomphes ou mesurer l'étendue de la défaite; là, aussi, comparant l'état de notre profession avec les autres industries exercées par nos camarades, nous pouvons voir si, dans l'ensemble artistique et industriel, la reliure est à la hauteur du progrès; si enfin elle peut suffire à la tâche qui lui est demandée.

Indépendamment de la situation artistique et industrielle, nous devons aussi nous préoccuper de notre situation sociale. Ce côté de la question a été jusqu'ici fort négligé dans les rapports officiels. A nous de combler cette lacune, car nous seuls savons ce que les progrès de l'industrie nous coûtent parfois de souffrances; et pour combattre certains abus, remédier à certains maux, notre appréciation est loin d'être inutile. Donc, à nous de parler et de dire ce que nous sommes aujourd'hui, ce que nous voudrions être demain.

Dans leur rapport, les délégués que vous choisirez devront pouvoir juger, apprécier théoriquement et pratiquement le mérite des reliures exposées, eu égard à leurs diverses destinations. Ils devront aussi se rendre compte des difficultés vaincues, apprécier la valeur des innovations proposées par les exposants, examiner attentivement les machines, outils et matières premières exposées, en indiquer les avantages, les défauts, etc.; au point de vue social, aborder la question du salaire, la durée du travail, les avantages et les inconvénients de la grande fabrique, ainsi que le résultat de l'influence que la librairie exerce sur la reliure; traiter la question de l'enseignement professionnel, s'informer s'il existe des associations pouvant nous servir de modèle, et, sur toutes ces questions, faire la comparaison de la France avec l'étranger.

En terminant, nous rappellerons à tous nos camarades qu'une telle entreprise ne peut être menée à bonne fin qu'avec le concours du corps d'état tout entier; 1867 doit être une date dans notre histoire, faisons en sorte qu'elle soit glorieuse et décisive ; tenons-nous à la hauteur du mérite des professions qui, comme nous, envoient des délégués à l'Exposition, et n'oublions pas que plus nous serons unis, plus proche sera la solution du problème social, qui ne peut être résolu, croyons-nous, que par ceux qui sont la preuve vivante ou de l'impuissance ou du mauvais vouloir du génie politique de tous les âges.

Les membres de la Commission :

A. CLÉMENCE, A. LANÇELIN, E. PRÉVOST, BOULLET, JAVELLE, RIFFLET, STAUBER, VASSAL, CAMMAERT, J. DAVID, F. LÉVÊQUE, BOUVINET, BRIOTET, BOURGOIN, STUGART, FAURE, E. BARRIER, BOYENVAL, L. GOUET.

En même temps que cet appel était envoyé aux journaux, la Commission convoquait par lettres circulaires, adressées à tous les ateliers, les ouvriers et ouvrières de la reliure et de ses diverses spécialités, pour l'élection de cinq délégués, fixée au dimanche 16 juin, à neuf heures, rue Victor-Cousin, 11.

———

Procès-verbal de la réunion des ouvriers relieurs,
du 16 juin 1867.

PRÉSIDENCE DE M. CLÉMENCE.

La séance commence à dix heures trente minutes.

Après avoir donné lecture de la lettre du commissaire de police qui annonce l'autorisation de la réunion, le Président déclare que l'Assemblée est souveraine pour approuver, modifier ou rejeter les propositions qui lui seront faites par la Commission. Il invite à se porter candidats les membres de la réunion réunissant les conditions nécessaires pour faire partie de la délégation et qui, pour quelque raison que ce fût, n'auraient pas adressé leurs candidatures à la Commission (1).

Le secrétaire donne lecture :

1° Du procès-verbal de l'assemblée générale de la Société de Crédit mutuel du 13 avril, dans laquelle a été décidé l'appel fait au corps d'état pour envoyer des délégués ;

2° Du procès-verbal de la réunion générale du 22 avril ; ce procès-verbal, soumis au vote de l'Assemblée est adopté à l'unanimité ;

3° Des procès-verbaux des séances de la Commission.

Le Président appelle tout particulièrement l'attention de l'Assemblée sur ces procès-verbaux, qui contiennent les dépositions des candidats appelés au sein de la Commission, et qui, par conséquent, doivent servir à l'éclairer sur la valeur de chacun d'eux.

M. Combaz approuve l'idée de porter un candidat doreur sur tranches, mais il regrette de ne pas voir un marbreur pour examiner les papiers.

M. Prévost dit que la Commission d'encouragement ayant accordé quatre délégués pour notre profession jointe à celle des papiers de fantaisie, notre abstention leur donnait le droit de choisir deux délégués de plus et que dans ce nombre devait se trouver un ouvrier marbreur.

Le trésorier rend compte des recettes et des dépenses. L'Assemblée les approuve.

Le Président donne lecture des articles que la Com-

(1) Un tableau, exposé dans la salle, fait connaître les noms des candidats qui ont répondu à l'appel de la Commission.

mission a jugé nécessaire de mettre dans le rapport
et qui sont :

1° L'historique de la manifestation actuelle, ainsi
que les documents qui s'y rattachent ;

2° Une revue de la reliure aux Expositions industrielles ;

3° Le rapport des délégués à l'Exposition de 1867.
Les délégués auraient, en outre, à établir un travail
de comparaison entre la reliure ancienne et la reliure
moderne ;

4° Une statistique de la reliure en 1849 et en 1860,
extraite des deux enquêtes publiées par la Chambre
de commerce de Paris.

Une statistique de la reliure en 1867, faite par tous
ceux qui appartiennent à la profession. Ce travail
contiendra, entre autres renseignements : le nombre
des patrons, ainsi que celui des ouvriers et des ouvrières ; le nombre des ouvriers et ouvrières travaillant aux pièces, à la journée ou chez eux, leur spécialité, leur salaire ; apprentis : âge et conditions
d'apprentissage ; durée du travail ; hommes de peine ;
chômage, etc. ;

5° Des études sociales et économiques sur les questions suivantes :

Capital et travail ; salaires ; heures supplémentai-
res ; travail aux pièces, à la tâche, à la journée ;
coalitions ; caisse contre le chômage ; travail des
femmes, des apprentis et dans les prisons ; des machines : leur influence sur les ouvriers, sur la profession ; des grands ateliers, leurs avantages et leurs
inconvénients ; comparaison avec les petits ateliers ;
des spécialités, moyens de remédier aux maux dont
elles sont la cause ; enseignement professionnel ; instruction ; influence de la librairie sur la reliure ; du
brevet de libraire ; prud'homme ; livret ; chambre

syndicale; Sociétés de secours mutuels, de Crédit mutuel; alimentation; habitation; assurance pour la vieillesse ; association de production, de consommation ; liberté de la presse, de réunion et d'association.

Le Président demande à l'Assemblée si elle croit pouvoir fixer approximativement le prix du rapport à deux francs.

Après une longue discussion, l'Assemblée donne à la Commission pleins pouvoirs, s'en rapportant à l'avance à la décision qu'elle jugera nécessaire de prendre.

Le Président demande à l'Assemblée si elle juge à propos de proroger le mandat de la Commission jusqu'à la mise en vente du rapport. — La proposition est adoptée à l'unanimité.

Il est, en outre, convenu que la Commission travaillera, de concert avec les délégués, à la partie du rapport qui n'a pas trait spécialement aux reliures exposées, aux machines et aux matières premières.

Le Président déclare que la Commission, d'après les fonds recueillis, propose à l'Assemblée l'envoi de cinq délégués, dont :

Trois pour la reliure ;

Un pour la dorure sur cuir ;

Un pour la dorure sur tranches ;

Qu'elle propose, en outre :

De fixer leur indemnité de déplacement à la somme de cinquante francs.

Ces deux propositions sont acceptées à l'unanimité.

Le Président déclare ensuite que le scrutin est ouvert et sera dépouillé à trois heures précises.

Les candidats à la délégation sont :

M. Delacour (Alphonse), corps d'ouvrage, chez M. Courtois, rue de Grenelle-Saint-Germain ;

M. Leclère, pour l'ensemble de la reliure et la dorure au balancier, travaillant chez M. Magnier ;

M. Marmin, corps d'ouvrage, chez M. Bernard David ;

M. Mathis, corps d'ouvrage, chez MM. Vigneau et Pasquier ;

M. Varlin (Eugène), couvreur, chez M. Petit, rue de l'Abbé de l'Epée ;

M. Bobin, doreur sur cuir, chez M. Magnier ;

M. Massart, doreur sur cuir, chez M. Petit, passage Sainte-Marie ;

M. Wynants (Victor), doreur sur cuir, chez M. Higel ;

M. Paillet, doreur sur tranches, chez M. Morand ;

M. Guérand, doreur sur tranches, chez madame Dumont.

La séance est suspendue pendant le vote. A trois heures, le dépouillement du scrutin s'opère en présence des membres de la Commission, des candidats et de nombreux ouvriers relieurs.

En voici le résultat :

Nombre des votants : 114.

MM. Varlin.	98 voix
Leclère.	74
Delacour..	53
Marmin.	49
Mathis.	30
Wynants.	45
Massart.	36
Bobin.	26
Paillet..	68
Guérand.	32

Quelques voix ont été perdues. — Il y a eu un bulletin blanc.

En conséquence, sont élus :

Pour la reliure :

MM. VARLIN,
LECLÈRE,
DELACOUR ;

Pour la dorure sur cuir :

M. WYNANTS ;

Pour la dorure sur tranches :

M. PAILLET.

La première réunion des délégués et des membres de la Commission est fixée au mercredi 26 juin.

La séance est levée à quatre heures trente-cinq minutes.

Dans notre deuxième partie, nous terminerons le compte rendu de nos travaux et donnerons en même temps, avec la liste de nos souscripteurs, l'état de nos recettes et de nos dépenses.

Les Membres de la Commission :

A. CLÉMENCE, PRÉVOST, RIFFLET,
GOUET, JAVELLE, BOUVINET,
STAUBER, DAVID, LÉVÊQUE,
BOULLET, BOYENVAL, FAURE,
STUGARD, BARRIER, VASSAL,
LANCELIN.

Les Délégués :

E. VARLIN, DELACOUR, LECLÈRE,
V. WYNANTS, PAILLET.

LA RELIURE

AUX

EXPOSITIONS DE L'INDUSTRIE

INTRODUCTION

La liberté du travail décrétée par la Constituante
rendit possibles les Expositions de l'Industrie, dont
l'existence eût été incompatible avec le régime cor-
poratif d'avant 1789. Ce n'est pas là un des côtés les
moins remarquables de cette nouvelle institution,
d'avoir attendu pour entrer dans nos mœurs que l'ancienne organisation industrielle eût disparu pour
faire place à un ordre de choses qui, de progrès en
progrès, produira bientôt la liberté du travail avec
toutes ses conséquences. En effet, quel résultat pratique auraient donné les Expositions de l'Industrie sous
l'ancienne monarchie? Quels progrès pouvaient s'accomplir avec cette réglementation universelle où
l'exercice d'un métier, sévèrement contenu dans
d'étroites limites, souvent contestées, n'était possible
qu'en tournant toujours dans un même cercle tracé
par la routine et l'arbitraire? Selon nous, l'entreprise
n'était même pas à tenter, et si plus tard elle a eu
lieu, c'est que les hommes de 89 nous avaient frayé
la route.

Dans cette étude, nous passerons en revue le rôle
que la Reliure a rempli à ces *Assises industrielles*;
nous ferons ressortir les commencements modestes

d'une industrie assez importante pour être arrivée aujourd'hui à une sérieuse exploitation, et pour avoir mérité, d'autre part, d'être décrite et pratiquée comme un art, tant pour la perfection de son travail que pour le goût qu'elle a inspiré à de célèbres et nombreux amateurs.

Avant d'entrer dans le vif de la question, que le lecteur nous permette un court récit sur l'origine des Expositions; il ne sera pas sans intérêt, car nous en croyons les détails peu connus.

Le marquis d'Avèze, dans une brochure assez rare aujourd'hui, et dont une copie se trouve à la bibliothèque de l'*Union des beaux-arts appliqués à l'industrie,* revendique l'idée première des Expositions de l'Industrie. Voici en quelles circonstances : Appelé en 1797, par le ministre de l'intérieur François de Neufchâteau, à remplir les fonctions de commissaire près des manufactures des Gobelins, de Sèvres et de la Savonnerie, il trouva ces établissements dans un état déplorable ; afin d'améliorer cette situation, il eut l'idée (1) d'une Exposition de tous les objets d'industrie des manufactures nationales. Il écrivit, dans ce sens, un projet qui fut adopté par le ministre. Saint-Cloud, alors inhabité, fut choisi pour le lieu de cette Exposition ; on devait y vendre les objets exposés et le produit était destiné à adoucir la misère des ouvriers des manufactures nationales. Une loterie y était établie et, moyennant un billet de douze francs, on gagnait un petit ou un grand objet. Cette Exposition devait ouvrir le 18 fructidor

(1) Cette idée fut peut-être inspirée par la Société des arts de Londres qui, en 1756, fit une Exposition des produits des diverses industries, tels que tapis, poteries, porcelaines, etc. Des prix étaient proposés pour les plus beaux produits.

(4 sept.); déjà plusieurs personnes munies de billets l'avaient visitée et avaient acheté différents objets, lorsque les événements politiques de cette journée empêchèrent la réalisation complète de cette idée.

Au commencement de l'an VI, M. d'Avèze reprit son projet, mais avec le temps il avait acquis de plus grandes proportions. Cette fois, comme la mode était aux Grecs, il ne s'agissait rien moins que de la restauration des jeux gymniques. Donc, dans la magnifique maison d'Orsay, rue de Varennes, on installa des jeux où les armes, l'équitation, la musique, la danse, les courses à cheval, à pied, etc., prirent place.

De plus on ajouta à ces jeux des réunions littéraires, une exposition des objets les plus précieux des arts, et, enfin, celle des produits de l'industrie nationale.

Il y avait onze galeries d'exposition.

Dans la première, étaient rassemblées :

Etoffes de toutes espèces, quincaillerie, bijouterie de tous genres, librairie distinguée par sa composition, ses éditions, ses reliures (1). Cette librairie était la plus en vogue au Palais-Royal (alors Palais-Égalité), elle appartenait à Louvet, le conventionnel et trop célèbre littérateur, et était tenue par sa femme, qui avait été surnommée Lodoïska, à cause de sa vertu dont elle se glorifiait; ce nom fut donné à la galerie.

Les galeries suivantes renfermaient: l'ébénisterie, l'horlogerie, les porcelaines, les meubles, les chemi-

---

(1) Quelles pouvaient être les reliures exposées à cette époque? Venaient-elles des relieurs du temps, ou bien étaient-ce des exemplaires sortis des mains des anciens maîtres? Nous ne savons. Mais il est probable que cette exposition devait avoir quelque attrait.

nées et les marbres incrustés, les tableaux, les gravures, l'histoire naturelle.

La onzième galerie était la salle d'exercices où
avaient lieu les jeux et où se distribuaient les prix
remportés ; les assemblées littéraires s'y tenaient
deux fois par semaine.

Si nous nous sommes étendu sur ces deux tentatives, ce n'est pas sans motifs, car nous y voyons
émises des idées qui depuis ont fait leur chemin ; et
certes, le programme qui précède a plus d'un point
de ressemblance avec celui de la Commission de
1867, à qui nous donnons à méditer cette réflexion
de M. d'Avèze : « Les Expositions précédentes étaient
plutôt privées que nationales, puisque le public ne
pouvait y entrer sans payer. » C'était un marquis de
l'ancien régime qui parlait ainsi : la Commission impériale de 1867 aurait bien dû s'inspirer de cette
pensée ; le public y aurait gagné et l'Exposition universelle, au lieu de ce caractère mercantile qui lui
est reproché avec raison, eût eu un caractère tout à
la fois national et social, digne du but que l'on semblait s'être proposé.

I

Première Exposition des produits de l'Industrie Française.

AN VI (1798)

Cette Exposition fut annoncée par une circulaire
de François de Neufchâteau, alors ministre de l'intérieur. S'adressant aux administrations départementales, le ministre leur disait :

« ...Le gouvernement doit couvrir les arts utiles d'une protection particulière; et c'est dans ces vues qu'il a cru devoir lier à la fête du 1er vendémiaire (anniversaire de la République), un spectacle d'un genre nouveau, l'Exposition publique des produits de l'industrie française.

« Il eût été à désirer sans doute que le temps eût permis de donner à cette solennité vraiment nationale une étendue et un éclat dignes de la grandeur de la République; mais le gouvernement connaît le zèle des fabricants industrieux qui honorent leur pays. Il espère qu'ils s'empresseront de concourir à l'embellissement de la fête qu'il a conçue. Cette fête se renouvellera toutes les années. Toutes les années, elle doit acquérir plus d'ensemble et plus de majesté.

« Un emplacement décoré, sûr et abrité, fourni par le gouvernement, recevra les fabricants français et les produits de leur industrie qu'ils voudront y exposer à l'estime et à la vente qui ne peut manquer d'en être la suite.

« L'Exposition aura pour époque et pour durée les cinq jours complémentaires. Un jury, nommé par le gouvernement, parcourra les places attribuées à chaque industrie, et choisira, le cinquième jour, les douze fabricants ou manufacturiers qui lui auront paru mériter d'être offerts à la reconnaissance publique, dans la fête du 1er vendémiaire. »

Cette circulaire est datée du 9 fructidor an VI de la République française.

Elle indiquait aussi les conditions d'admission qui se réduisaient aux suivantes : Justifier de sa qualité par la présentation de sa patente; n'exposer en vente que des produits de son industrie.

L'ouverture de l'Exposition eut lieu le troisième

jour complémentaire (19 septembre 1798), l'inauguration s'en fit avec pompe et au milieu des fêtes destinées à célébrer l'anniversaire de la fondation de la République.

Le local destiné à l'Exposition était partagé en soixante-huit arcades disposées en carré long autour d'une place, au centre de laquelle s'élevait le temple de l'Industrie. On y avait exposé, à part, les objets des manufactures françaises, distribués à titre de prix aux vainqueurs des jeux dans la fête nationale du 1er vendémiaire.

François de Neufchâteau, qui présidait la cérémonie d'ouverture, y prononça un discours curieux, parce qu'il reflète les idées du temps et aussi parce qu'il fait connaître le but qu'on se proposait d'atteindre en établissant les Expositions des produits de l'Industrie.

« Citoyens, disait-il, ils ne sont plus ces temps malheureux où l'industrie enchaînée osait à peine produire le fruit de ses méditations et de ses recherches ; où des règlements désastreux, des corporations privilégiées, des entraves fiscales étouffaient les germes précieux du génie ; où les arts, devenus en même temps les instruments et les victimes du despotisme, lui aidaient à appesantir son joug sur tous les citoyens, et ne parvenaient au succès que par la flatterie, la corruption et les humiliations d'une honteuse servitude.

...... « O vous, qui douteriez encore des avantages inestimables d'un gouvernement libre, fondé sur la vertu et l'industrie, parcourez tous les départements qui s'honorent d'appartenir à la grande nation ; comparez les produits de leur agriculture avec ceux qu'ils donnaient sous l'influence du despotisme, comptez les ateliers nombreux qui se sont élevés du sein des orages, et même sans espoir apparent de succès, et dites-nous ensuite si la richesse du peuple n'est pas une conséquence nécessaire de la liberté; dites-nous, si vous le pouvez, quelles seront les bornes de l'industrie française, lorsqu'elle pourra se livrer à toute son énergie; lorsque les canaux du commerce seront rouverts, lorsqu'elle se verra ombragée par l'olivier de la paix.

...... « Il manquait peut-être un point central à votre émulation; l'industrie, en dispersant ses produits sur la surface de la République, ne mettait pas les artistes à portée d'établir des comparaisons qui sont toujours, dans les arts, une source de perfectionnement; d'ailleurs, le gouvernement lui-même pouvait craindre de laisser dans une obscurité décourageante les talents distingués qui honorent les départements les plus éloignés du lieu de sa résidence.

« C'est pour procurer aux artistes le spectacle nouveau de toutes les industries réunies, c'est pour établir entre eux une émulation bienfaisante, c'est pour remplir un de ses devoirs les plus sacrés, pour apprendre à tous les citoyens que la prospérité nationale est inséparable de celle des arts et des manufactures, que le gouvernement a approuvé la réunion touchante à l'inauguration de laquelle il m'a chargé de présider aujourd'hui, et qu'il en a fixé l'époque à celle de la fondation de la République.

« Ce spectacle, en effet, est bien vraiment républicain; il ne ressemble point à ses pompes frivoles dont il ne reste rien d'utile.

« Les artistes auront donc enfin l'occasion de se faire connaître, et l'homme de mérite ne courra plus les risques de mourir ignoré, après quarante ans de travaux.

« Tous les citoyens vont s'instruire, en venant contempler ici l'Exposition annuelle des fruits de l'industrie française.

« Les savants, les hommes de lettres viendront étudier eux-mêmes les progrès de nos arts; ils auront enfin une base pour asseoir la technologie ou la théorie instructive des arts et des métiers.

...... « Les arts, que l'idiome de l'ancien régime avait cru avilir en les nommant arts mécaniques, ces arts abandonnés longtemps à l'instinct et à la routine, sont pourtant susceptibles d'une étude profonde et d'un progrès illimité. Bacon regardait leur histoire comme une branche principale de la philosophie. Diderot souhaitait qu'ils eussent leur académie ; mais que le despotisme était loin d'exaucer son vœu ! qu'il était loin de le comprendre ! Il n'envisageait dans les arts que les esclaves d'un vain luxe et non des instruments du bonheur social. Aussi la plupart de ces arts sont restés dans l'enfance, parce qu'on les a méprisés. Cependant, l'industrie est fille de l'invention et sœur du génie et du goût. Si la main exécute, l'imagination invente et la raison perfectionne. Les arts les plus communs, les plus simples en apparence, s'éclairent au foyer de la lumière des sciences, et les mathématiques, la physique, la chimie, le dessin, appliqués aux arts et métiers, doivent guider leurs procédés, améliorer leurs machines, simplifier leurs formes, et doubler leur succès en diminuant leur main-d'œuvre.

« Ah ! rendons enfin aux artistes la justice qui leur est due ! que les arts nommés *libéraux*, bien loin d'affecter sur les autres une injuste prééminence, s'attachent désormais à les faire valoir ! Que l'éducation publique fasse connaître à nos enfants la pratique et la théorie des arts les plus utiles, puisque c'est de leur exercice que notre constitution fait sagement dépendre l'admission des jeunes gens au rang de citoyens (1) ! Que tous les ans ce temple, ouvert à l'industrie par les mains de la liberté, reçoive de nouveaux chefs-d'œuvre, qu'une émulation active, animant à la fois tous les points de la République, engage les artistes, les fabricants en tous genres, à venir disputer l'honneur de voir distinguer leurs ouvrages et d'entendre leurs noms retentir dans la fête auguste qui ouvre solennellement l'année républicaine !..... »

Cette Exposition, qui devait durer trois jours (du 19 au 21 septembre) fut prolongée jusqu'au 10 vendémiaire an VII inclusivement (1er octobre 1798). Elle dura donc treize jours et non trois, comme l'indique le tableau chronologique des Expositions, placé à la page 498 du rapport de 1827, ainsi que celui qui se trouve au commencement du rapport de 1849 (2).

Cent dix industriels exposèrent; ils représentaient 16 départements sur 98 dont la France se composait alors. La cause de ce petit nombre doit être attribuée au peu de temps qui fut laissé aux exposants pour s'y préparer.

(1) Les jeunes gens ne peuvent être inscrits sur le registre civique, s'ils ne prouvent qu'ils savent lire et écrire, et exercer une profession mécanique. — Constitution, titre II, art. XII.

(2) « L'Exposition des produits de l'industrie française, au Champ - de - Mars, est prolongée jusqu'au 10 vendémiaire inclusivement. Les arcades et le temple de l'industrie seront éclairés chaque soir; le 5 et le 10 il y aura concert dans le temple de l'industrie. » — Extrait du *Moniteur*, 5 vendémiaire, an VII.

Vingt-cinq récompenses furent décernées (1), au lieu de douze, chiffre désigné antérieurement. Le Jury était composé des citoyens Vien, Gallois, Darcet, Chaptal, Molard, Moitte, Gilet-Laumond, Duquesnoy et Ferdinand Berthoud; Chaptal en fut le rapporteur.

La reliure était absente à ce concours.

Cette première Exposition doit inspirer de sérieuses réflexions. Il y a soixante-dix ans le concours industriel réunissait à grand peine cent dix exposants; hier un palais ayant coûté plus de 10 millions remplaçait le temple de l'Industrie édifié en 1798, et il avait peine à contenir les quarante mille exposants qui y étaient rassemblés. Que nous réserve l'avenir?.... Espérons dans tous les cas que l'organisation future sera vraiment démocratique, et que les abus et les scandales qui ont terni notre fête du travail en 1867, ne se renouvelleront plus !

II

Exposition de l'an IX (1801)

Le 13 ventôse an IX, les consuls publièrent un arrêté portant qu'il y aurait chaque année, à Paris, une Exposition publique des produits de l'industrie française, pendant les cinq jours complémentaires. Cette Exposition faisait partie de la fête destinée à célébrer la fondation de la République.

L'arrêté est signé Bonaparte, consul; Maret, secrétaire d'état, et Chaptal, ministre de l'intérieur.

(1) Et non 23 comme le marque le tableau des Expositions, placé en tête du rapport de 1849.

Le jury, composé de quinze membres, et dont Costaz fut le rapporteur, remarqua particulièrement dans l'exposition de MM. Pierre et Firmin Didot, un *Virgile* in-folio, relié magnifiquement par Bozérian (1).

MM. Fauller, Kempff et Muntzer, fabricants de maroquins à Choisy-sur-Seine, obtinrent une des douze médailles d'or qui furent distribuées.

L'industrie des maroquins ne date, pour la France, que de la première moitié du siècle dernier. Louis XIV accorda à la comtesse de Beuvron, un privilége « pour faire du maroquin et de la peau de chagrin.» Vers 1725, un sieur Garon, obtint de Louis XV un privilége pour établir dans le faubourg Saint-Antoine une manufacture de maroquins noirs et rouges. A la même époque on en fabriquait à Saint-Hippolyte et dans quelques autres cantons du midi de la France, les maroquins fabriqués étaient rouges, jaunes, verts, bleus et violets; les résultats obtenus étaient probablement peu satisfaisants, car on a continué à en tirer du Levant jusqu'à la fin du dernier siècle. A cette époque (1797), venait de s'établir à Choisy-sur-Seine, l'importante fabrique de MM. Fauller et C°. M. Fauller, d'abord établi à Strasbourg, importa en France les procédés anglais pour cette fabrication. Les services rendus à l'industrie par cette maison, paraissent avoir été appréciés par les consommateurs, car la fabrique de Choisy acqui bientôt une grande importance; pourtant, à l'origine, on n'y fabriquait que quelques couleurs rouges, brunes et noires.

(1) A cet unique renseignement sur la reliure nous ajoutons le suivant : En 1801, il y avait à Paris 138 relieurs et 41 brocheuses (Peignot, *Dictionnaire de Bibliologie*).

Nous reviendrons plus tard sur cette industrie, qui intéresse particulièrement la reliure.

Cette Exposition dura six jours, du 2 complémentaire an IX au 2 vendémiaire an X (du 19 au 24 septembre 1801) ; 229 industriels y prirent part (1), 80 y furent récompensés ; elle eut lieu dans la grande cour du Louvre, qui alors s'appelait le Palais des Sciences et des Arts. Cent quatre portiques d'architecture romaine, dont l'élévation atteignait la hauteur de la première corniche du palais, y furent élevés pour recevoir les exposants.

III

Exposition de l'an X (1802)

Elle eut lieu, comme la précédente sous des portiques élevés dans la cour du Louvre, et dura sept jours, du 1ᵉʳ complémentaire an X, au 2 vendémiaire an XI (du 18 au 24 septembre 1802). 540 industriels exposèrent, 254 furent récompensés (2).

Parmi ces derniers nous remarquons encore la maison Fauller, Kempff et Muntzer ; voici la mention du Jury à leur égard : « Ces citoyens obtinrent une médaille d'or à l'Exposition de l'an IX ; ils ont montré, cette année, de beaux produits, entre autres des maroquins bleus et des jaunes, qui sont les nuances les plus difficiles à faire ; ils écartent la concurrence des

(1) Les Rapports de 1839 et 1844 ne mentionnent que 220 exposants ; plusieurs auteurs ont répété ces chiffres.

(2) Le *Magasin pittoresque*, 1844, page 122, n'annonce que 93 récompenses ; il est vrai qu'il ne compte pas les mentions honorables.

maroquins étrangers, et leurs bonnes qualités sont si bien reconnues, que les marchands des objets où il entre du maroquin, ont soin d'avertir qu'ils ont employé du maroquin de Choisy. »

A cette Exposition apparaît Angrand qui, plus tard, se fit une réputation méritée avec ses papiers de fantaisie. Il n'exerçait pas encore cette branche d'industrie; car c'est comme découpeur et applicateur d'étoffes que la mention honorable lui fut décernée.

De même qu'à la précédente Exposition, le Jury fut composé de quinze membres ; Costaz en fut le président rapporteur.

En général, la reliure de cette époque était dans un état d'infériorité regrettable ; aussi les ouvriers de ce temps sont-ils tombés dans un profond oubli : quelques noms ont à peine survécu, et encore doivent-ils compter aujourd'hui avec la critique. Après les Padeloup et les Derome ou De Rome, voici venir leurs successeurs, Bradel l'aîné, qui fit rarement une bonne reliure, dit M. P. Janet, Chaumont, dont les veaux fauves sont cités avec éloge par M. Brunet; Biziaux, recherché encore de nos jours par quelques bibliophiles ; Bozérian l'aîné et Courteval, rivaux en talent comme en renommée. C'était chez eux que les amateurs du temps allaient porter les livres qu'ils affectionnaient.

Nous dirons ici quelques mots de Bozérian, resté le plus connu, sinon le plus célèbre.

Ce relieur eut des admirateurs et des détracteurs trop ardents. D'un côté, on porta aux nues l'*artiste amateur*, et on le surnomma le Père de la reliure moderne : ces louanges durèrent tant qu'il exerça et sa gloire resta intacte jusqu'à l'arrivée de Simier, de Thouvenin, de Purgold et surtout de Bauzonnet. Les travaux de ces relieurs firent peu à peu oublier

les siens et donnèrent à la critique des armes contre
cette ancienne idole.

Dibdin, tout le premier, ne le ménagea pas, et un
peu plus tard, Brunet parla avec dédain « des amateurs engoués des moires roses et des dorures symbo-
liques de leur Bozérian, » qui, ajoute M. Paul Lacroix,
« prodiguait en même temps la dorure, le tabis, la
mosaïque et le mauvais goût. » Ce n'est pas encore
tout, ce relieur eut le malheur de devenir riche. « Il
gagna, dit M. Janet, 500,000 francs à faire des reliures
qui n'ont qu'un mérite, mais un grand mérite : les
volumes sortis de ses mains ont assez de marges pour
pouvoir être reliés de nouveau (1). » M. Ed. Fournier,
qui cite ce passage dans son intéressant mais incom-
plet ouvrage, *l'Art de la reliure en France*, ne par-
tage pas cette manière de voir ; il préfère celle de
Dibdin, qui comprend ce relieur parmi les massa-
creurs des volumes de la Bibliothèque du Roi. Nous
croyons Bozérian innocent de ce *massacre*, car M. Richard, de la Bibliothèque Impériale, nous a certifié le
contraire, et son affirmation a pour nous beaucoup
plus d'autorité que les phrases du *Voyage bibliographique*.

Reste le crime des 500,000 francs que Bozérian aurait
gagnés à faire des reliures. M. Ed. Fournier en déduit qu'il « se faisait payer très-cher pour faire croire
qu'il avait du talent. » Il appuie son dire sur une note
du catalogue de M. Renouard, qui cite un Bourda-
loue, édition Rigaud, 1707 ; 16 vol. in-8°, dont la reliure en maroquin violet, doublé de maroquin jaune
fut payée à Bozérian trente francs le volume. Ce prix
n'a pour nous rien d'exagéré, surtout si nous le com-
parons à quelques autres ; Derome le jeune, par

(1) *Revue européenne,* 15 août 1859.

exemple, a pris 450 livres pour relier en maroquin bleu, avec étuis, les trois volumes in-folio du *Recueil de peintures antiques*, par Bartoli et l'abbé Rive, soit 116 livres le volume ; un relieur anglais a fait payer 2,970 francs la reliure d'un exemplaire de *Spire*, London, Bulmer, 1791, neuf volumes in-folio, soit 330 francs par volume ; enfin, plus près de nous, M. Yemeniz, ce célèbre amateur, a payé à M. Trautz, le digne successeur de Bauzonnet, 1,000 francs pour la reliure du *Dyalogue des créatures*, in-folio maroquin bleu, doublé de maroquin rouge à riches et fins compartiments. (V. le n° 2048 de son curieux catalogue.)

Ces quelques chiffres doivent suffire à M. Fournier pour lui prouver que Bozérian n'était pas exagéré dans ses prix ; pourtant il a gagné 500,000 francs à faire des reliures, nous répétera-t-il avec M. Janet. Eh bien ! non, Bozérian n'a jamais gagné pareille somme à faire des livres : trois à quatre mille francs de rente, voilà ce que ses reliures lui ont rapporté ; il l'a déclaré lui-même à M. Bauzonnet, qui travailla pour lui. Le surplus de sa fortune fut gagné dans la librairie, dont il faisait un commerce assez actif. Il vendait des livres aux généraux du Consulat et de l'Empire qui voulaient se donner le luxe d'une bibliothèque ; lui-même vendit la sienne en 1798. Brunet, dans son *Supplément à Cailleau*, cite la notice des livres précieux de M. Bozérian, par M. Bailly, prote, 1798, in-8°. Enfin Bozérian se fit éditeur ; il publia notamment *le Temple de Gnide*, par Montesquieu. Paris, chez Bozérian, de l'imprimerie de Didot jeune, an III (1795), in-18. Ce livre renfermait des eaux-fortes et des figures (1) ; il édita également les *Œuvres complètes de J.-J. Rousseau*. Paris, Bozérian, de

(1) Voyez le Catalogue de M. Forby, n° 389.

2.

l'imprimerie de Didot l'aîné, 1796-1801, 25 vol. in-12, papier vélin. Cette édition, tirée à 100 exemplaires numérotés, était vendue 400 livres l'exemplaire. Collationnée sur les manuscrits de J.-J. Rousseau, elle est, a dit Brunet au moment de son apparition (1), d'une exécution élégante autant que soignée pour la correction, et en même temps la plus complète et la mieux ordonnée de toutes.

C'est donc dans la librairie que Bozérian a réalisé la plus forte part de sa fortune ; de plus, ce commerce aida à son métier ; car il n'était pas rare que son client en librairie ne le devînt en reliure.

Lorsque Bozérian s'établit, le goût des reliures anglaises était très-répandu : c'était la mode du jour, importée sans doute en France par l'émigration ; il dut s'y conformer et suivre les caprices des amateurs de l'époque. Les dos plats, que nous trouvons si laids aujourd'hui, étaient alors très-recherchés ; pour les uns, ils facilitaient l'ouverture du livre et en rendaient la lecture moins fatiguante ; pour les autres, ils avaient l'avantage de faire ressortir la dorure des dos, qui apparaissait dans tout son éclat et formait des lignes agréables à voir lorsque les volumes étaient rangés dans la bibliothèque.

Si on pensait encore aux reliures à nerfs, ce n'était que pour se souvenir de leurs défauts, auxquels on opposait triomphalement les quelques qualités des reliures à dos brisés ; et comme l'expérience n'avait pas encore démontré tous les inconvénients du nouveau système, il faut bien se montrer indulgent envers ceux qui, en le pratiquant, ont encore su garder la première place parmi leurs contemporains.

Bozérian est de ce petit nombre ; et si l'on peut lui

____

(1) *Supplément à Cailleau,* 1802, page 363.

reprocher avec raison l'imitation trop servile des reliures anglaises, ainsi que son ornementation outrée
et assez souvent de mauvais goût, reproche qui, du
reste, peut s'adresser à tous les arts de cette époque,
cela ne doit pas nous empêcher de reconnaître les
quelques qualités qui lui sont propres.

Il rechercha autant qu'il était en lui à perfectionner les diverses parties de la reliure. Lesné nous
apprend qu'il fut un de ceux qui introduisirent en
France l'usage de la toile pour l'*endossure* des livres.
De différentes recherches que nous avons faites, nous
croyons que c'est à lui qu'il faut faire remonter l'u-
sage des *mors* en maroquin ou en veau (1). Peut-être
avait-il emprunté ce perfectionnement à l'Angleterre ;
en tous cas, il n'en conserve pas moins le mérite de
l'innovation en France ; il généralisa, pour les gardes
des volumes, l'usage de la moire en remplacement

(1) Aujourd'hui appelés communément *charnières*. A
l'origine le terme *mors* (qui alors s'écrivait, non sans
raison, *mord*) devait prévaloir contre celui de *charnière*, qui aurait fait double emploi avec celui usité par
les fabricants de reliures lyonnaises (registres dont le dos
plat était formé par une bande de carton). Cette nouvelle
partie de la reliure était cousue avec le livre et prenait naturellement la forme du *mors*, d'où est venu son nom ; plus
tard cette main-d'œuvre se perfectionna, et c'est alors, probablement, que le nom changea. Ces détails, tout minutieux qu'ils paraissent, ne doivent pas être passés sous silence, ils ne peuvent qu'être utiles pour l'histoire de notre
métier, puisqu'ils nous révèlent l'origine de certains termes. Ainsi, par exemple, d'où dérive le mot *aïs* employé
aujourd'hui si fréquemment dans la reliure ? Lorsque le
carton n'existait pas, il était remplacé par des planches de
bois qui en tenaient lieu ; ces planches se nommaient des
aïs, nom qui leur venait de la charpenterie ou de la menui-
serie, qui les fournissaient aux relieurs. Il y aurait là quelques recherches assez curieuses à faire ; nous nous conten-
tons de les indiquer à l'érudition de nos bibliophiles.

du tabis; cela nous rappelle une de ses reliures les plus originales : un *Paul et Virginie*, in-18 (Didot le jeune, 1789), qu'il relia pour M. Bailly, était couvert en moire d'argent et orné sur les plats d'une dentelle d'or ; il était doublé de moire. Enfin, et ce n'est pas là un de ses moindres mérites, il sortit de ses ateliers quelques bons ouvriers qui, plus tard, perfectionnèrent ce qu'ils avaient appris chez lui.

Puisse cette digression prouver à ceux dont la louange comme le blâme est trop facile qu'il est nécessaire, avant de formuler un jugement définitif, de bien se rendre compte de certaines circonstances et de certains détails ; et, en ce qui nous concerne, nous dirons que, s'il est permis aujourd'hui de juger assez sévèrement la reliure de cette époque, ce ne peut être qu'à un point de vue général et non en s'adressant à une individualité isolée, surtout lorsqu'elle a su conquérir et garder assez longtemps une des premières places ; et s'il faut absolument trouver des coupables, ce n'est pas seulement dans les rangs des relieurs qu'il faut aller les chercher : les amateurs du temps doivent aussi avoir leur part de responsabilité, car leur influence sur l'art de la reliure fut incontestable. On sait décerner des éloges mérités, hâtons-nous de le dire, aux Grolier, aux Maioli, aux de Thou ; que l'on sache donc, en retour, blâmer ceux qui, sans réflexion, ont entraîné la reliure sur une pente fatale, d'où elle a eu tant de peine à revenir.

IV

Exposition de 1806

L'empereur Napoléon né put tenir la promesse faite par le consul Bonaparte « que, chaque année, pendant les fêtes destinées à célébrer la fondation de la République; il y aura une Exposition publique des produits de l'Industrie française. » L'Exposition de 1806 est la seule que la *gloire militaire* ait permise à l'Empire.

Nous remarquons qu'en présentant son rapport au ministre, M. Costaz fait observer « qu'il est des ouvrages dont l'exécution suppose une adresse rare et quelquefois une instruction distinguée, et qui cependant ne sont pas de nature à former une branche de commerce. Tout en reconnaissant l'intelligence et l'habileté de leurs auteurs, le jury a pensé qu'il ne pouvait les comprendre dans la distribution des récompenses, sans sortir de ses attributions et sans éloigner de son but une institution formée pour améliorer l'un par l'autre le commerce et l'industrie manufacturière. » (Page ix du Rapport.)

Est-ce à ces considérations qu'il faut attribuer l'absence de la reliure dans ce rapport? Nulle part il n'en est fait mention. Dans le volume consacré aux notices sur les objets exposés, elle n'est mentionnée que deux fois.

Parmi les industries récompensées, notre attention s'est arrêtée sur la deuxième section de la papeterie : — Cartons à presser. — Le rapport fait remarquer que la fabrication des cartons lustrés propres à presser les papiers, les draps et autres étoffes, est une branche d'industrie intéressante, récemment introduite en France. Trois fabricants obtiennent des médailles d'argent de 2ᵉ classe pour leurs cartons *laminés*, remarquables par leur poli supérieur à celui des cartons anglais de la même espèce.

C'est peut-être à cette mention que, plus tard, Thouvenin a dû l'innovation qu'il a introduite dans la reliure en faisant laminer son carton. Il n'y aurait là rien d'improbable.

Signalons aussi que, dans l'exposition de M. Bouvier, il y avait des fers à dorer pour les relieurs. L'ensemble de son exposition lui valut une médaille d'argent de 1ʳᵉ classe.

Parmi les objets admis, mais non récompensés, le volume consacré aux notices contient certains renseignements intéressant la reliure. C'est le prélude d'un mouvement qui, dès lors, n'ira qu'en se développant.

Dans la peausserie, une maison de commerce, qui comptait plusieurs associés, exposa des maroquins en basane tannée au sumac.

Des industriels de la ville de Lannion exposèrent des peaux de veau destinées à être maroquinées.

M. Toussaint Camus, de l'Aigle (Orne), envoya une peau de veau, bien préparée pour la reliure.

Le département du Haut-Rhin envoya des peaux maroquinées, vert, puce et rouge.

Papiers maroquinés. — MM. Rœderer et Bœhm, de Strasbourg, envoient des échantillons de papier maroquinés, « imitant si bien le véritable maroquin, par le grain et la vivacité des couleurs, qu'il est assez difficile, quand on les emploie dans la reliure, d'en faire la différence. » La *Société d'Encouragement pour l'Industrie nationale* a fait mention honorable de cette fabrication, comme ayant approché du prix pour la reliure économique.

Nous trouvons prudent de laisser au rédacteur de la notice l'affirmation que ce papier maroquiné imite si bien le maroquin, qu'il est difficile d'en faire la différence, et quoique Lesné nous affirme que ce papier pouvait se laver, il est permis de dire que cet éloge était au moins exagéré.

Ce temps était peut-être celui de la vogue pour le papier maroquiné, car voici un relieur de Paris, M. Meslant, rue de Grenelle Saint-Germain, 102, qui expose des livres couverts en papier maroquiné, de diverses couleurs, et la notice ajoute : « Ces reliures sont propres, solides et peu coûteuses. » Le Bulletin de la *Société d'Encouragement*, tome IV, p. 230, décrit ainsi ces reliures couvertes en papier maroquiné de la fabrique de Strasbourg : « Le dos doublé en parchemin, pour obtenir plus de solidité, les charnières dégagées dans le genre allemand, et des filets en or. Le prix était de 2 fr. 50 pour l'in-4°, 1 fr. 20 pour l'in-8°, 1 franc pour l'in-12, et 80 centimes pour l'in-16. » Lesné, dans son poëme sur la reliure, nous apprend que Meslant imitait assez bien la reliure allemande.

M. Bruyset aîné, libraire à Lyon, continue les essais précédents pour arriver à une reliure économique. Il présente quatre volumes in-8°, *Eléments d'analyse indéterminée*, reliés avec un tissu dont il se dit l'inventeur. Ce tissu est destiné, selon lui, à remplacer les reliures en veau et en basane. « Outre l'économie qui résulte de l'emploi de ces reliures, dit la notice, elles ont l'avantage d'être peu sujettes aux impressions de l'humidité, de ne point se retirer à l'approche du feu, et enfin d'être aussi solides que les reliures en peau. »

Nous regrettons de ne pouvoir renseigner nos lecteurs sur la nature de ce tissu, à qui son inventeur trouvait tant de qualités ; mais nous croyons que cette innovation pourrait fournir une page de plus au chapitre des inventions méconnues... ou oubliées.

Cette Exposition eut lieu sur l'emplacement de l'Esplanade des Invalides, où l'on construisit cent vingt-quatre portiques, auxquels furent annexées onze salles de l'administration des ponts et chaussées alors installée dans le voisinage.

Le Jury était composé de vingt-trois membres, divisés en quatre sections : Arts mécaniques, Arts chimiques, Beaux-Arts, Tissus. M. Monge fut nommé président, et M. Costaz, rapporteur.

Il y eut 1,422 exposants et 610 récompenses décernées (1).

V

Exposition de 1819

La Restauration fit plus que l'Empire pour l réussite des Expositions de l'Industrie et accepta, comme héritage, cette institution d'origine républicaine. Pour être juste envers le présent, il est nécessaire de savoir ce que l'on doit au passé, et la royauté des Bourbons elle-même avait compris que le travail devait avoir son temple. Le trône et l'autel ne pouvaient suffire à contenter tous les désirs légi-

(1) M. Audiganne, dans son intéressant ouvrage, *l'Industrie contemporaine*, ne compte que 1,122 exposants ; nous pensons que c'est une erreur typographique.

times, et une troisième puissance, qui, à un moment donné, supplanta les deux autres, commençait à naître. Cette puissance, c'est l'Industrie. Il est vrai que les Bourbons restaurés ne s'en doutaient guère.

Le 13 janvier 1819, Louis XVIII rendit une ordonnance, contresignée Decazes, portant qu'à des époques déterminées, ne devant pas excéder quatre années, il y aurait des Expositions industrielles. La première fut ouverte le 25 août 1819, dans les salles et galeries du premier étage du Louvre, qui venaient d'être terminées, et elle fut close le 30 septembre suivant.

Sur l'invitation du ministre Decazes, le préfet de la Seine nomma un Jury d'admission pour son département. M. Héricart de Thury en fut le rapporteur, et c'est dans son livre que nous puiserons les renseignements nécessaires pour compléter ceux du Jury central, dont le rapport fut confié à M. Costaz.

Voyons, avant d'aborder la reliure, quelles étaient les matières premières nécessaires à cette industrie qui figuraient à cette Exposition.

M. Chenavard, manufacturier d'étoffes de tentures, Faubourg-Saint-Antoine, 65. — Un cuir factice de 2 mètres sur 3 et une feuille de parchemin. Ces deux objets pouvaient se fabriquer dans les plus grandes dimensions, à volonté, suivant l'emploi qu'on voudrait leur donner.

M. Didier, rue Montmorency, 3. — Un vernis qu'il applique sur des papiers gaufrés et maroquinés.

M. Angrand, fabricant de papiers de fantaisie, rue Meslay, 61. — Papiers variés pour la confection du cartonnage et de la reliure. M. Angrand faisait principalement les couleurs unies.

M. Rousseau, marchand papetier, rue Saint-Honoré, 372. — Papiers marbrés d'après un procédé de son invention.

Du platine, réduit en feuilles aussi minces que les feuilles d'or, était exposé aussi comme un nouveau résultat acquis par cette fabrication.

« La reliure, dit le Jury d'admission du département de la Seine, est un art dans lequel les Anglais se sont glorifiés longtemps de nous être supérieurs ; mais les travaux des Thouvenin, des Simier, des Purgold, des Lunier-Bellier, etc., etc., ont porté nos reliures au même rang que les premières de Londres, et nous avons vu récemment des amateurs anglais donner la préférence aux reliures françaises. »

Le Jury des récompenses fut tellement laconique qu'il se contenta de mentionner MM. Purgold, Simier et Thouvenin, en déclarant que les reliures qu'ils avaient exposées se distinguaient par leur solidité, le fini des dorures et la tranche-fil (*sic*) faite avec un soin extrême. Les trois exposants étaient, en conséquence, mentionnés honorablement.

Nous sommes heureux de trouver dans le rapport de M. Héricart de Thury quelques détails plus complets sur la reliure à cette Exposition, et nous croyons devoir les reproduire.

« M. Thouvenin (Joseph), rue Saint-Victor, 36. — Echantillons de reliures à la Thouvenin, savoir :

« 1° L'*Imitation de Jésus-Christ*, grand papier vélin, maroquin vert, à compartiments ;

« 2° *Montaigne*, grand papier vélin, dos de maroquin bleu ;

« 3° *Montaigne*, dos de maroquin rouge, grand papier vélin ;

« 4° *Seneccæ syri sententiæ*, dos de maroquin rouge ;

« 5° *Antonius liberalis*, dos de maroquin rouge ;

« 6° *Terentius*, reliure à la façon de Derome ;

« 7° *Voyage aux Indes Orientales*, veau à compartiments, filets noirs ;

« 8° Mirabeau, *Considérations sur l'Ordre de Cincinnatus*, demi-reliure, cuir de Russie ;

« 9° Fontenelle, demi-reliure, dos de veau ;

« 10° *Paul et Virginie*, dos de maroquin bleu, reliure extraordinaire ;

« 11° *La Pucelle*, in-4°, demi-reliure extraordinaire pour le corps de l'ouvrage. »

Ces reliures extraordinaires, qu'étaient-elles donc ? Nous ne pouvons que poser la question. Qui pourra la résoudre ?

« Ce qui distinguait particulièrement les magnifiques reliures de M. Thouvenin de toutes les autres, ajoutait le rapporteur, c'était : 1° le soin qu'il mettait à battre, coudre, endosser les livres ; 2° le laminage du carton pour le rendre à la fois plus dur et plus égal ; 3° la substitution des ais de métal aux ais de bois ; 4° l'application des dentelles et filets noirs, combinés avec ceux en or ; 5° les dentelles et filets en relief, etc. »

Le *Journal de Paris*, dans son compte rendu de l'Exposition de 1819, mentionnait les reliures de M. Thouvenin comme singulièrement remarquables, sous le rapport du fini des dorures.

« Malgré la beauté et le luxe de ses reliures, M. Thouvenin les tient à des prix moindres que ceux des relieurs anglais, dont ils égalent et surpassent même la perfection.

« Il se reliait annuellement dans ses ateliers de 2,500 à 3,000 volumes, suivant les reliures demandées, ce nombre augmentant à raison des reliures ordinaires, et diminuant au contraire suivant les reliures de luxe, dont beaucoup étaient pour l'étranger, notamment pour la Russie et l'Angleterre.

« C'est à M. Thouvenin que nous devons particulièrement les essais comparatifs des maroquins français et étrangers, et par suite desquels il a été constaté et reconnu que ceux de la belle fabrique de M. Mattler étaient supérieurs et cependant à un prix beaucoup moins élevé. »

« M. Simier, relieur du Roi, rue Saint-Honoré.

« Reliures diverses de sa façon, savoir :

« 1° L'*Oratio Dominica*, ou pater polyglotte, de l'imprimerie Royale, reliée avec la plus grande perfection, en maroquin bleu. Les ornements sur les plats étaient nouveaux; toutes leurs lignes courbes en or plein, les gardes de l'intérieur des volumes sont en veau, le mors de maroquin fait le tour de la feuille en face, et le même ornement fait le tour des volumes; la jaspure en est très-fine, très-délicate et très-belle ;

« 2° L'*Imitation de Jésus-Christ*, reliure extraordinaire en veau : le dos est à triple nervure, avec des compartiments de plusieurs couleurs sur les nervures. Les plats présentent, dans une belle composition, une croix sur son socle ;

« 3° Un *Milton*, maroquin amarante, remarquable par la beauté des dorures et un paysage sur la tranche ;

« 4° *Fables de La Fontaine*, maroquin citron, à compartiments bleus et rouges, d'un très-bel effet; mors de maroquin et gardes en papier d'or flambé;

« 5° *Paul et Virginie*, maroquin citron, à reliure très-élégante ;

« 6° *Mérite des Femmes*, maroquin imitant l'écaille fondue, doublé de moiré rose ;

« 7° *Rabelais*, Elzévir, 2 vol. ;

« Et 8° *Marot*, 2 vol. en maroquin amarante.

« M. Simier, ancien militaire, après être rentré dans ses foyers, s'est livré, d'abord en amateur, et ensuite par passion, à l'art du relieur, en s'attachant plus particulièrement aux reliures de luxe à grand caractère, suivant le goût des amateurs.

« Il surpasse aujourd'hui tout ce que les Anglais ont fait de plus beau en ce genre; il prouve et justifie qu'il était, à tous égards, digne de la faveur dont le Roi l'a honoré en le brevetant du titre de son relieur.

« Enfin, c'est M. Simier qui a relié les volumes qui sont dans l'intérieur du cheval de la statue d'Henri IV, et il reçut pour ce travail les plus grands éloges. Ces volumes, reliés avec une magnificence extrême, sont renfermés dans des boîtes de cèdre, et l'on a pourvu à leur conservation par tous les moyens propres à leur assurer une durée inaltérable. »

M. Simier est un des premiers relieurs de cette époque qui ait essayé, avec quelque succès, les paysages sur les tranches; ce genre en faveur en Angleterre, y était pratiqué depuis longtemps, puisque, dès le commencement du seizième siècle, Skelton, poëte satirique anglais, décrivant en vers la reliure d'un *Missel,* parle des tranches toutes sillonnées de filets d'or et peintes de diverses manières : et où l'on avait représenté des guêpes, des papillons, des plantes, des fleurs (1). Les Anglais n'ont jamais abandonné ce genre, le catalogue de M. Van der Helle, n° 988, cite un volume remarquable par la belle peinture qui se trouve sous la tranche dorée, et qui apparaît en courbant cette tranche ; le numéro suivant cite encore un volume où l'on a peint sur la tranche de gouttière un charmant paysage, avec une vue de château au fond. En France, les essais avaient été longs pour arriver à un résultat à peu près satisfaisant. Brunet',

(1) P. Lacroix, *Le Moyen Age et la Renaissance.*

en 1802, a dit que ce genre de reliure, dans lequel les Anglais excellent, n'y était pas encore parvenu à sa perfection (1).

Quant à ces gardes en papier d'or flambé, nous ne savons au juste ce qu'elles pouvaient être. Était-ce un genre analogue à ce que l'on nomme aujourd'hui du papier indien, genre qui fut en grande faveur à l'Exposition de 1867, et que nous soupçonnons fort d'être une seconde édition des papiers fabriqués sous Louis XIV, par les Lebreton père et fils, qui avaient le secret d'entremêler de fils déliés d'or et d'argent les veines coloriées du papier ? La grande dépense que cette fabrication nécessitait la fit peu à peu tomber dans l'oubli (2).

Citons en terminant une des plus belles reliures de Simier, celle du *Preces Piæ*, petit in-folio qu'il exécuta vers la même époque pour M. Yemeniz ; elle était en maroquin bleu, riches compartiments, doublé de moire d'or, dentelle, tranche dorée, fermoirs en vermeil ciselé. « Cette reliure, dit M. Le Roux de Lincy, dans la notice placée en tête du catalogue de M. Yemeniz, que les délicats de nos jours mépriseront sans doute, et feraient casser impitoyablement si ce livre leur appartenait, n'est pas à dédaigner cependant ; je passe condamnation sur les dorures, mais le corps d'ouvrage est très-satisfaisant (3). »

Quant aux mors de maroquin ou de veau, Lesné nous apprend que Simier lui paraît être le premier qui ait poussé la recherche jusqu'à placer sur le mors

(1) *Supplément à Cailleau*, page 55.

(2) Voir les articles *Marbrure* et *Papier*, dans l'Encyclopédie de Diderot.

(3) Catalogue Yemeniz, n° 69, et Notice, page XXXIV.

du carton, le même filet que sur le bord (1), et nous pensons que c'est encore à lui qu'il faut faire remonter l'usage de remplier les gardes en soie au lieu de les couper comme cela se faisait ordinairement. »

« M. L. G. Purgold, rue Cassette, n° 18.

« Diverses reliures dans les genres suivants :

« 1° Un simple cartonnage à la Bradel ;

« 2° Demi-reliure ;

« 3° En veau ;

« 4° En parchemin vélin ;

« Et 5° En parchemin.

« M. Purgold est un de nos meilleurs relieurs ; il a été chargé par la Société Biblique de la reliure de la *Bible*. Il est aussi recommandable par l'exécution et la beauté de ses ouvrages, que par les prix modérés auxquels il les livre au public. »

« M. Lesné, rue des Grès, n° 5.

« Reliures de son invention.

« L'art du relieur doit plusieurs perfectionnements à M. Lesné, auteur d'un très-bon mémoire sur les moyens de conserver les reliures, ou de retarder de plusieurs siècles leur renouvellement. M. Lesné s'est livré à de très-grandes recherches à cet égard, et il a posé des principes d'après lesquels on peut espérer que les reliures seront moins sujettes à se déformer, et qu'elles auront une solidité au moins égale à la durée des ouvrages précieux qu'elles sont destinées à conserver. »

Le mémoire de Lesné pour la conservation des reliures préconisait l'emploi des procédés suivants :

Couture entière, tout du long avec de la soie au lieu de fil, en ayant soin de remplacer la ficelle par des cordonnets ou lacets également en soie, afin

(1) Lesné, *la Reliure*, poëme, 2ᵉ édition, page 239.

d'arriver à la souplesse et à la solidité de la reliure hollandaise ; multiplier les gardes blanches, afin de préserver les livres des tâches de rousseur que communiquent au papier la peau et même le plus beau maroquin. Emploi de la colle forte, de préférence à la colle de pâte, dont l'usage, selon lui, est la principale cause de la destruction des livres par les insectes ; il croit aussi qu'un moyen efficace d'empêcher la peau de se casser en dedans, aux extrémités des mors, serait de mettre dans la coiffe une bande de parchemin, qui, ne gênant en rien les cartons dans leur jeu, consoliderait considérablement cette partie qui est la plus faible de la reliure. Il demandait également que l'on revînt à l'usage de parchemins très-minces, mis de chaque côté du livre, et collés également sur le dos et sur les cartons. Enfin, il désirait que l'on remplaçât le carton par du cuir battu ou laminé qui pourrait recevoir de l'ornementation et servir en même temps de couverture.

Tels sont les principaux traits de ce Mémoire, qui mérite d'être lu : l'ouvrier consciencieux et amateur de son art en retirera toujours un certain fruit.

La Société d'Encouragement accorda à ce travail les honneurs de l'impression.

A cette Exposition se produisit un fait nouveau : une ordonnance rendue sur la proposition du ministre Decazes, appelait à participer aux récompenses les personnes qui n'ayant pas nominativement exposé avaient pourtant contribué au perfectionnement de l'industrie dans leur département. « Un mécanicien, un simple contre-maître ou même un ouvrier, dit le ministre, ont quelquefois élevé des manufactures au plus haut degré de prospérité. »

Le 25 septembre, le roi distribua les récompenses, décernées par un Jury composé de dix-neuf membres

qui avait choisi pour président le duc de La Rochefoucauld, pour vice-président Chaptal, et pour rapporteur Costaz. Sur 1,662 exposants, il y en eut 869
de récompensés (1).

L'Exposition fut close le 30 septembre.

Vers cette époque, se passa un fait qui agita beaucoup la reliure ; nous en dirons quelques mots parce
qu'il y a là, croyons-nous un point d'histoire industrielle assez intéressant à étudier. De plus on pourra
y voir les reliures anglaise et française de cette époque, appréciées et jugées différemment par deux
écrivains appartenant chacun à un camp opposé.

En 1818, Thomas Frognall Dibdin écrivit son
Voyage bibliographique, dont MM. Licquet et Crapelet donnèrent aussitôt une traduction. Cet ouvrage,
original à plus d'un titre, est divisé par lettres ; la
trentième est consacrée à l'imprimerie et à la librairie de Paris, et la reliure y trouve naturellement sa
place. L'auteur, en véritable anglais du commencement du siècle, ne nous ménage pas les critiques ;
c'est la contre-partie des louanges données à nos relieurs par M. Héricart de Thury, dans son rapport.

Il débute en déclarant que l'art de la reliure à
Paris, est en voie de décadence ; mais pourtant,
ajoute-t-il, avec un peu de soin et en accordant un
peu moins à la vanité nationale, les relieurs parisiens
pourront éviter une chute absolue et une décourageante dégradation. (On voit que l'Empire n'était pas
loin, car l'anglais Dibdin ne le prend pas sur un ton
amical. Heureusement que ces temps sont passés et
que ce style n'a pour nous qu'un intérêt archéologi-
que). « Autrefois, continue Dibdin, les Français éclip-

(1) M. Devinck, dans son ouvrage : *Pratique commerciale*, annonce 1,915 exposants.

saient tout le monde en reliure ; » et il retrace les beaux temps de la reliure française, où florissaient les Du Seuil, les Padeloup, les Derome et tant d'autres, que les Johnson, Montagu et Baumgarten n'ont pu égaler.

Son admiration s'arrête là, et le nom de Bozérian, se présentant au bout de sa plume, il en profite pour lui reprocher le trop grand emploi qu'il faisait de ses outils de dorure, avec lesquels il prodiguait trop de chétifs ornements, employés parfois sans discernement. Le choix de son maroquin est critiqué et il trouve que ses mors, mesurés sans exactitude, ne jouent pas facilement ; Bozérian, ajoute-t-il, n'en passe pas moins pour le restaurateur de la reliure en France.

Un des griefs que Dibdin devait encore avoir contre Bozérian, et qu'il aura sans doute *oublié* de mentionner, c'est que ce dernier était un des relieurs de Napoléon.

Laissons Dibdin continuer son *Voyage :*

« ..... Chez les relieurs français, c'est une erreur dominante ; ils pensent qu'un livre ne peut jamais être assez battu. Ils exercent sur les feuillets une tyrannie aussi dure que celle d'un despote de l'Orient sur un esclave courbé à ses pieds. Voyez un peu les reliures des volumes exposés dans les salles du rez-de-chaussée de la Bibliothèque royale, et apprenez par là que le craquement des feuillets d'un livre qu'il parcourt, procure autant de bonheur à un amateur, qu'à une tendre mère le petit babil de son premier-né.

« Thouvenin et Simier, continue Dibdin, dans son style imagé, sont maintenant les deux étoiles du matin et du soir dans l'hémisphère *bibliopégistique.*

« L'étoile de Thouvenin décrit dans les cieux un cercle plus élevé ; mais celle de Simier brille d'un éclat assez vif. Leurs ouvrages sont bons, solides et presque dans le même goût pour l'élégance. Le *Psautier* in-folio de 1502 (je crois), qui est à la Bibliothèque royale, est considéré comme le *nec plus ultra* de la reliure moderne, et, si je ne me trompe pas, c'est dans les réchauds ardents de l'artiste Thouvenin, que les fers imprimés sur cet échantillon ont été chauffés. Je n'hésite point à dire que c'est une méprise de le considérer comme un *spécimen* extraordinaire. Les ornements en sont communs; l'intérieur est décidément mauvais, et l'ensemble de l'exécution manque de grâce. Les tranchefiles sont comme celles de Bozérian, ajustées sans goût, et je puis dire que le tout est manifestement inférieur aux ouvrages de Mackinlay, Héring, Clarke et Fairbairn. Il n'est aucun de ces artistes, en effet, qui ne puisse l'éclipser, et de beaucoup. J'apprends que Thouvenin garde les livres qu'on lui donne à relier aussi longtemps que certains de nos relieurs, qu'à ce moment même je ne veux pas nommer. A ce sujet, Charles Lewis sourirait complaisamment, si vous lui faisiez entendre le mot de rivalité pour l'exécution d'un pareil ouvrage.

« Il y a un relieur du nom de Lesné, maintenant occupé, comme je viens de l'apprendre, d'un poëme sur son art, et qui passe également pour un artiste assez habile. Quelques-uns disent cependant qu'il *écrit* mieux qu'il ne *relie*, ce qui est d'autant plus fâcheux pour sa petite famille, s'il est marié.

« Il est pourtant vrai que des amateurs judicieux et impartiaux, avec lesquels je me suis entretenu, paraissent aussi penser que l'art de la reliure en France, dans son état actuel, s'il ne rétrograde pas, est au moins stationnaire et ne paraît pas pouvoir atteindre au plus haut degré de perfection. C'est ce que je n'admets pas ; car on peut faire encore ce que l'on a fait autrefois, et une *grande conjuration* n'est pas même nécessaire pour aller plus loin. Un bruit assez étrange est venu jusqu'à moi. On dit que Charles Lewis doit nous quitter pendant quelque temps pour établir ici une Ecole de reliure, d'après les principes du goût anglais ; mais ce projet est sûrement chimérique ; car il ne pourrait jamais être mis à exécution, ou si on le tentait, son existence serait de courte durée. Que Thouvenin et Simier, et le poëte lui-même examinent avec soin le choix de leurs fers et la manière de dorer de nos plus célèbres relieurs, et ils ne doivent pas désespérer de rivaliser avec eux ; qu'ils s'appliquent surtout à la bonne disposition des dos de leurs livres, et principalement des tranchefiles ; ces dernières sont généralement lourdes et sans élégance : qu'ils se défassent de la manie de trop serrer et de trop battre les livres, que leurs couvertures soient bien d'équerre, les nervures délicates, et l'âge d'or de la reliure ne tardera pas à renaître. »

Cette critique virulente de la reliure française, faite surtout par un Anglais, émut nos relieurs parisiens ; des défis, pour la perfection du travail, furent, dit-on, échangés, et la *Nouvelle Revue d'Edimbourg* devint le quartier général de l'armée, pardon, des relieurs anglais. Lesné se chargea d'anéantir l'ennemi, et il écrivit, dans cette intention, sa *Lettre d'un relieur français à un bibliographe anglais*, dont nous allons rendre compte, puis son *Epître à Thouvenin.*

Nous regrettons que, dans sa réponse, Lesné n'ait pas su s'élever au-dessus de ces mesquines rivalités dont la France et l'Angleterre présentaient alors le spectacle. Il avait les idées de son temps, ne l'en blâmons pas plus que de raison, mais félicitons-nous de vivre à une époque où les sentiments de confraternité conquièrent sans cesse du terrain, et où dans un étranger nous sommes d'abord disposés à voir un ami, et toujours à regret un adversaire.

Lesné, dès son début, revendique son droit de réponse et envoie à son adversaire nombre de traits acérés sur la politesse, les convenances et l'urbanité dont, suivant lui, l'écrivain anglais est totalement dépourvu; plus loin, il affirme que c'est en imitant les ouvriers anglais que la reliure française est tombée dans l'état de dépérissement où nous l'avons vue.

« Je voudrais, poursuit-il, qu'on se bornât à établir des reliures simples, mais solides, susceptibles de durer autant de temps que les livres, dans les deux parties qui constituent essentiellement la reliure, c'est-à-dire la couture et l'endossement; que l'on pût renouveler la couverture sans pour cela être obligé de démonter le livre, et par conséquent de le recoudre et le rogner de nouveau; mon unique but est la conservation des marges, puisque c'est d'après leur dimension que s'établit ordinairement le prix d'un livre. »

La mode du luxe superficiel des reliures, il l'attribue aux Anglais. « Ceux qui lisent, dit-il, et qui, par leur état, leur fortune, sont obligés d'avoir de beaux livres, ont des doubles exemplaires; et les livres de parade ne bougent pas de dessus les rayons. Comment pourrait-on juger du degré de solidité de tels ouvrages? La postérité les jugera, et quand ces magnifiques cartons ne tiendront plus aux livres, on encadrera les plus beaux pour les conserver comme des échantillons de ce que faisaient les artistes de notre siècle. Ce pronostic regarde encore plus vos relieurs que les nôtres; car les mors de vos livres en veau sont bientôt cassés; vos ouvriers sont trop pro-

digues de ce que les nôtres économisent trop; je
veux parler de la colle forte qui dessèche, durcit les
mors et les nerfs, et fait casser la peau tout le long
des dos; ce qui arrive parfois à des reliures passable-
ment bonnes, d'ailleurs.

« La manie qu'ont malheureusement les Français
d'imiter tout ce qui se fait chez l'étranger, les a fait
copier vos dos brisés à faux nerfs, vrai charlatanisme
qui décèle l'impuissance où sont vos relieurs d'imiter, dans cette partie, la correction qu'y apportaient
les anciens.

« Ils ont copié de même la façon de vos mors si pré-
judiciable à la conservation intacte des livres et,
quoique nos artistes y réussissent aussi bien que les
vôtres, il n'en est pas moins vrai que les mors anciens étaient bien préférables relativement à la conservation des livres. Faits en biseau ou chanfrein
presque insensible, le mors du livre n'était pas ployé
juste d'équerre, comme il l'est aujourd'hui et n'était
pas fait aux dépens des premiers et derniers cahiers
des livres.

« Quant à vos dos plats, qui n'ont aucun soutien,
vos ouvriers et les nôtres après eux, sont tombés dans
une étrange erreur en pensant qu'ils pouvaient se
soutenir à des lectures réitérées, ou plutôt ils ne l'ont
pas pensé ; je ne leur suppose pas cette ineptie : ils
ont sciemment sacrifié l'utile à l'agréable, car il n'y
a qu'une couture entière qui soit susceptible de conserver au dos sa forme primitive ; vos anciens et les
nôtres l'avaient bien senti.

« Comme les nôtres, vos ouvriers se dispensent de
l'emploi du parchemin dans l'endossement, ou, s'ils
en mettent, ils négligent de le coller au dedans du
livre sur le carton, afin qu'il ne paraisse pas au travers des gardes. Qu'à l'imitation des anciens ils met-

tent des gardes entières en parchemin, elles ne paraîtront pas au travers du papier des gardes; elles contribueront à faire fermer hermétiquement le livre, et l'on ne verra pas, comme je vous l'ai déjà dit, des cartons s'en séparer.

« Quant au craquement des feuilles, qui paraît vous causer des attaques de nerfs, vous vous méprenez singulièrement en pensant que ce n'est que parce que les livres sont trop battus qu'ils font ce désagréable effet ; cela peut quelquefois avoir lieu quand le livre n'a pas été battu également. Un livre parfaitement bien battu, mis en presse par petites parties, qui ne ferait aucun pli avant d'être cousu, pourrait en faire étant terminé : cela arrive quand celui qui l'a cousu, croyant qu'une des qualités essentielles d'une bonne couture est d'être serrée, tend par trop les fils qui fixent chaque cahier; ceux-ci forment des ondulations, qui, tendant à s'allonger, à prendre toute leur extension naturelle, à s'aplatir, en un mot, et ne pouvant le faire, quand le livre est mis en presse, toutes les fois que la manutention l'exige, causent ce craquement qui vous déplaît, ainsi qu'aux véritables amateurs, mais que personne ne décrirait d'une manière si singulière que vous l'avez fait. »

Lesné aborde ensuite la question de l'embellissement outré, qui fait consommer en pure perte un temps précieux : « Nous avons, dit-il, encore en cela, imité les Anglais, qui sont quelquefois prodigues de cette ornementation, avec ou sans or. Ils ont donné le pitoyable exemple de pousser des fers à froid, dont les dessins ne paraissent pas en relief, tandis que le bon goût voudrait que ces fers, roulettes, palettes, ou fleurons même, poussés sans or, parussent en relief; ce en quoi nos artistes ont dépassé les Anglais, qui poussent et enfoncent de la même manière les fers à froid et les fers à dorer. »

L'habitude prise par les libraires anglais de faire cartonner leurs livres appelle aussi la critique de Lesné : « On les grecque impitoyablement, s'écrie-t-il, on les endosse sans ménagement; ils sont abondamment pourvus de défectuosités; on agit de même pour les plus belles éditions. Vous avouerez que c'est détruire à plaisir! »

Nous ne pouvons suivre Lesné dans sa revanche épistolaire, qui, malgré certaines longueurs, paraît avoir produit sur Dibdin une impression peu agréable. Il est probable que, lorsque, évoquant l'ombre de Sterne, Lesné lui déclare qu'il est resté au-dessous de son modèle, Dibdin a dû tressaillir, car, en effet, le *Voyage* de l'un ne sera jamais qu'une rareté *bibliographique*, tandis que *Sentimental journey*, en français comme en anglais, fera toujours les délices de ses lecteurs.

Nous terminerons en insérant les vers suivants, que nous choisissons parmi ceux dont Lesné a parsemé *sa Lettre* :

Un art n'est qu'un métier dans une main vulgaire;
Un métier est un art quand on le sait bien faire.

VI

Exposition de 1823

Le 23 janvier 1823 une ordonnance de Louis XVIII, contre-signée Corbière, ministre de l'intérieur, annonça pour le 25 août suivant l'ouverture de la sixième Exposition des produits de l'industrie française.

Cette exposition se tint au rez-de-chaussée de la colonnade du Louvre, ainsi qu'au premier étage du Palais dont une partie seulement venait d'être achevée.

Le Jury était composé de vingt et un membres ; il choisit pour son président le duc de Doudeauville ; pour vice-président, le vicomte Héricart de Thury qui fut, avec M. Migneron, chargé de rédiger le rapport général.

Pour faciliter ses travaux, le Jury se divisa en huit commissions.

Matières premières ayant trait à la reliure — cuirs factices. — C'est à l'initiative de la *Société d'Encouragement* que sont dues en grande partie les tentatives faites en différentes fois pour remplacer les peaux employées dans la reliure par des tissus ou compositions offrant les mêmes avantages tout en étant plus économiques ; mais, de ces divers essais, aucun n'a pu jusqu'à présent détrôner l'orgueilleux maroquin, destituer la peau de veau de sa longue renommée d'élégance, et enfin amener à composition l'universelle basane ; l'on dirait même que ces tentatives n'ont fait qu'augmenter l'importance des matières qu'elles devaient remplacer, et, aujourd'hui encore, maroquin, veau ou basane se partagent sans conteste les rayons de toute bibliothèque sérieuse et sont une des principales causes du prix relativement élevé auquel se maintiennent toutes les reliures dignes de ce nom.

M. Dufort, cordonnier, rue Jean-Jacques-Rousseau, 18, a eu l'heureuse idée de mettre en valeur les déchets de cuirs provenant des ateliers de corroyeurs, selliers, et bourreliers. Avec ces matières qu'auparavant on jetait au feu pour s'en débarrasser, il est parvenu à fabriquer un cuir factice qu'il emploie notamment à faire des cartons et des reliures. Il lui est décerné une médaille de bronze. »

Cuirs façon de Russie. — M. Duval-Duval, rue de l'Oursine, 53, a exposé des cuirs façon de Russie, fabriqués par un procédé qui est identique à celui employé dans les pays où ces cuirs se fabriquent.

« La Société d'Encouragement avait proposé en 1818 un prix pour la fabrication de cette sorte de cuir. Il fut remporté en 1822 par MM. Duval-Duval et Grouvelle, après que, par une longue expérience, la Société se fut convaincue de la persistance de l'odeur dans les produits présentés. — Médaille de bronze. »

« M. Quennehem, rue des Haudriettes, 1, obtint en 1819 une mention honorable pour ses cuirs de Russie; le Jury lui maintient la même distinction. »

Maroquinerie. — Dans cette industrie sept fabricants furent récompensés, entre autres MM. Fauller père et fils, de Choisy, et M. Mattler, rue Censier, 13, qui obtinrent chacun une médaille d'or.

Parcheminerie. — M. Lansot, à Coutances (Manche), mentionné honorablement à l'Exposition de 1819 pour ses parchemins, est le seul qui en présenta à cette Exposition. Ses produits sont toujours d'une bonne confection et continuent à mériter la mention honorable.

Papiers marbrés et de fantaisie. — M. François-Michel Montgolfier, à Vidalon-lès-Annonay (Ardèche), présente entre autres articles de papeterie des papiers marbrés, des parchemins factices, des cartons blancs superfins. — Médaille de bronze.

M. Angrand, rue Meslay, 61. « On emploie en France, et surtout à Paris, dit le rapport, pour la reliure et le cartonnage, une grande quantité de papiers de fantaisie, à fond d'or, d'argent ou de couleurs, unis ou gaufrés. Nous les tirions autrefois d'Angleterre ou d'Allemagne. M. Angrand ne s'est pas contenté de s'emparer de cette branche de fabrication; il l'a singulièrement perfectionnée, en variant à l'infini les dessins et l'aspect de ces sortes de papiers. Sa faculté d'innover en ce genre semble inépuisable comme les caprices mêmes de la mode. Elle ne s'exerce à la vérité que sur un objet fugitif; mais enfin la vogue de ses papiers se soutient par les combinaisons toujours nouvelles qu'il y apporte, et malgré les établissements rivaux qui la lui disputent. — Médaille de bronze. »

Quatre autres fabricants sont récompensés.

Les éloges décernés à M. Angrand, quoique exagérés, nous paraissent pourtant mérités à certains égards. Cette maison s'est acquis un nom dans la reliure. Mais, selon nous, le rapporteur exagérait, en déclarant que M. Angrand, par la perfection et la variété de ses produits, avait vaincu la concurrence étrangère. En 1867, elle est encore debout et l'Allemagne surtout nous fournit des papiers marbrés recherchés avec empressement par les relieurs; on peut reprocher à ce papier, il est vrai, d'être inférieur, sous le rapport de la solidité, au papier marbré dit d'Annonay; mais enfin la mode est pour lui et nos marbreurs français n'ont pu encore l'égaler. Quant aux papiers anglais, surtout pour le peigne, si nous avons fait des progrès, ce n'est pas en 1823; le rapporteur a parlé trente ans trop tôt.

Voici la page consacrée à la reliure dans le rapport officiel :

Reliures. — M. Thouvenin, rue Mazarine, 34, « est bien connu de tous les amateurs de livres pour la perfection de ses reliures. Il a eu l'idée de faire laminer le carton dont il se sert, et il a renouvelé avec succès l'usage des matrices en cuivre, pour imprimer toutes sortes de dessins sur le maroquin et sur la peau. Entre autres perfectionnements introduits dans l'art du relieur, on lui doit de nouveaux fers à dorer qui sont d'un très-bon emploi. En 1819, M. Thouvenin obtint une mention honorable; le Jury lui décerne une médaille d'argent. »

« M. Simier, relieur du roi, rue Saint-Honoré, 152, a introduit une grande économie dans la dorure employée pour la décoration des reliures. On lui doit l'usage des molettes en relief, et plusieurs autres inventions utiles. Ses produits sont d'une grande perfection et généralement estimés.

« Le Jury lui a décerné une médaille d'argent. »

« M. Purgold, rue du Roule, 15, a présenté des reliures d'une exécution très-louable et dans des prix modérés.

« Le Jury lui décerne une médaille de bronze. »

Nous croyons utile et intéressant de consigner ici l'opinion de Lesné sur Purgold, qu'il surnomma *le Vétilleux* : « Les véritables connaisseurs, dit-il, regardent à juste titre Purgold comme le prince des relieurs de son temps : qu'on me passe cette expression ; jamais ouvrier n'a porté plus loin le fini, la bonne confection et la justesse. Il a même un certain genre d'embellissement dans lequel il est tellement original, qu'on reconnaît aussi bien sa manière de faire, au premier coup d'œil, que les connaisseurs en tableaux ou en sculpture reconnaissent la main d'un grand maître (1). »

Purgold mourut vers 1830; M. Bauzonnet, qui était son ouvrier, lui succéda.

____

(1) *La Reliure*, 2ᵉ édition, page 215.

« M. Dègle, rue du Roule, 13, s'occupe particulièrement de la reliure des livres d'église. Il réussit
également bien dans les décorations simples et dans
celles qui exigent le plus d'ornements.

« Le Jury lui a décerné une mention honorable. »

La même distinction a été accordée à M. Thouvé-
nin jeune, rue de la Parcheminerie, 2, qui a présenté de fort belles reliures, et qui paraît appelé à
marcher sur les traces de son frère.

M. Vogel, rue Dauphine, a mérité d'être cité pour
ses reliures bien confectionnées.

La même distinction est accordée à MM. Lemon-
nier et Chesle, rue de la Montagne-Sainte-Geneviève, 24, qui ont exposé des gravures en relief susceptibles d'être employées avec avantage dans la
reliure.

L'Exposition fut close le 15 octobre; elle avait
reçu 1648 exposants (1), dont 1091 furent récompensés.

Cette Exposition valut à Simier une épître de
Lesné; en tête est placé l'envoi dont voici les premières lignes : « Admis comme vous à l'Exposition
de 1823, je n'eus pas l'honneur de concourir avec
vous. Inquiet sur le sort de mon fils et de ma fille,
qui se trouvaient dangereusement malades dans le
même moment, je n'eus pas le temps d'achever les
ouvrages que je me proposais d'exposer. Mais je vis
les vôtres et ceux de nos confrères; je jouis de votre
triomphe et du leur (2). »

Voici, de plus, son opinion sur cette Exposition
ainsi que sur la précédente : « Il y a tout lieu de

____

(1) Le Tableau chronologique placé en tête de l'Exposition de 1849 n'accuse que 1,642 exposants.

(2) *La Reliure*, 2ᵉ édition, page 319.

croire, dit-il, que les membres du Jury de l'Exposition publique (de 1819) regardaient la reliure comme très-secondaire, puisque MM. Simier et Thouvenin, qui sont arrivés le plus près de la perfection, n'ont point obtenu de médailles. Si MM. Van Praet, Langlès, Chardin, Debure, Didot, Quatremère, Renouard, adjoints à quelques savants, eussent jugé ces reliures, le jugement eût probablement été tout autre. Le Jury de 1823, qui peut-être était le même qu'en 1819, a été plus équitable : MM. Simier et Thouvenin ont eu chacun une médaille d'argent ; il n'a donc pas osé décider lequel des deux méritait celle en or. Mais ce qui peut le faire excuser de cette incertitude, c'est que, appréciant les talents de M. Purgold, bien que ce dernier n'ait pas exposé, il lui a décerné une médaille de bronze. De bronze, d'argent ou d'or, qu'importe, cette médaille honore l'artiste et ceux qui la lui ont décernée (1). »

VII

Exposition de 1827

La septième Exposition fut ouverte le 1er août 1827, en vertu d'une ordonnance de Charles X, rendue le 4 octobre 1826. M. Corbière, ministre de l'intérieur, adressa, le 9 décembre, une circulaire aux préfets les invitant, aux termes de l'article 3 de l'ordonnance royale, à lui signaler « sur l'avis du Jury départemental, les artistes, même les simples ouvriers, qui, par des inventions ou des procédés et moyens non

(1) *La Reliure*, page 248.

susceptibles d'être exposés au Louvre, auraient contribué aux progrès des manufactures depuis 1823, afin que, s'il y a lieu, ils puissent participer aux récompenses que le roi a promises. » Quatre médailles furent, en effet, décernées ; mais aucun ouvrier n'en fut jugé digne, probablement parce qu'ils n'avaient pas *contribué aux progrès des manufactures*.

Le Jury était composé de vingt-deux membres ; il choisit pour président le marquis d'Herbouville, et pour vice-président le vicomte Héricart de Thury. Pour l'ordre de ses travaux, il suivit les usages établis en 1819 et en 1823. MM. Héricart de Thury et Migneron furent de nouveau chargés de la rédaction définitive du rapport.

Cette Exposition se tint, comme la précédente, dans le palais du Louvre ; mais le nombre croissant des exposants, d'une part, et, d'un autre côté, l'augmentation des collections renfermées dans ce palais, rendaient l'emplacement disponible insuffisant ; le Jury demanda au roi de vouloir bien désigner un autre local. Charles X promit de s'en occuper ; mais il ne put tenir sa promesse. Les projets industriels qu'il nourrissait sans doute en 1827 furent remplacés par d'autres de nature différente. On en connaît les résultats, dont les conséquences, en ce qui touche le sujet de cette étude, furent de laisser à un autre gouvernement le soin de donner satisfaction au vœu exprimé par le jury.

Cette Exposition eut moins d'éclat que la précédente.

Les mêmes phrases, plus laconiques peut-être, se retrouvent dans le rapport ; nous en résumerons l'ensemble pour les matières premières, réservant l'*in extenso* pour ce qui a trait directement à la reliure.

MAROQUINERIE. — Rappel d'une médaille d'or à MM. Fauler père et fils, de Choisy.

Plus deux rappels de médailles d'argent; une mention honorable et deux citations.

PARCHEMINERIE. — M. Lansot jeune, de Coutances. Exposition semblable à la précédente : mention honorable.

PAPIER DE FANTAISIE. — M. Angrand, rue Meslay, 61, « a présenté, disent les rapporteurs, des papiers gaufrés, marbrés, maroquinés, etc., dont il a porté la fabrication à un degré supérieur de perfection. Ce genre d'industrie est susceptible d'applications nombreuses. Il exige des avances assez considérables, vu la nécessité de renouveler souvent les dessins, et par conséquent de multiplier les planches.

« En 1823, une médaille de bronze a été décernée à M. Angrand ; cette distinction est toujours très-bien méritée. »

Cinq fabricants sont mentionnés honorablement pour papiers marbrés faits avec soin, bien glacés, et d'une grande variété de couleurs et de dessins.

GRAVURE. — M. Chesle, rue de la Montagne-Sainte-Geneviève, est cité avec éloge pour gravures à l'usage de la typographie et de la reliure.

ESTAMPES ET LIVRES NETTOYÉS. — M. Simonin, rue du Dauphin, 12, « Les livres et gravures se multiplient de plus en plus ; beaucoup de personnes devaient éprouver le désir que l'on parvînt à nettoyer et à restaurer ces objets lorsqu'ils ont été salis ou altérés. Les moyens imaginés à cet effet par M. Simonin ne laissent rien à désirer, et donnent une haute idée de son adresse, ainsi que de ses talents. » Une médaille de bronze lui a été décernée.

RELIURE. — M. Simier, rue Saint-Honoré, 152. « Diplôme portant rappel d'une médaille d'argent qui lui fut décernée en 1823. Les reliures de M. Simier sont riches et solides; les ornements en sont exécutés avec la plus grande précision. »

Ajoutons que M. Pougny, doreur sur cuirs, employé depuis longtemps chez M. Simier, pouvait revendiquer une large part de ces éloges; car il fut l'un de ses collaborateurs les plus méritants et les plus indispensables. Sans lui, il est certain que cette maison aurait eu moins de renom.

« Ont été cités avec éloges :

« M. Vinet, rue du Roule, 15, pour très-belles reliures, et M. Adam, rue Bleue, 27, pour reliures dites *mobiles*. Au moyen de ces reliures, on peut intercaler à volonté des feuilles dans un volume imprimé ou manuscrit. » Une médaille d'argent et deux citations, tel est le bilan de la reliure à cette Exposition, la dernière que devait voir la Restauration. La clôture eut lieu le 2 octobre; elle avait duré deux mois et deux jours, et reçu 1795 exposants (1), dont 1254 furent récompensés.

VIII

Exposition de 1834

La monarchie bourgeoise des d'Orléans ne modifia pas sensiblement l'état social et politique du pays; le droit qui précédemment reposait sur le privilége de la naissance et sur la tradition, prit cette fois pour

(1) M. Dupin, dans le Rapport de 1834, ne mentionne que 1,631 exposants; le Rapport de 1849 en compte 1,695, tandis que M. Devinck, *Pratique commerciale*, n'en accuse que 1,228. Quel est le chiffre véritable?

point d'appui le capital et la propriété. Ce fut le règne de l'Industrie personnifiée alors dans ses principaux chefs qui, rêvant un nouveau moyen âge, créèrent les *Compagnies*, fiefs industriels que depuis trente années nous avons vu grandir et se centraliser. Les conséquences en sont connues et expliquent suffisamment l'attitude qu'a dû prendre la classe ouvrière en face d'un état de choses qui, s'il ne disparaît, ne peut avoir que deux issues : la guerre sociale ou le servage.

Les étapes de ce régime seront pour nous les Expositions industrielles qui, désormais entrées dans nos mœurs, deviennent véritablement une institution nationale.

Une ordonnance royale, datée de Saint-Cloud le 4 octobre 1833 et contre-signée Thiers, ministre du commerce, fixa au 1er mai 1834 l'ouverture de la huitième Exposition. Au palais du quai d'Orsay qui avait été primitivement désigné pour servir à ces solennités, on substitua la place de la Concorde, sur les côtés de laquelle on éleva une construction provisoire composée de quatre pavillons très-spacieux et d'une architecture simple et régulière.

M. Duchâtel, qui avait remplacé M. Thiers au ministère du commerce, nomma le 21 avril 1834 les membres du Jury central. Ce Jury, composé de vingt-sept membres, choisit pour président M. le baron Thénard ; pour vice-président M. le baron Ch. Dupin, et pour secrétaire général M. Migneron. Il se divisa en huit commissions : tissus, métaux, machines, instruments de précision, chimie, beaux-arts, poteries et arts divers. M. le baron Charles Dupin, commandeur de la Légion d'honneur, conseiller d'Etat, député et membre de l'Institut, fut choisi pour rapporteur général.

Le 14 juillet, le roi distribua les récompenses accordées aux exposants. Dans le discours qu'il prononça à cette occasion, nous remarquons principalement le passage où, faisant allusion aux grèves et coalitions du temps, il rappelle l'apologue des *Membres et de l'Estomac*, conté par Ménénius au peuple romain, retiré sur le mont Aventin, et que La Fontaine prit soin de mettre en vers, bien à tort, selon nous. Ce passage du discours royal fut très-goûté par l'auditoire dont *Messer Gaster* pouvait passer pour la personnification; les *membres* n'étaient pas là et n'avaient pas encore voix délibérative; sans cela la réponse eût été facile. Un poëte ouvrier, il y en avait déjà alors, eût pu, en quelques vers, prouver que, dans le corps social, les *membres* trop souvent sont tombés en langueur, alors que l'ESTOMAC, toujours plus insatiable, faisait par la pléthore périr tout l'organisme.

Mais passons au rapport que M. Dupin fit précéder d'une introduction historique sur les progrès de l'industrie nationale, depuis l'origine de la révolution française.

Dans son avant-propos, l'auteur prend soin d'avertir que : « c'est le travail individuel du rapporteur, qui doit rester responsable des faits, des opinions et des jugements qui s'y trouvent émis. »

Tant mieux pour le Jury, car certains passages de ce travail nous ont fait éprouver de pénibles impressions, et nous plaignons l'écrivain dont la plume, traçant d'injurieuses et fausses allégations sur l'état de la classe ouvrière, a laissé voir les sentiments de partialité qui l'animaient contre elle. Parmi les passages qui appellent les protestations de tout homme de cœur, nous n'en relèverons que deux, ils suffisent pour faire apprécier l'écrivain :

. . . .

« On voit ici trois choses également affligeantes :
c'est d'abord un effet des misères inévitables dans
cette vaste cité (Paris); c'est ensuite la déplorable facilité qu'ont les officiers municipaux à délivrer des
certificats d'indigence, pour affranchir du dernier et
plus pieux devoir une énorme partie de la population,
que des maires et des adjoints, bons, mais impru-
dents, *démoralisent par charité;* c'est enfin la dépra-
vation où tombent une foule d'individus, dont les uns,
sans éprouver de besoins absolus, sont assez lâches
pour demander cette aumône dégradante, et dont les
autres, menant une vie de débauche, ont bu jusqu'au
dernier centime avec lequel ils pouvaient couvrir d'un
drap funéraire le corps de leur père, de leur mère ou
de leur épouse.

« Préfets et maires de Paris, ordonnez seulement
qu'on mettra sur le livret des individus qui réclameront
de pareilles exemptions : « N'a pas payé le cercueil de
son père et de sa mère », et vous verrez qu'il ne s'en
offrira pas un sur mille qui ne retranche sur ses
propres excès de quoi ne pas rougir toute sa vie. Par
là vous aurez servi la dignité nationale, et la morale,
et la santé de la classe ouvrière (1). »

Il résulte de ce qui précède « que l'énorme partie
de la population », qui ne peut payer pour ses proches
les dernières dépenses, est composée d'*ivrognes*, de
débauchés et de *lâches !*

Ce serait perdre son temps que de répondre à de
telles injures, et c'est déjà beaucoup trop que de les
citer; mais il faut qu'elles soient connues, et la publi-

______

(1) *Rapport du Jury central*, tome 1. Introduction, pages
241 et 242.

cité nouvelle que nous leur donnons, nous paraît nécessaire.

Nous ferons seulement observer que l'écrivain, qui
se permettait de mépriser ainsi les travailleurs ma-
nuels, ne pouvait ignorer que, dans la vie de l'ouvrier,
le gain est à peine suffisant pour vivre au jour le
jour ; que de plus il est souvent chargé d'une famille
qu'il doit nourrir et entretenir ; que de temps à autre
le chômage emporte les économies, si toutefois on a
pu en faire, et amène toujours les privations qui,
lorsqu'elles sont trop fortes, causent la maladie.
Alors que reste-t-il dans le pauvre ménage pendant
que l'un, étendu sur un lit de souffrance, voit peu à
peu s'éteindre une existence qu'il ne peut regretter,
et que l'autre, travaillant sans cesse, quand l'ouvrage
le permet, rapporte à peine de quoi nourrir la famille ?
Sur quelle épargne prélever les frais de la tombe !...
M. Dupin aurait bien dû observer et réfléchir avant
d'oser écrire ce que nous venons de citer.

Au lieu de chercher à détruire le paupérisme, le
savant, l'illustre statisticien a préféré condamner et
flétrir ceux qui en souffrent. La méthode est prompte
et facile, mais elle dénote une injustice ou une ignorance flagrante. Il est vrai qu'on ne peut tout savoir ;
toutefois il serait sage de ne parler que des choses que
l'on connaît, et surtout de ne pas injurier gratuite-
ment toute une classe d'hommes laborieux, utiles
et honorables.

Si cependant on voulait expérimenter, sur une
large échelle, la méthode proposée par M. Dupin,
voici comment cette expérience devrait avoir lieu :
chaque citoyen, riche ou pauvre, serait tenu d'avoir
un livret, — les académiciens (section des sciences
morales et politiques) devraient être soumis à la
même obligation, — et sur ce livret il y aurait, soit la

constatation d'actes honorables, de traits de probité, de dévouement à ses semblables, soit les faits d'improbité ou d'égoïsme... Ainsi, par exemple, lorsqu'un homme riche séduirait une fille pauvre et l'abandonnerait sans lui venir en aide, le livret le constaterait ; si, au contraire, un homme pauvre portait le déshonneur dans une famille riche, son livret le constaterait aussi, et il en serait de même de tous les faits graves. Puisque le principe de l'égalité est inscrit en tête de nos Codes, comment M. Dupin l'a-t-il oublié ?

Nous lisons ce qui suit dans le même rapport : « Chacun de ces ouvriers qui vont mourir à l'hôpital ou quêter un linceul, soit pour eux, soit pour leurs proches, et cela parce qu'ils ont mangé chaque semaine les épargnes de cinq jours, et perdu les deux autres ; s'ils avaient mis en réserve deux francs d'économies hebdomadaires et les deux francs de salaire moyen d'un jour ouvrable perdu, veut-on savoir ce qu'ils auraient pu, de vingt à soixante ans, ménager pour leurs vieux jours ? Même au simple taux de 4 pour 100, ils auraient pu se créer un capital de 19,765 francs, lequel leur aurait donné, suivant les résultats de ce même intérêt, un revenu de 790 francs ; c'est-à-dire plus que leur paye moyenne, plus qu'il n'en faut pour vivre chez soi, même malade, même infirme, en renonçant pour jamais à l'aumône de l'hôpital et du linceul (1). »

Ceci a été écrit en 1834, à une époque où l'argent avait plus de valeur qu'aujourd'hui ; nous disons cela pour bien faire comprendre que, dans notre appréciation, nous nous reportons à cette date, et que nous ne confondons pas hier avec aujourd'hui.

(1) *Rapport du Jury central*, I, pages 266-267.

Dans la citation précédente, M. Dupin reconnaît que le salaire moyen d'un ouvrier est de 790 francs par an, soit en chiffre rond 15 francs par semaine; sur cette somme, il doit mettre 4 francs de côté : il lui reste alors 1 franc 86 c. par jour pour subvenir à ses besoins eté lever sa famille. Il y a bien la maladie et le manque de travail, mais c'est si peu de chose que notre auteur les a oubliés; il a omis aussi de s'informer s'il était possible à un homme travaillant sans cesse de pouvoir exister et entretenir sa famille avec 1 franc 86 c. par jour. M. Dupin ne s'occupe pas de ces choses-là.

Nous pourrions continuer ces citations, mais nous croyons le lecteur suffisamment renseigné sur les idées de M. le rapporteur général.

Passons maintenant aux matières premières et aux industries se rattachant à la reliure.

Maroquinerie. — Pour cette partie, le rapport du Jury est très-laconique. Deux médailles d'or à MM. Fauler, de Choisy, et à M. Mattler, plus une médaille d'argent à MM. Emmeric et Georger, de Strasbourg, voilà les seules récompenses accordées. Le rapporteur annonce qu'en 1833, l'exportation des maroquins a atteint la somme de 1,225,654 francs.

Papiers de fantaisie. — M. Angrand, rue Meslay, 61, obtient une nouvelle médaille de bronze ; le chiffre de ses ventes annuelles atteint 300,000 francs.

Trois autres fabricants obtiennent des mentions honorables.

Gravure pour la reliure. — M. Chesles, rue de la Montagne-Sainte-Geneviève, 22, est cité favorablement, de même qu'il l'avait été déjà en 1827, pour sa gravuré.

Restauration des gravures et des livres. — M. Simonin, Cloître Notre-Dame : « Il restaure avec une telle habileté les vieilles gravures et lés vieux manuscrits, qu'il en conserve et souvent même en améliore le papier. Il avait reçu la médaille de bronze en 1827; il en reçoit une nouvelle aujourd'hui. »

RELIURE. — Voici les mentions du Jury relatives à la reliure :

M. Simier fils, rue Saint-Honoré, 152 : « Il y a déjà trente-huit ans que les ateliers de M. Simier fournissent des reliures qui, chaque année, sont d'un travail plus exquis et d'un goût plus remarquable. Lorsque les Chambres des pairs et des députés échangèrent leurs collections avec celles du Parlement britannique, elles chargèrent M. Simier de les embellir par tout ce que son art saurait produire de plus parfait. Le Jury central aime à reconnaître avec quel succès est accompli ce travail, qui montrera, dans l'Angleterre même, que nous pouvons aujourd'hui soutenir avec avantage une concurrence à peine supposée possible il y a peu d'années. M. Simier a reçu la médaille d'argent dès 1823; elle lui fut confirmée en 1827. Pour récompenser les progrès depuis cette époque, le Jury lui décerne une nouvelle médaille d'argent. »

M. Kœhler, rue de l'Ancienne-Comédie, 12 : « Les reliures de M. Kœhler ont été surtout remarquées pour la précision et le talent qu'il apporte à l'application des ornements désignés sous le nom de *petits fers*, ornements qui sont rapportés à la main pour former un dessin complet avec une infinité de parties séparées : c'est un vrai mérite d'artiste. Les reliures de M. Kœhler sont au rang des plus belles qu'on connaisse en Europe; il n'existe pas dix volumes qui puissent disputer le prix aux quatre Evangiles dont la couverture est ornée par son art. Ainsi, dès son début il n'a pas de supérieurs. Ses ateliers sont moins considérables que ceux de M. Simier; mais ils augmenteront promptement. Le Jury décerne à M. Kœhler la médaille d'argent. »

M. Kœhler avait été ouvrier chez M. Thouvenin; il connaissait la reliure et la dorure.

M. Duplanil, rue Grenelle-Saint-Germain, 59 : « M. Duplanil ne se distingue pas seulement par la richesse et l'élégance de ses reliures. Son art lui doit d'heureux perfectionnements, entre autres celui qu'il appelle le *champ levé*, qui consiste à laisser en certaines parties de la couverture, selon les dessins à produire, beaucoup moins d'épaisseur que dans les autres parties, sans nuire à la solidité de la reliure. Il obtient ainsi des effets pittoresques et nouveaux qui permettent de varier beaucoup les ornements. Ses reliures en satin blanc, à pièces de couleur rapportées, offrent des arabesques d'une légèreté charmante. Sur un exemplaire des *Roses*, de Redouté, M. Duplanil a reproduit, par la dorure et par des pièces de couleur rapportées sur la reliure, les belles fleurs qu'on admire dans l'ouvrage. Cet artiste est digne de la médaille d'argent. »

L'opinion des contemporains de M. Duplanil le représente comme assez bon ouvrier.

M. Alphonse Giroux, rue du Coq-Saint-Honoré, 7 : « M. Giroux produit des reliures remarquables pour l'éclat, la richesse et le bon goût des dorures; il a parfaitement exécuté son heureuse idée d'allier sur les tranches la peinture avec la dorure.

« Il a pareillement fixé l'attention du public par ses ouvrages d'ébénisterie et de maroquinerie, par sa fabrication de couleurs, de cadres et de toiles pour la peinture. Les objets que ses ateliers ne confectionnent pas, sont exécutés sur ses dessins et sous sa direction immédiate : l'élégance et la variété les caractérisent.

« Par son influence sur le perfectionnement de beaucoup d'industries accessoires pour lui, mais spéciales pour d'autres fabricants, et par l'importance de ses travaux et de ses ventes, qui ne sont pas moindres d'un million par an, M. Giroux mérite la médaille d'argent. »

La médaille décernée à M. Giroux fut l'une des moins méritées de cette exposition ; en effet, loin d'être un producteur, il n'était qu'un simple intermédiaire, et lorsque nous voyons énoncé en tête de sa notice qu'il « produisait des reliures remarquables, » nous ne pouvons dissimuler notre surprise, puisqu'elles sortaient des ateliers de Thouvenin qui ne travaillait pour cette maison qu'à la condition expresse de ne point signer ses reliures, que bien entendu M. Giroux donnait pour siennes. Après la mort de Thouvenin les mêmes *avantages* furent offerts à M. Bauzonnet qui, tenant à conserver la responsabilité de ses œuvres, n'eut garde de les accepter. Félicitons-le de sa détermination, et plaignons M. Giroux d'avoir acquis sa renommée par de semblables moyens.

M. Muller : « Ses reliures sont caractérisées par un grand luxe d'ornement; on lui doit quelques applications nouvelles de dorure sur le satin et le velours, avec des nuances d'or et de couleurs, assorties à la plus grande variété de dessins. Nous engageons cet artiste à ne pas prendre pour une perfection la surabondance des ornements, et nous récompensons son habileté par la médaille de bronze. » M. Muller était le successeur de Thouvenin.

M. Lesné, professeur de reliure à l'Institution des Sourds-Muets : « Ses cartonnages, dits *Conservateurs,* conservent en effet complétement les livres jusqu'à leur reliure définitive, sans que la colle et le papier d'assemblage des feuillets y laissent de traces, comme il arrive dans les cartonnages ordinaires. Ils sont très-solides : chaque cahier est cousu dans toute sa longueur sur une toile qui tient lieu de ficelle, et qui permet de supprimer la grecque, c'est-à-dire les entailles profondes faites à la scie sur le dos des livres pour y loger la ficelle. Dans la reliure définitive, la grecque est remplacée par la couture des cahiers sur des lacets de soie. Ce perfectionnement mérite la médaille de bronze. »

Nous avouons ne pas comprendre la reliure de ces cartonnages dont chaque cahier est cousu dans toute sa longueur sur *une toile* qui tient lieu de ficelle. Comment était-il possible de travailler des volumes cousus ainsi ? Nous posons le problème, le résoudra qui pourra. Quant à Lesné, sa personnalité mérite qu'on s'y arrête. Nous consacrerons à la fin de ce rapport quelques lignes à ce relieur original, et remarquable à plus d'un titre.

M. Jacotier, rue Saint-Antoine, 178 : « Cet habile relieur s'est distingué par la découverte d'un procédé pour décalquer dans le même sens que l'original, et sans le détériorer, toutes gravures ou lithographies, quelle qu'en soit l'ancienneté. M. Jacotier n'applique ce procédé qu'à la reliure, qui peut en tirer grand parti ; mais le Jury conçoit des applications bien plus nombreuses et plus importantes qu'on peut en faire à d'autres industries ; il décerne la médaille de bronze à cet article. »

Qu'est devenue l'invention de M. Jacotier dont la reliure devait « tirer un si grand parti ? »

MM. Mary et Tirel, rue des Vieux-Augustins, 61 : « Leurs reliures sont élégantes et soignées. Ils ont fait disparaître les défauts qu'on reprochait aux reliures en velours, savoir : de donner trop d'épaisseur aux bords des livres et d'en déformer les coiffes. Par leur procédé de gaufrage, ils peuvent les embellir de riches ornements, ce qu'on ne savait faire avant eux qu'en uni. Leurs gardes en maroquin, malgré l'application de la dorure, restent parfaitement planes. Enfin ils font les reliures ordinaires à meilleur marché que dans beaucoup d'autres ateliers. »

M. Berthe, rue du Battoir-Saint-André-des-Arts, 2 : « Pour ses reliures auxquelles il sait donner l'odeur aromatique du cuir de Russie, et surtout pour avoir enlevé aux Anglais le secret de moirer les tissus employés au cartonnage des livres, mention honorable. »

Le *Manuel du relieur*, collection Roret, nous apprend que c'est à M. Chevallier, chimiste, membre de l'Académie royale de médecine, que M. Berthe est redevable des procédés à l'aide desquels il imitait l'odeur du cuir de Russie. L'auteur de ce manuel, M. S. Le Normand, dans une lettre placée en tête de cet ouvrage et adressée à M. Berthe aîné, lui en offre la dédicace, afin de rapporter, dit-il, à sa source les leçons qu'il y a puisées.

Ajoutons que les paragraphes 18 et 19 qui traitent des *marbres* et des *racines* ont été écrits par M. Le Normand sous la dictée du frère de M. Berthe, qui, après avoir été, lui aussi, à la tête d'un établissement de reliure, est mort, il y a quelques années, ouvrier papetier-relieur à l'Imprimerie Impériale.

Mme veuve Frichet : « Reliures mobiles très-remarquables pour leur commodité et leur simplicité. On peut y placer successivement les livraisons d'un ouvrage périodique sans détériorer les feuillets qui n'y sont que pressés ; cela les rend très-utiles pour les bibliothèques publiques et les cabinets de lecture. Mention honorable. »

A la suite du rapport sur la reliure, il est dit quelques mots des registres. Quoique cette industrie ne rentre pas dans notre travail, nous croyons devoir néanmoins signaler quelques particularités qui ne sont pas sans intérêt pour notre profession.

L'introduction en France des registres à dos élastiques et brisés est attribuée à M. Cabany : oublié aux expositions précédentes, il obtient une mention honorable, ainsi que M. Robert; et au sujet de ce dernier, voici quels sont les termes du rapport : « Il a perfectionné la couture des cahiers du registre sur des rubans préparés et très-rapprochés, qui rendent le point de couture fixe et s'opposent au glissement longitudinal des cahiers. Il a supprimé le point de chaînette qui, serrant les papiers en queue et en tête plus qu'au milieu, tend à déchirer le papier et à le rompre. »

M. Bruyer est cité favorablement « pour coudre en même temps sur rubans piqués deux fois et sur ficelles qui traversent les cartons, comme dans les reliures ordinaires; de là résulte plus de solidité. »

Même récompense à M. Roumestan, qui « fabrique de bons registres suivant l'ancienne manière. »

A cette Exposition, des récompenses furent accordées à des « artistes » non exposants. Dans cette liste, nous remarquons M. E. Grimpé, à Paris, rue des Magasins, 14. Parmi les nombreuses innovations dont l'industrie lui doit l'application, nous citerons spécialement une machine à gaufrer le papier.

M. Thurion, ouvrier en châles, à Nîmes (Gard), est récompensé par la médaille d'argent « qu'aucun ouvrier français, *resté simple ouvrier*, n'avait encore obtenue. »

Trois autres ouvriers et un contre-maître obtiennent des médailles de bronze.

Mentionnons un dernier fait, que nous livrons, sans commentaires, à la méditation de tous les esprits sérieux. Nous le définirons ainsi : Rapports du capital et du travail.

La Société anonyme des papeteries du Marais et de Sainte-Marie (Seine-et-Marne)... « consiste en six usines où travaillent constamment 550 ouvriers de toutes professions, logés par la Compagnie, et recevant 216,000 francs de salaire annuel. »

Ce qui donne, en moyenne, à chaque ouvrier 393 francs, plus le logement. La production s'élève à près de 900,000 francs; le capital engagé est de 1,800,000 francs.

Cette Exposition fut close le 1er juillet 1834. Le nombre des exposants s'éleva à 2447; celui des récompenses à 1785.

En 1834, M. Charles Nodier fit paraître, dans le n° 6 du *Bulletin du bibliophile*, un travail qu'il intitula prétentieusement : *De la reliure en France au dix-neuvième siècle;* ce n'est, à vrai dire, qu'un article de revue : nous en transcrivons la partie qu'on pourrait appeler l'oraison funèbre de Thouvenin, ainsi que celle consacrée à l'appréciation de la reliure en 1834.

Le nom de M. Simonin se présente tout d'abord : « Il a porté si haut, dit Nodier, la science de la *bibliatrique* ou restauration des vieux livres, qu'on pourrait dire sans exagération qu'il l'a inventée...» Puis, après une transition de quelques lignes, il ajoute : ... « C'est du temps de Crozat, le libraire, qu'apparut Thouvenin; il n'est pas ici question du temps où, emporté par le goût des innovations à la mode, il raffina sur les dentelles baroques de la reliure impériale, ou inventa ces empreintes, plus maussades encore, qui réduisirent la main-d'œuvre du doreur de livres à l'ignoble artifice du fer à gaufres; mais de ces deux ou trois années de perfection presque achevée qui le consumèrent, et pendant lesquelles il s'est reporté avec un habile courage aux beaux jours de Derome, de Padeloup, de du Seuil, d'Enguérand, de Boyer, de Gascon, pour les surpasser en les imitant.

« Les noms que je viens de citer sont ceux des maîtres de cet art, qui a cela de particulier, qu'il n'a pas produit jusqu'à nous plus de trois excellents ouvriers par siècle.

« Thouvenin est mort quand il arrivait au plus haut degré de son talent; Thouvenin est mort en rêvant des perfectionnements qu'il aurait obtenus, qu'il aurait seul obtenus peut-être; Thouvenin est mort pauvre, comme tous les hommes de génie qui ne sont pas hommes d'affaires et qui tracent le chemin du progrès sans le fournir jamais jusqu'au bout. Il n'est pas arrivé une seule fois, depuis le commencement des siècles, que la terre promise s'ouvrît à celui qui l'avait devinée.

« Mais la reliure n'est pas descendue tout entière dans le tombeau de Thouvenin. Son exemple a inspiré d'heureuses émulations; son école a formé d'industrieux élèves; son art, au point où il l'a ramené, est de tous les arts du pays celui qui reconnaît le moins de rivalités en Europe. L'Angleterre elle-même, qui nous était si supérieure en ce genre, il y a moins d'un quart de siècle, ne soutient avec nous une espèce de concurrence que dans le choix des matières premières, dont une avare et maladroite prohibition nous interdit l'usage. C'est ce qu'a prouvé avec éclat la dernière Exposition des produits de l'Industrie; et je rendrais avec plaisir justice aux nombreux talents

qu'elle a fait briller, si un juste sentiment de conve-
nance ne me permettait d'empiéter sur le domaine
d'un de mes collaborateurs ; j'ai tout au plus le droit
de me joindre à lui pour prêter une faible autorité de
plus au jugement qu'il a porté des travaux de M. Simier, qui justifie de plus en plus la réputation acquise
à son nom par son honorable père, un des premiers
restaurateurs de la reliure française.

« Parmi les relieurs qui n'ont pas exposé au concours
de 1834, il en est deux dont la modestie me laisse
plus de latitude, et que je ne passerai pas sous silence.
M. Ginain est un de ces artistes consommés auxquels
les amateurs peuvent confier leurs livres les plus
précieux avec une assurance qui ne sera jamais trom-
pée. La solidité de sa construction, le bon goût de ses
ornements, la netteté et l'élégance de son exécution,
la modération de ses prix le recommandent depuis
longtemps à la librairie de luxe et aux propriétaires
de collections choisies. M. Bauzonnet, plus spécialement connu des curieux comme successeur de Purgold, qu'il a laissé bien loin derrière lui, ne paraît
s'être dérobé aux honneurs de l'exhibition publique
que pour y faire remarquer son absence ; car aucun
relieur, je pense, ne serait tenté de lui disputer la
palme du talent ; Kœhler seul s'est montré digne de
la partager dans un chef-d'œuvre où il ne restera certainement pas sans récompense, et je m'en rapporte
volontiers sur ce point à Padeloup, à Derome, à
Thouvenin et à Bauzonnet lui-même ; car les hommes
supérieurs ne connaissent pas l'envie. Kœhler a
voulu atteindre, dans son magnifique volume des
Quator Evangelia, à la riche perfection des reliures
anonymes du trésorier Grollier, que les bibliophiles
couvrent d'or depuis cinquante ans dans les *auctions*
de Londres où il faut aller chercher aujourd'hui la

plupart de ces opulentes merveilles. Il a réussi, et je dirais davantage si je n'étais retenu par mon respect religieux pour l'antiquité ; jamais le bon goût de la décoration, l'élégance et la pureté du dessin, le fini et la précision des dorures n'ont été poussés plus loin, et je serais fort surpris qu'il existât dans les bibliothèques de l'Europe vingt ouvrages d'art capables de contester la prééminence à celui-ci, qui, au moment où j'écris, enrichit déjà probablement le cabinet d'un monarque ou celui d'un agent de change. »

Nous ferons suivre l'appréciation de M. Nodier de la pièce suivante. Non-seulement c'est un document assez rare pour l'histoire de la reliure, mais c'est encore, selon nous, une preuve de certaines exagérations dans lesquelles tombent à l'égard de Thouvenin quelques bibliophiles et relieurs.

Paris, le 25 janvier 1828.

Monsieur,

Nous avons l'honneur de vous informer que nous venons d'établir une société en commandite par action, sous la raison de *Joseph Thouvenin aîné et Ce*, pour l'exploitation de la reliure.

Cet établissement, qui jouit d'une réputation méritée, se trouvait depuis quelque temps, et par des circonstances particulières, en souffrance.

Nous allons lui donner toute l'activité dont il est susceptible. L'ensemble de son matériel, en instruments, fers, matrices d'une régularité parfaite, et d'un goût qui ne laisse rien à désirer, permet de varier les reliures à l'infini, et le rend l'un des premiers en ce genre.

La nécessité de ne pas distraire notre sieur Thouvenin de ses occupations intérieures, qui se borneront à la production et à ses perfectionnements, nous a portés à l'affranchir de toute participation à l'administration ; conséquemment notre maison sera gérée par M. Edouard Ray, qui, seul, a la signature, conformément aux statuts de notre acte constitutif, enregistré le 6 janvier au Tribunal de commerce.

6.

On s'est plaint, avec raison que les ouvrages donnés à la reliure étaient trop longtemps retenus dans l'établissement; nous avons pris nos mesures pour faire cesser un si grand inconvénient, et nous pourrons même nous engager à des livraisons à époques fixes et rapprochées.

Nous vous remettons ci-contre le tarif de nos reliures aux prix les plus modérés; ce tarif comprend depuis la reliure la plus riche jusqu'à la demi-reliure la plus simple. Cependant, pour les reliures riches à compartiments dorés ou à mosaïque, lorsqu'elles sortiront des limites ordinaires, nous en traiterons de gré à gré. Les prix de notre tarif sont basés sur une importance de 200 volumes par chaque sorte. Pour tout ce qui excédera cette quantité, nous accorderons une remise de 6 0/0.

« Dans l'attente, monsieur, que vous voudrez bien nous honorer de vos ordres, veuillez agréer le témoignage de notre considération distinguée,

J. THOUVENIN ET Ce

rue Mazarine, 34.

M. Edouard Ray signera :

Par procuration de J. Thouvenin et Ce

E. RAY.

TARIF DES PRIX DE RELIURES

DE J. THOUVENIN ET Ce

Rue Mazarine, 34.

RELIURE PLEINE, MAROQUIN RICHE.

1 volume in-f°	....	50 »
1 — in-4°	....	25 »
1 — in-8°	....	12 »
1 — in-12	....	8 »
1 — in-18	....	5 »

RELIURE PLEINE, VEAU MAROQUINÉ, TRANCHE DORÉE.

1 volume in-f°	....	25 »
1 — in-4°	....	13 »

1	volume	in-8º	6 »
1	—	in-12	4 »
1	—	in-18	3 »

RELIURE PLEINE, VEAU ORDINAIRE, TRANCHE MARBRÉE.

1	volume	in-fº	17 »
1	—	in-4º	9 »
1	—	in-8º	4 »
1	—	in-12	3 »
1	—	in-18	2 »

DEMI-RELIURE, DOS DE VEAU, TRANCHE MARBRÉE AVEC NERFS.

1	volume	in-fº	10 »
1	—	in-4º	5 »
1	—	in-8º	2 25
1	—	in-12	2 »
1	—	in-18	1 50

DEMI-RELIURE, DOS DE VEAU, TRANCHE MARBRÉE, SANS NERFS.

1	volume	in-fº	9 75
1	—	in-4º	4 75
1	—	in-8º	2 »
1	—	in-12	1 75
1	—	in-18	1 25

Thouvenin, paraît-il, n'était pas aussi bon administrateur qu'ouvrier habile ; plusieurs fois on dut venir à son aide et rétablir ses affaires ; la circulaire précédente en est une preuve, et montre avec quel soin ses coassociés « *l'affranchissent de toute participation à l'administration.* » Mais, soit que la bonne harmonie eût cessé de régner parmi les associés, soit que l'exploitation du nom de Thouvenin n'eût pas procuré les bénéfices qu'en attendaient nos *capitalistes-bibliophiles*, toujours est-il que, dès 1830, l'établissement de la rue Mazarine avait disparu pour faire place à celui du passage Dauphine, où mourut Thouvenin, le 3 janvier 1834, ayant à peine quarante ans.

Ce célèbre relieur, élève de Bozérian le jeune, représente une époque dans notre profession; en lui nous ne voyons pas seulement l'artiste jugé trop favorablement par Nodier, nous y voyons le praticien étudiant la marche générale de l'industrie et ne négligeant aucun progrès dont son art peut tirer profit. Certains maîtres, routiniers de leur nature, ont montré une sainte horreur pour les outils et procédés nouveaux. Thouvenin a osé penser et agir différemment et ce n'est pas son moindre mérite; combattant la routine, bravant la raillerie, il introduisit dans la reliure l'outillage mécanique : le laminoir, d'origine française, servit à donner au carton la force et l'uni qui lui manquaient; de là à s'en servir pour les livres, il n'y avait qu'un pas, il se fit quelques années plus tard.

Il introduisit dans nos ateliers l'usage du balancier à dorer; la reliure ne doit pas le regretter, car ce nouveau système de dorure apporta dans la décoration du livre un nouvel élément qui mit à la portée des petites bourses ce qui n'était auparavant que le privilége des fortunes financières et aristocratiques. L'art y a souvent perdu, c'est vrai, mais la faute n'en est pas à l'outil : que l'ouvrier appelé à le diriger étudie les modèles de dorure qui font l'orgueil de nos bibliothèques; qu'il se pénètre des principes du beau; qu'il surveille l'exécution de son travail et il arrivera lui aussi à créer des chefs-d'œuvre qui, eux du moins, seront accessibles à tous.

Thouvenin introduisit aussi dans la reliure les ais de métal qu'il substitua, pour certains travaux, aux ais de bois. Tous les bons relieurs adoptèrent cette innovation qui depuis n'a fait que se généraliser; enfin, M. Fauler nous apprend, dans le rapport sur l'Exposition de 1851, que Thouvenin est le premier qui ait commencé à chagriner le maroquin à la main.

Ce n'est pas là tout ce que la reliure doit à Thouvenin : indépendamment des projets qu'il n'a pu
réaliser, il a formé des élèves qui sont devenus des
maîtres : leur exemple nous prouve qu'il est toujours
d'honorables places réservées à ceux qui, travaillant
sans cesse, savent allier la perfection du travail au
goût qui doit présider à son exécution.

Consacrons maintenant quelques lignes à la mémoire de Lesné, célébrité contemporaine, mais bien
différente de Thouvenin. Nos renseignements nous
ont été fournis par les œuvres du *poëte*, puis par
quelques personnes dont les observations personnelles nous ont été utiles pour compléter et contrôler
nos premières impressions.

Né vers 1775, Lesné nous apprend (1) que jeune
encore lorsque vint la révolution, il n'eut pas le
moyen d'achever ses études; il dut apprendre l'état
de serrurier.

A vingt-sept ans, vers 1802, il commença à apprendre la reliure et, si nous en croyons un passage
de son *Epître à Thouvenin* (2), il l'apprit seul. Certes,
il serait assez curieux de savoir à la suite de quelles
circonstances Lesné se décida à quitter son premier
métier pour devenir relieur; nous croyons et ses
écrits le témoignent assez, qu'il obéit à une véritable
vocation et là n'est pas un des moindres mérites de
notre profession de pouvoir inspirer de telles résolutions, d'autant plus désintéressées que le gain est
trop minime pour y avoir la moindre part.

Vers 1810 Lesné entreprit son poëme sur la reliure; il mit plus de huit ans pour achever son travail
dont la première édition parut en 1820. Ce poëme

(1) Lesné, 2ᵉ édition, pages 333-334.
(2) Lesné, 2ᵉ édition, pages 134, 309.

était accompagné d'un mémoire relatif à des moyens de perfectionnement propres à retarder le renouvellement des reliures; nous en avons donné une analyse à la suite de l'Exposition de 1819.

En 1822, parut sa *Lettre à un bibliographe anglais*; nous en avons également rendu un compte détaillé à la suite de l'Exposition de 1819 (1).

En 1823, Firmin Didot édita son *Épître à Thouvenin*, qui peut être regardée comme la continuation de sa polémique avec Dibdin (2).

L'*Épître de Simier père* date de la même époque, mais elle ne fut imprimée qu'en 1827, dans l'édition grand papier de son poëme (3). Dans cette épître, il établit un parallèle entre Simier et Thouvenin, et, tout en s'efforçant de les maintenir au même niveau, il ne put s'empêcher de montrer quelques préférences pour Thouvenin.

Paul Renouard imprima, en 1827, la deuxième édition de son poëme, qui ne fut tirée qu'à 125 exemplaires ; dans cette édition, qui offre d'importantes additions et rectifications avec celle de 1820, on trouve, outre les pièces mentionnées plus haut : 1º *Satire à mon esprit* ; cet opuscule répond aux critiques adressées à Lesné et fait connaître ses sentiments sur quelques points qu'il n'avait pu développer dans son poëme ; 2º notes des pièces diverses ; 3º un vocabulaire des termes employés dans le poëme de la reliure.

Cette deuxième édition, lorsqu'elle parut, se vendait 25 francs et 27 francs cartonnée par l'auteur

(1) Cette lettre se trouve dans la deuxième édition de ses œuvres, Crapelet en a tiré 32 exemplaires sur grand in-8º.

(2) Se trouve également dans sa deuxième édition.

(3) Renouard en fit un tirage spécial à 12 exemplaires, grand in-8º.

d'après ses procédés ; ce cartonnage à la Bradel était cousu avec de la soie sur trois lacets également en soie; le dos était enduit d'une simple couche de colle forte.

M. P. Lacroix, dans son ouvrage : *Curiosités de l'histoire des arts*, page 180, nous apprend que M. Luigi Odorici publia à Dinan, en 1853, une nouvelle édition de ce poëme, accompagnée d'un grand nombre de notes; très-peu d'exemplaires en ont été tirés : M. P. Lacroix n'en annonce que cinq, tandis que M. Aubry, libraire de la Société des Bibliophiles français, qui, croyons-nous, en possède un exemplaire, porte le nombre à dix. En tous cas, l'édition est rarissime et elle prouve que l'ouvrage n'est pas sans mérite, puisqu'un bibliophile ne l'a pas jugé indigne d'un tel sacrifice.

Lesné est aussi l'auteur d'un opuscule intitulé : *A la gloire immortelle des inventeurs de l'imprimerie*. Cette petite pièce de poésie, renfermée dans un cahier de 12 pages grand in-8°, est une revendication des droits de la pensée. Composée vers 1825, elle ne fut imprimée qu'en 1840 environ.

Ces différents travaux attirèrent sur lui l'attention de plusieurs amateurs, il obtint même la place de professeur de reliure à l'Institution des Sourds-Muets. Nous ne savons combien de temps il la garda, l'indépendance de ses opinions lui fit sans doute du tort. Il ne savait pas ramper et le disait bien haut :

> Ramper ! Ah ce mot-là m'écorche les oreilles,
> J'offrirais à des sots le tribut de mes veilles !
> Je ne veux pas du tout me singulariser,
> Mais je suis peu d'avis de monseigneuriser.
> . . . .
> De l'adulation mon âme est ennemie (1).

____

(1) Lesné, 2ᵉ édition, page 344. — (2) Id., page 338.

Dans un autre passage, il dit encore :

On s'imagine, hélas ! qu'on forme des artistes,
Comme de sénateurs on écrirait les listes :
D'un mot, un roi peut faire un duc, un chevalier,
Il faut dix ans et plus pour faire un ouvrier.
Heureux encore s'il sait parfaitement tout faire ! (2).

Le lecteur avouera sans peine que cette poésie était peu propre à le faire recevoir relieur de la cour ; aussi nous a-t-il été affirmé qu'il mourut pauvre, laissant en manuscrit un manuel du relieur, dont il avait amassé les matériaux depuis longtemps. Ce livre devait être, dit-il dans la déclaration imprimée dans la grande édition de ses œuvres, page 355 : « Un cours complet de reliure, dans lequel tous les genres anciens et modernes, français et étrangers, auraient été traités comparativement les uns avec les autres. De ces différents genres, qui tous ont des nuances de bonne ou mauvaise confection, l'auteur en aurait déduit un particulier approprié aux goûts et aux besoins de notre époque : un genre solide, élastique, gracieux, élégant, mais surtout conservateur, but principal de la reliure. »

De ce manuel, il n'a paru que le prospectus qui ne peut que nous faire regretter l'ouvrage.

Comme relieur, Lesné ne fut pas un artiste remarquable ; ses contemporains ne lui ont pas ménagé les critiques, et lui-même avoue qu'il était loin de la perfection. Du reste, ayant appris, sans autre maître que lui-même, son état, à vingt-sept ans, il n'eut pas la ressource de se perfectionner dans d'autres ateliers. Ce qui donne une place à part à Lesné parmi les célébrités de la reliure, c'est le vif amour qu'il ressentait pour une profession qui, pour lui, était plutôt un art qu'un métier. Il recherchait la perfection dans les procédés du passé ; le progrès, selon lui, consistait à imiter les anciens ; cette opinion, fondée à un certain point de vue, il la soutenait avec chaleur et conviction. Enfin, par ses écrits, il a rendu un service réel à la reliure et à la bibliographie. Dans ses descriptions, il ne s'est pas arrêté à la surface du livre ; il n'a pas vu que l'ornementation, ainsi que le font la plupart des bibliophiles, qui paraissent toujours ignorer qu'il y a autant de talent à déployer et de difficultés à vaincre pour préparer la reliure d'un livre, faire le corps de l'ouvrage et la couvrure, que pour y établir une brillante dorure.

Lesné est allé plus loin : il a examiné la confection du livre dans ses détails les plus minutieux, et signalé les imperfections qu'il a rencontrées, ainsi que tout ce qui lui paraissait porter atteinte à la prospérité d'un art dont il s'est fait le poëte. Par là, il a rendu d'éminents services, non-seulement en propageant de bonnes manières pour l'exécution du travail, mais aussi en conservant à la postérité de précieux documents qui seront d'un grand secours le jour où l'on se décidera à écrire une véritable histoire de la reliure.

A partir de cette Exposition, notre profession commença à entrer dans une nouvelle voie ; à l'ancien atelier du maître relieur, occupant des ouvriers capables d'exécuter la reliure d'un livre dans toutes ses parties, se substitua peu à peu l'établissement des spécialités. Les premières années de la Restauration virent s'établir plusieurs doreurs sur cuirs, lesquels ont fini peu à peu par constituer un groupe à part. Les commencements de la monarchie de Juillet virent employer le laminoir pour les livres ; ce procédé se généralisa, et quelques ouvriers, s'adonnant spécialement à cette main-d'œuvre, finirent par créer une nouvelle spécialité qui remplaça celle de la *batture*. Le mouvement de transformation s'accentuait chaque jour davantage, et l'on pouvait déjà prévoir le moment où la grande industrie allait faire invasion dans la reliure. Encore une Exposition et le fait sera accompli.

IX

Exposition de 1839

Les pièces officielles, placées en tête du rapport, nous apprennent que, par une ordonnance en date du 27 septembre 1838 et contre-signée Martin (du Nord), ministre des travaux publics et du commerce, il fut décidé qu'une Exposition des produits de l'Industrie française aurait lieu, le 1er mai 1839, au grand carré des Champs-Elysées.

Une circulaire ministérielle du 9 octobre 1838 « engage les Jurys départementaux à s'assurer que les objets présentés n'ont pas été exécutés en vue seule de l'Exposition. »

M. Martin (du Nord) ajoute :

« Le gouvernement du roi a voulu que l'artiste, que l'ouvrier modeste, qui, chez lui ou dans l'atelier, aurait imaginé des procédés de nature à simplifier le travail ou à perfectionner les produits, participât aux encouragements que recevrait le chef de l'établissement, à la fortune et à la réputation duquel cet humble artisan aura souvent contribué. »

Ces belles paroles sont restées à l'état de phrases ; c'est assez l'ordinaire.

Le Jury, composé de quarante-quatre membres, se divisa en huit Commissions. Chaque commission travailla séparément à ses rapports. Cette organisation, préférable à la précédente, qui nommait un rapporteur général, n'était pas encore ce que l'on était en droit d'espérer ; néanmoins, c'était un progrès, nous le reconnaissons volontiers. Le Jury choisit pour président M. le baron Thénard, pour vice-président M. Ch. Dupin, et pour secrétaire M. Payen.

Les produits furent exposés dans huit grandes salles correspondant aux huit sections du Jury. Une nouvelle salle dut être construite exprès pour recevoir les produits de l'industrie dont le foyer central est à Mulhausen.

La superficie totale des constructions s'élevait à 16,500 mètres carrés ; en 1834, on ne comptait que 14,288 mètres.

Le 30 avril eut lieu la visite inaugurale.

Le 21 juillet, le ministre du commerce fut prévenu que les travaux du Jury central étaient terminés.

Le jour de la distribution des récompenses fut fixé au 28 juillet. Cette cérémonie eut lieu aux Tuileries, dans la salle des Maréchaux.

Maroquins. — MM. Dalican, successeurs de Mattler fils, rue Censier, 13. — « Cette fabrique est une des premières qui aient été établies à Paris ; c'est celle de M. Mattler père qui, en 1793, commença à s'occuper de ce genre de fabrication, à peu près à l'époque où M. Fauler a établi ses propres ateliers. Elle occupe aujourd'hui cinquante à soixante ouvriers et opère par an sur quatre à cinq mille douzaines de peaux de chèvre en croûtes, et trois à quatre mille douzaines de peaux de mouton aussi en croûtes; ces peaux viennent presque toutes de Marseille et des environs. Elles arrivent toutes tannées au sumac, ce qui est d'une bonne économie, car il faudrait tirer du Midi les peaux et le sumac nécessaire à leur tannage. Elle fabrique également trois ou quatre cent douzaines de peaux de veau fraîches.

« Tous ces produits sont employés pour la chaussure, la carrosserie, la sellerie ; mais c'est surtout pour la reliure que M. Dalican travaille. Paris consomme une grande partie de ses produits, le reste s'exporte en Hollande, en Belgique, en Italie et dans les deux Amériques. C'est à M. Mattler père qu'on doit le procédé pour mettre les peaux en rouge à l'aide du tonneau ; ce procédé procure non-seulement une économie d'un tiers dans l'emploi de la cochenille ; mais il offre encore l'avantage de teindre cent peaux à la fois, en une heure, et de les obtenir toutes de la même nuance ; aussi a-t-il été adopté par tous les fabricants.

« C'est aussi M. Mattler père qui est l'inventeur de la mécanique servant à lustrer les peaux.

« C'est en 1835 que M. Dalican a succédé à M. Mattler fils ; à cette époque, la fabrique n'occupait que quinze à vingt ouvriers ; ce nombre s'est triplé en trois années.

« M. Dalican s'occupe essentiellement de la fabrication des peaux maroquinées de luxe, comme celles qu'emploie la reliure, la fabrication des portefeuilles, les peaux chagrinées, etc.

« Il a imaginé une nouvelle machine à faire le maroquin chagriné, qui produit par jour cent cinquante peaux très-bien chagrinées, au moyen de deux ouvriers.

« Pour le noir, M. Dalican obtient une préférence très-marquée, due principalement à la solidité de ses produits. » — Rappel de médaille d'or.

MM. Fauler frères, de Choisy, maison fondée en 1796, à Choisy :

« Depuis 1828, cet établissement est exploité par

MM. Fauler frères, fils de l'un des fondateurs, qui, à force de recherches et de soins, sont enfin parvenus à obtenir, sur la peau, des nuances aussi variées que sur la soie et sur toutes les étoffes. Cette application présentait de graves difficultés, surtout dans les gris, pour obtenir des nuances unies, à cause des différences que la peau présente dans sa texture, qui, resserrée sur le dos et les pattes, est ordinairement ouverte et spongieuse sur le ventre et dans les parties faibles.

« Quelques innovations ont été encore tentées avec succès par MM. Fauler : les maroquins du Levant, recherchés par les amateurs, manquaient à la consommation ; la reliure, en particulier, réclamait, pour les volumes d'un grand format, une peau qui, par la qualité, la solidité du grain, fût en rapport avec la dimension des livres, et qui surtout pût résister aux ravages du temps. Les grains du Levant, sortis de leurs ateliers et destinés à couvrir les immenses volumes de l'ouvrage sur l'Egypte, offerts à la chancellerie d'Angleterre par la Chambre des pairs, attestent qu'ils sont parvenus en peu de temps à donner à leurs maroquins les qualités qui font rechercher ceux du Levant, et à les surpasser par la beauté du grain, la vivacité et la fixité de la couleur.

« Leurs maroquins chagrinés, employés pour la reliure, la gaînerie et le portefeuille, ne laissent rien à désirer pour leur qualité et pour la régularité du grain.

« ...Cette fabrique, qui occupait autrefois vingt-cinq à trente ouvriers, en emploie aujourd'hui jusqu'à cent trente et livre annuellement au commerce pour près d'un million de produits ; elle fabrique, à elle seule, plus de deux cent mille peaux par année... Comme on l'a vu, c'est cette maison qui a créé toutes ces nuances de fantaisie qui ont ouvert au maroquin des débouchés sans limites, et que l'art de la teinture en peaux ne possédait pas. » — Médaille d'or.

MM. Emmerich et Goerger fils, à Strasbourg. — « Déjà récompensée aux trois dernières Expositions, cette maison occupe quatre-vingts ouvriers qui produisent environ soixante-dix mille peaux; elle tire les trois quarts des peaux qu'elle façonne de l'Allemagne, le reste est fourni par la France. » — Médaille d'argent.

MM. L. Lanzenberg et Cⁱᵉ, de Strasbourg.—« Leur établissement fut créé en 1811. A cette époque, les maroquins ne s'employaient pas encore en grande quantité...

« M. Lanzenberg est sans rival pour les peaux bronzées et vert doré ou cantharides ; rien n'égale l'éclat et la solidité de ses peaux. Le vert doré est une nuance de son invention, qu'il est encore le seul à exploiter.

« Ces couleurs à reflets métalliques ont déjà la sanction d'une assez longue expérience pour qu'on puisse affirmer que l'usage s'en conservera.

« Cette maison, qui exploite aussi une parcheminerie, occupe cent ouvriers. » — Médaille d'argent.

Objets d'art et de fantaisie. — M. Giroux, rue du Coq-Saint-Honoré, 7, qui expose notamment des reliures, obtient un rappel de médaille d'argent, mais, cette fois, plutôt comme intermédiaire que comme fabricant.

Outils pour relieurs. — M. Hutin, rue Saint-Honoré, 94.— Brunissoirs et molettes; expose, entre autres objets, des dents et doubles dents de silex pour les relieurs. — Médaille de bronze.

M. Chesle, graveur, rue Saint-Jacques, 69. — « Déjà cité dans les précédents rapports, M. Chesle a exposé, cette année, ses fers à reliure, qui n'ont présenté au Jury, qu'un petit nombre de formes nouvelles, exécutées cependant avec la même habileté, et qui montrent qu'il est toujours digne de la citation qu'il a obtenue en 1834. »

NETTOYAGE DE GRAVURES. — « Les piqûres de vers, les taches d'humidité, de noir et de graisse, les déchirures sont autant de déchets pour les gravures et les livres les plus précieux. L'industrie qui consiste à doubler la valeur d'un objet d'art, en augmentant sa jouissance, mérite donc quelque encouragement. On sait quel prix on met, en Angleterre, pour obtenir ces restaurations bien faites ; il est heureux que nous ayons aussi en France des personnes qui s'y consacrent entièrement. »

M. Rémiot, rue de l'Arbre-Sec, 6 : « En l'absence de M. Simonin, qui n'a pas exposé cette année, le Jury a distingué le nettoyage des anciennes gravures opérées par M. Rémiot, et surtout ses réemmargements qui leur rendent toute leur fraîcheur première. Le Jury le croit digne d'une mention honorable. »

RELIURE. — La sixième Commission, chargée de la section des Beaux-Arts, était composée de MM. Fontaine, président ; Beudin, Blanqui, Brongniart, Delaroche (Paul), Laborde (Léon de), Renouard et Sallandrouze ; la reliure était comprise dans ses attributions ; M. Léon de Laborde en fut le rapporteur : c'était la première fois que ce fait se présentait ; ajoutons que M. de Laborde avait les qualités nécessaires à son mandat. Son nom, qui n'est pas inconnu dans la reliure, est placé parmi ceux des bibliophiles les plus éclairés, aussi son travail est-il beaucoup plus sérieux que celui de ses prédécesseurs.

Laissons-lui la parole :

« Les perfectionnements de la reliure n'ont peut-être pas répondu comme ils l'auraient dû au goût des amateurs, et l'on peut même ajouter à leur libéralité.

« A une époque où, comme la nôtre, on dépense plus d'argent à la reliure qu'à l'acquisition des livres, où un volume broché de douze francs se vend trois cents francs quand il est relié, on devait s'attendre à quelque procédé nouveau, à quelque invention remarquable.

« Nous n'avons à citer que l'emploi du caoutchouc; invention très-utile pour les livres à figures, ainsi que l'heureuse imitation des reliures les plus célèbres du temps passé. »

M. Kœhler, rue de Grenelle-Saint-Germain, 59 « Cet exposant s'est fait remarquer par le goût de ses reliures exécutées aux petits fers et au point, tant à l'intérieur que sur les plats ; la précision de son travail vient en aide à l'élégance de ses dessins, dont les ornements et la disposition rappellent les plus belles reliures. Rien n'est à la fois plus gracieux et mieux conditionné que son volume de maroquin vert-olive, contenant les *Cent Histoires de Troyes* ; exécuté au prix de deux cents francs ; un volume en maroquin intitulé : *Mélodies de Lionnoys*, riche surtout sur les plats, exécuté au prix de trois cents francs; un *Mystère*, relié en maroquin bleu ; le livre du *Décaméron*, en maroquin brun. On voit avec plaisir ces ouvrages rares et précieux habillés de nouveau avec tout le luxe de costume de leur temps.

« M. Kœhler fait également la reliure ordinaire à bon marché ; le Jury s'est assuré qu'il livrait au commerce des livres bien établis aux prix ordinaires. — Cet artiste mérite le rappel de la médaille d'argent qu'il obtint en 1834. »

M. Simier, rue Saint-Honoré, 152 : « Le Jury aurait désiré trouver dans les reliures présentées par

M. Simier quelque chose qui surpas sât ce qu'il a présenté à la dernière Exposition; la belle exécution des objets exposés par lui à cette époque rendait peut-être la tâche trop difficile.

« Il est resté digne de toute manière de la médaille d'argent qu'il a reçue en 1834. Le Jury la rappelle en sa faveur. »

Parmi l'exposition de M. Simier, on remarquait un *Paul et Virginie*; Curmer, 1838, un vol. in-8°, veau fauve, couvert de riches compartiments en or et couleurs, doublé de veau vert à riches comparti- ments et moire cerise. Ce volume a été décrit par Nodier dans le *Bulletin du Bibliophile*; il figurait à la vente de M. Yemeniz. (Voir le n° 2391 de son Catalogue, un des plus intéressants pour l'histoire de la reliure.)

M. Gohier-Desfontaines, rue Feydeau, 28 : « Les Anglais sont inventeurs du procédé que les exposants ont importé en France ; on enduit de caoutchouc un côté des planches d'un volume, on les applique en- suite contre un morceau de peau ou de carton ; et on obtient une reliure solide sans couture, onglets ni nervures.

« Le Jury s'est assuré, par plusieurs expériences, que cette reliure était durable, et qu'elle avait l'a- vantage de laisser les feuilles doubles se développer entièrement à l'œil.

« L'application de ce procédé aux livres de texte n'est pas aussi favorable ; quoique l'expérience soit jusqu'à ce moment en sa faveur. Il sera peut-être bon d'attendre encore, avant de faire couper les dos de ses livres pour les donner à une reliure qui n'en comporte plus ensuite d'autres. — Le Jury décerne à M. Gohier-Desfontaines une médaille de bronze. »

Nous sommes étonné qu'un amateur tel que

M. de Laborde ait cru possible d'obtenir une reliure solide sans couture ; ce fait vient à l'appui de l'opinion que nous avons émise plus haut, savoir : que trop souvent le bibliophile n'admire et n'apprécie que la surface du livre, il ignore les difficultés, souvent fort grandes, que l'ouvrier a eu à vaincre pour réussir ; il ne se doute pas que sous le travail apparent existe de nombreuses mains-d'œuvre tout aussi méritoires, et dont la bonne exécution est indispensable pour produire ce qu'il est permis d'appeler un chef-d'œuvre. Du reste, pour ce qui est de cette reliure à base de caoutchouc, M. de Laborde en a essayé, il a voulu prêcher d'exemple, aussi son opinion s'est-elle vite modifiée ; elle a duré ce que vivent ces sortes de reliures, et un beau jour M. Closs eut à recommencer ces reliures si *solides*, quoique sans coutures.

M. Lardière, rue Louis-le-Grand, 35 : «La reliure, comme tout objet de goût, on peut même dire comme tout objet d'art, est soumise à la condition du prix, c'est donc un mérite industriel que de donner à bon marché ce qui a l'attrait d'une élégance coûteuse ; M. Lardière expose des reliures aux petits fers de dix-huit et de vingt francs qu'on pourrait facilement estimer le double ; les dessins, à la vérité, n'en sont ni très-purs, ni très-gracieux, mais la dorure en est riche, le maroquin solide, l'ensemble bien conditionné. » — Le Jury lui décerne une médaille de bronze.

M. Lebrun, rue de Grenelle-Saint-Germain, 126 : « Elève et longtemps ouvrier de Simier, cet exposant s'est efforcé de prouver qu'en s'établissant à son compte, il réunissait toutes les conditions d'un bon relieur. En effet, le Jury a vu avec plaisir quelques livres où des difficultés de reliure ou d'ornements à petits fers se trouvaient heureusement vaincues. M. Lebrun doit encore perfectionner son travail, ses livres s'ouvrent difficilement, ses ornements doivent être dessinés avec un goût plus pur. » — Le Jury lui décerne une citation favorable.

M. Bruyer, rue Saint-Martin : « Cet exposant a perfectionné son procédé de couture pour la reliure. » — Le Jury renouvelle sa citation favorable.

Nous regrettons que M. le rapporteur ne nous ait pas fait connaître ce procédé de couture ; où en trouver la description maintenant ?

M. Reichmann, rue Saint-Benoît, 19 : « Le Jury de 1834 avait honorablement mentionné les reliures mobiles. Les bibliothèques du roi, les cabinets de lecture, les grands clubs ont sanctionné cette innovation. Le Jury a remarqué cette année les perfectionnements que M. Reichmann a apportés à son invention ; les vis ne présentent plus, en dehors, de saillie gênante ; elles sont introduites dans l'épaisseur du dos et rentrent en elles-mêmes. En en plaçant trois au lieu de deux, en introduisant des planchettes de bois dans l'intérieur, il a prévu les difficultés d'une reliure qui doit successivement serrer un seul feuillet ou une seule livraison dans un livre destiné à en contenir plus tard une centaine. » — Le Jury lui décerne une médaille de bronze.

Deux papetiers sont mentionnés dans ce rapport : M. Roumestant, rue Montmorency, 10, obtient une médaille de bronze pour ses registres, dont « deux applications différentes semblent devoir donner toutes les conditions de solidité voulue ; les dos métalliques ont un mouvement plus facile et permettent de fermer les volumes sans plisser ou détacher les feuillets ; ensuite, en cousant ces feuillets, l'exposant a soin d'enduire le dos de chaque livre d'une couche de caoutchouc, qui, réunie au fil de la couture, les empêche, même après un long service, de descendre ou de monter, de perdre enfin leur alignement. »

M. Robert, rue Saint-Martin, 138, obtient une citation favorable pour des registres reliés d'après un procédé de son invention, et où le caoutchouc est aussi appelé à produire certains effets.

Devant cet engouement pour cette substance végétale, le rapporteur ne peut s'empêcher de faire les réflexions suivantes : « Le procédé du caoutchouc, dit reliure araphique, a été appliqué aux registres du commerce ; mais l'expérience seule prouvera s'ils peuvent résister à la fatigue qu'on leur fait subir à toute heure, en les fermant et en les ouvrant. »

Pour ce qui concerne notre profession, l'expérience a prononcé. S'il est possible d'exécuter une reliure solide et d'ouverture facile, nous croyons fermement que ce n'est pas au caoutchouc que ce progrès doit être demandé. Une couture solide, faite avec soin, voilà la première condition ; les autres, plus difficiles à indiquer, surtout dans cet ouvrage, doivent être laissées à la discrétion de l'ouvrier : il aura à choisir entre différents systèmes, dont plusieurs ne sont pas encore jugés définitivement. Qu'il prenne garde seulement de ne pas sacrifier la solidité à la facilité de l'ouverture, défaut assez général à ceux qui se sont occupés de réaliser ce progrès, et qui a fait dire aux incrédules : que vouloir réunir ces deux qualités c'était chercher une nouvelle pierre philosophale ; quant à nous, qui sommes de l'école des croyants, nous cherchons avec confiance, espérant que le progrès d'aujourd'hui nous aidera à accomplir celui de demain.

Cette Exposition dura soixante jours; soixante-dix-neuf départements y furent représentés; il y eut 3,381 exposants (1) et 2,305 récompenses accordées.

X

Exposition de 1844

Par ordonnance de Louis-Philippe, en date du 3 septembre 1843, fut ouverte le 1er mai 1844, dans le grand carré des jeux des Champs-Elysées, et close le 30 juin, la dixième Exposition des produits de l'Industrie française; cette ordonnance est contre-signée Cunin-Gridaine, ministre de l'agriculture et du commerce,

Le bâtiment élevé pour cette solennité couvrait une superficie de plus de vingt mille mètres carrés; la dépense pour la construction de l'édifice s'éleva à environ six cent mille francs.

M. Cunin-Gridaine, dans une troisième circulaire adressée aux préfets en date du 15 décembre 1843, dit que l'importance du travail national « commande au gouvernement de réserver les honneurs de l'Exposition aux produits qui occupent, dans la consommation, une place assez notable pour mériter véritablement l'intérêt et l'attention publique. »

Il était recommandé aux Jurys des départements de considérer principalement la nature des produits;

(1) M. Joseph Garnier, dans son ouvrage *Notes et petits traités*, n'en compte que 2,381; le Tableau des Expositions, placé en tête du Rapport de 1849, en mentionne seulement 3,281; nous pensons que ce sont des erreurs typographiques.

leur qualité ; leur valeur industrielle et commerciale.

Le ministre, s'autorisant du vœu formel émis par le Jury central de la précédente Exposition, demandait aussi que le prix de chaque article fût rigoureusement indiqué.

Le Jury central se composait de cinquante-trois membres :

M. le baron Thénard était président.

M. le baron Ch. Dupin, vice-président.

Les secrétaires étaient MM. Payen et Morin.

Il était divisé en huit Commissions spéciales.

La sixième, celle des Beaux-Arts, avait dans ses attributions la reliure. MM. Denière, Léon Feuchère, Beudin, Héricart de Thury, Firmin Didot, Chevreul, Picot et Sallandrouze-Lamornaix en faisaient partie.

Nous remarquons, parmi les autres membres du Jury, MM. d'Arcet, Arlès-Dufour, Blanqui, Michel Chevalier, de Laborde, etc.

Parmi les décisions prises par le Jury, nous croyons devoir relever la suivante :

« Plusieurs commerçants en détail, est-il dit dans le Rapport, qui vendent des objets d'art ou autres, qu'ils ne fabriquent pas eux-mêmes, qu'ils font parfois exécuter sur des modèles et des dessins achetés à des artistes, ont émis la prétention d'être considérés comme producteurs et admis à ce titre à l'Exposition. Le Jury central, après de longues discussions, a déclaré que, malgré son désir de reconnaître les services que le commerce rend à l'industrie, il ne devait pas perdre de vue qu'il était principalement institué pour apprécier les résultats des efforts et du talent des producteurs; que c'était à ceux-ci seulement que les récompenses pouvaient être décernées, et que la participation des commerçants, non-fabricants, à ce grand concours aurait pour résultat nécessaire et fâcheux d'en écarter souvent le producteur obscur qui se trouverait dans leur dépendance.

« En conséquence, il a décidé que chacun serait admis à exposer seulement ses propres produits, et que l'on ne considérait pas comme tels des objets fabriqués sur des modèles, dessins, etc., acquis mais non exécutés par celui qui vend ces objets. »

Cette décision du Jury mérite notre entière approbation, surtout si l'on se reporte à l'époque où elle a été rendue. Le commerce n'exploitait pas alors l'industrie, comme on l'a vu depuis ; et pourtant quelles étaient déjà ses prétentions : recevoir des récompenses non méritées, accaparer à son profit la publicité réservée au producteur, le tenir dans une dépendance intéressée, afin de pouvoir, dans les réunions publiques et officielles, se donner le mérite d'être la source la plus sérieuse, la plus utile, la plus indispensable de la prospérité du pays, et, par contre, percevoir à son profit des bénéfices tellement exagérés que la part du producteur, comparée à celle de l'intermédiaire, ne peut paraître qu'une amère dérision. Voilà ce que certains esprits appellent la liberté du commerce ; liberté du commerce soit, mais que l'on nous accorde que c'est l'esclavage de l'industrie.

Citons aussi la résolution suivante :

Le Jury, « ayant reconnu l'abus qui est fait des récompenses d'un ordre élevé accordées à un ensemble de fabrications diverses, et que l'intérêt fait quelquefois attribuer à des produits qui n'en eussent pas été dignes par eux-mêmes, émet le vœu que chaque espèce de produits soit jugée séparément, et que, dans le texte des rapports, un renvoi puisse servir à passer d'un produit à un autre. »

Le Jury de 1867 aurait bien dû, il nous semble, s'inspirer de cette sage résolution, nous eussions peut-être vu moins de *grandes médailles d'or*, mais par contre on aurait pu espérer voir apprécier chaque produit à sa juste valeur. Aurait-ce été un mal?

Enfin, le Jury de 1844 émet le vœu « d'envoyer des agents examiner les produits admis à figurer prochainement dans les Expositions de Berlin et de Vienne (1), afin de lui faire un rapport sur ces Expositions. »

A-t-on tenu compte de ce vœu? Si on l'a fait, tant mieux; si au contraire il a eu le sort de tant d'idées sérieuses, de tant de projets utiles, nous le regret-

(1) Dès cette époque, l'idée des Expositions de l'industrie fut peu à peu adoptée par les autres nations. L'Angleterre, par les soins de Sociétés particulières, en avait eu dès 1820 quelques-unes d'un caractère tout spécial. Elles eurent lieu à Birmingham, Manchester, etc. En 1845, Londres en vit une dans Covent-Garden; mais ces différentes Expositions n'avaient pas de caractère national; le gouvernement y restait étranger, malgré les vives démarches faites à différentes fois par la Société des Arts de Londres.

Dresde en vit en 1826, 35, 40 et 45; Turin, en 1829, 32, 38, 44 et 50; Vienne, en 1835, 39, 45 et 57; Berlin, en 1844; la Belgique, eut trois Expositions industrielles, en 1835, 41 et 47, et trois Expositions agricoles en 1847, 48 et 54; la Suisse vit cinq concours régionaux qui avaient le caractère d'Expositions fédérales, ils eurent lieu à Lausanne, en 1839, à Saint-Gall, en 1843, et à Berne, en 1843, 46 et 48. Il y en eu aussi à Leipsick, en 1850; à Munich, en 1854; à Cologne, à Rottweil (Wurtemberg) et à Florence, en 1861; à Madrid; à Constantinople, en 1863; à Stockholm, en 1866; etc.

Des tentatives d'Expositions internationales, peu réussies il est vrai, eurent lieu à New-York, en 1853 (elle comptait 4,410 exposants); et en 1865, à Dublin (1,791 exposants); à Amsterdam, à Berlin et même à Porto.

Enfin, nous ne parlons que pour mémoire des nombreuses Expositions qui ont eu lieu dans toutes les parties de la France, et dont la première, croyons-nous, s'ouvrit à Caen le 25 avril 1819, et fut close le 6 mai suivant.

tons sincèrement ; car il y avait là, en germe, la semence de beaucoup de progrès pour l'avenir.

L'inauguration de l'Exposition eut lieu le 4 mai ; elle fut faite par le roi, accompagné de sa famille.

INDUSTRIES SE RATTACHANT A LA RELIURE

CUIRS, PEAUX ET TISSUS

Cette Exposition fut à peu près semblable à la précédente. M. Fauler aîné obtint la décoration, et une médaille d'or fut décernée à sa maison, ainsi qu'à celle de M. Dalican.

MM. Emmerich et Gœrger fils, de Strasbourg, obtinrent une médaille d'argent ; la même récompense fut accordée à MM. Lanzenberg et Cⁱᵉ, de la même ville.

M. Micoud, rue de Meaux, 12, expose principalement des toiles vernies employées avec le plus grand succès pour la reliure, l'ameublement et l'impression lithographique et typographique. Médaille de bronze.

M. Bedoin, rue d'Arcole, 9, obtient une citation favorable pour des percalines et autres étoffes gaufrées qui doivent servir à la fabrication du cartonnage ou de la reliure.

CARTONS.— M. Gentil, à Vienne (Isère). « Cartons lustrés destinés à l'apprêt des châles, au satinage des papiers imprimés et à l'apprêt des soies et des draps ; ces produits, qui sont aussi fort recherchés des relieurs et des cartonniers, paraissent avoir été encore améliorés depuis la dernière Exposition. »— Médaille de bronze.

MM. Piques frères, à Uzès (Gard), obtiennent une citation favorable pour une exposition semblable ; leurs cartons se font remarquer, dit le Jury, par leur vernis et la solidité de la pâte.

8.

M. Lainé, rue Saint-Martin, 96. « Cartons de toute espèce, d'une bonne et solide fabrication, et d'une grande variété de modèles. Déjà distingué en 1839.» — Mention honorable.

M. Jean Barey, à Misny (Calvados), « a exposé des cartons minces et forts obtenus avec des tiges de colza. Ces cartons souples et légers supportent l'écriture ; ils paraissent solides, parce qu'ils conservent une quantité suffisante de mucilage. Peut-être ces qualités les feront-ils préférer aux cartons de pâte et de paille, mais ce n'est qu'à l'Exposition prochaine qu'on en pourra juger. » — Citation favorable.

PAPIERS MARBRÉS ET DE FANTAISIE. — Rappel de médaille de bronze à M. Angrand, rue Meslay, 59-61.

MM. Canson frères, fabricants de papiers à Annonay (Ardèche), présentent, entre autres objets, des papiers imitant complétement le parchemin par leur étonnante solidité.

Madame veuve Sayet, rue des Noyers, 45. Papiers blancs et de couleurs, gaufrés, montrant l'emploi de machines bien appropriées à cette fabrication. Mention honorable. — Même récompense à M. Durand, rue d'Angoulême-du-Temple, 28, pour une très-belle collection de papiers de fantaisie, gaufrés et unis, blancs et en couleurs.

Citation favorable à M. Fournier, rue St-Jacques, 27, pour des papiers marbrés et autres.

Sont cités pour mémoire : MM. Bonafoux et Gaillard-Saint-Ange, rue du Faubourg-Saint-Denis, 120. « Habiles graveurs, ces messieurs ont eu l'idée de fabriquer des papiers de fantaisie très-beaux d'exécution ; ils sont destinés à faire des cartonnages etoffrent l'avantage de pouvoir être lavés sans perdre leur éclat.»

OR EN FEUILLES. — M. Favrel, batteur d'or, rue du Caire 27, obtient pour la troisième fois la médaille d'argent. Il expose de l'or, de l'argent et du platine en feuilles et en poudre, et livre annuellement au commerce vingt-cinq à vingt-huit millions de feuilles métalliques.

Il a inventé et exécuté une machine à l'aide de laquelle il peut remplacer les bras des hommes pour battre l'or et l'argent; mais ajoute le Jury, cette machine ne peut atteindre la perfection des ouvriers très-habiles.

La notice consacrée à M. Favrel nous apprend que, durant la fabrication, les feuilles doivent recevoir environ dix-huit mille coups de marteau, et que, avec dix grammes d'or, cet exposant prépare mille feuilles (dix grammes d'or équivalent à un peu plus de trois pièces de dix fr. : la différence est de 0,3226 dix-millièmes de gramme).

OUTILS ET MATÉRIEL POUR LA RELIURE. — M. Lombardat, graveur, rue du Four-Saint-Jacques, 8. Déjà mentionné honorablement en 1834 et 1839, cet exposant obtient une nouvelle mention honorable pour de « nouveaux caractères qu'il a gravés avec soin et plusieurs ornements fondus en cuivre sur des proportions régulières, en sorte que les relieurs peuvent composer, dans des boîtes, des dos et des plats qu'ils disposent au moyen de *cadrats*, et par un seul coup de balancier ils obtiennent des impressions en or avec une grande économie de temps. Les relieurs et doreurs ont attesté l'avantage qu'ils retirent du procédé de M. Lombardat. »

RELIURE. — Un libraire-bibliophile, c'est-à-dire M. Firmin Didot, est le rapporteur de la reliure à cette Exposition. Voyons ses considérations générales:

« La plupart des reliures exposées cette année sont d'une telle richesse et d'un travail si précieux, qu'on doit plutôt les regarder comme des exceptions, puisque l'élévation de leur prix les destine uniquement aux bibliophiles passionnés pour de tels chefs-d'œuvre.

« Ce qu'il y a de plus remarquable et de plus parfait en ce genre, ce sont les imitations des anciennes reliures des riches bibliothèques des de Thou, de Grolier de Servières, etc., et de tant de riches amateurs qui, pour la plupart, entretenaient autrefois dans leurs hôtels d'habiles relieurs dont ils dirigeaient le goût.

« Le désir de faire du nouveau a porté, cette année, quelques relieurs à peindre sur les tranches des livres de petits tableaux qui devront nécessairement s'effacer, si jamais on prend la fantaisie de se servir de livres auxquels un pareil ornement empêche de toucher; ce qui indique qu'ils ne sont qu'une riche inutilité. D'autres relieurs ont peint sur le dos et le plat de leurs reliures des sujets historiés. Il est enfin des relieurs qui ont voulu reproduire sur le plat des volumes le portrait de l'auteur du livre au moyen de filets d'or poussés à la molette. Toutes ces bizarreries sont étrangères à l'art de la reliure. Un livre, quelque riche qu'en soit la dorure, doit conserver avec une noble simplicité le caractère qui lui convient. Chaque art ne doit point s'écarter de ses principes. Quelques reliures modestes, mais bien exécutées, se cachent derrière ces riches objets d'étalage : ce sont cependant celles que le Jury apprécie le plus, et il voit avec plaisir qu'en général le peu qui a été exposé a été bien exécuté ; seulement il serait à désirer que le prix des reliures ordinaires fût encore moins élevé. Nos relieurs ne parviendront à cet important résultat que, lorsque devenus d'habiles administrateurs, ils organiseront parfaitement la division du travail dans leurs ateliers. C'est ainsi qu'en Angleterre, il existe de très-importants établissements de reliure qui font bien et à meilleur marché que chez nous, quoique tout y soit plus cher et surtout la main-d'œuvre.

« Il eût été à désirer que nos relieurs se fussent occupés plus sérieusement d'une branche importante de leur industrie et qui a pris une importance telle en Angleterre, que les produits surpassent, quant au chiffre, la somme à laquelle s'élèvent les reliures en peau. On sait qu'à Londres il n'est pas vendu un seul livre broché, tout est cartonné ; aussi a-t-on porté à un haut degré de perfectionnement la fabrication des toiles et des cartons propres à ce genre de reliure ; le goût et l'habileté du petit nombre de relieurs qui commencent à s'occuper de cette branche importante de l'industrie doivent également la faire prospérer en France.

« A l'Exposition prochaine, on peut l'espérer, le Jury aura sans doute l'occasion de récompenser plus particulièrement ce genre de produit. »

Dans ce qui précède, il faut faire deux parts : celle de l'art, celle de l'industrie. La première nous plaît assez, et nous reconnaissons volontiers que de telles critiques, de telles observations décèlent un amateur éclairé, un véritable bibliophile. Pour M. Didot, la reliure n'admet que deux genres : l'art, ou reliure d'amateur ; l'industrie, ou reliure de manufacture ; plusieurs le trouveront trop exclusif, trop puritain peut-être, d'autant plus que ses observations n'ont pas empêché les *riches inutilités, les bizarreries en reliure*, d'acquérir sans cesse plus d'importance, à tel point, qu'aujourd'hui elles sont arrivées à donner naissance à un genre spécial : nous avons nommé la reliure de luxe, reliure ou le dehors est tout, et à qui il n'est demandé que de l'éclat. Hélas ! ce genre-là n'existe pas qu'en reliure; que d'hommes et de choses de luxe ne possédons-nous pas !...

Après le bibliophile, voici venir le libraire, aimant le bon marché, surtout en reliure. Montrant aux relieurs l'importance commerciale de certaines maisons anglaises, M. Didot les engage à devenir « d'habiles administrateurs et à organiser parfaitement la division du travail dans leurs ateliers. » Certes, nous ne blâmons pas ce conseil; mais, après avoir parlé en amateur et en libraire, M. Didot aurait dû parler en homme s'intéressant au progrès et à l'existence de ses semblables, c'est-à-dire qu'indiquant à une industrie une nouvelle organisation qui est une des nécessités de notre époque, nous le reconnaissons volontiers, il aurait dû prévoir le mal qu'occasionnent toutes les révolutions industrielles, et chercher à l'atténuer en disant par quels moyens on pouvait empêcher la division du travail de porter atteinte à l'intelligence de l'ouvrier ainsi qu'à son indépendance; comment on pouvait remédier aux maux qu'apporte dans une industrie l'introduction de nouvelles machines; et enfin s'il était possible d'empêcher que l'établissement de grandes manufactures ne porte atteinte à la dignité et à la sécurité du travailleur. N'était-il pas du devoir du rapporteur de traiter toutes ces questions? Pourquoi ne l'a-t-il pas fait?

RAPPELS DE MÉDAILLES D'ARGENT. — M. Simier fils, rue Saint-Honoré, 152 : « Les riches reliures de M. Simier sont tellement connues, qu'il suffit de prononcer son nom pour dire que l'Exposition de 1844 offre des produits remarquables, qu'il serait inutile d'énumérer et qui méritent à M. Simier un nouveau rappel de la médaille d'argent. »

Le rapporteur de cette Exposition, ainsi que celui

de la précédente, devient à l'égard de M. Simier d'un laconisme assez significatif. On peut supposer, d'après leur rédaction, que la médaille d'argent n'est maintenue à cette maison que par condescendance, un reste d'habitude peut-être. Que le lecteur apprécie en dernier ressort.

M. Kœhler, rue de Grenelle-Saint-Germain, 59 : « M. Kœhler est un habile relieur et un artiste plein de goût; reconnaissant qu'on ne saurait rien faire de mieux que d'imiter les belles reliures anciennes, il a exposé un magnifique volume : *le Verger d'honneur*, relié pour la riche bibliothèque de M. A. B. Rien de plus parfait que cette imitation d'une des plus belles reliures de l'admirable bibliothèque de Grolier de Servières, ce riche financier dont tous les livres portaient inscrite sur le plat cette épigraphe : *Grolerii et amicorum.*

« Le roman de *Fier à-Bras*, relié en maroquin rouge, d'après un autre modèle de Grolier de Servières, et le *Violier des histoires romaines*, imitation du célèbre relieur Padeloup, sont des chefs-d'œuvre encore supérieurs aux modèles.

« Le Jury rappelle à M. Kœhler la médaille d'argent qu'il a obtenue en 1834 et 1839. »

Médailles d'argent. — M. Niédrée, passage Dauphine : « Toutes les qualités qui ont rendu célèbres les anciens relieurs, Le Gascon, Duseuil, Ruette, Boyet, Padeloup, Derome, sont réunies chez M. Niédrée, digne successeur de Thouvenin. Aidé des conseils des bibliophiles les plus distingués par leur goût, il exécute des reliures dans le style de la Renaissance et du siècle de Louis XIV, avec une telle rectitude de dessin et une si grande délicatesse de dorure, que les cinq ou six chefs-d'œuvre qu'il a exposés surpassent les plus riches reliures des superbes bibliothèques de Henri II, du cardinal de Farnèse, de Henri III, de Grolier, de de Thou, de Dupuis, du chancelier Séguier, etc.

« Nous citerons, parmi les livres les plus remarquables qu'il a exposés, *l'Epinette du jeune conquérant*, in-4°, fond jaune, avec dessin de maroquin noir incrusté, c'est un fac-simile d'une reliure du cabinet de Grolier de Servières ; le prix de cette reliure est de trois cent cinquante francs ; *les Dits des philosophes*, superbe manuscrit appartenant à M. Motteley, et relié en maroquin rouge avec des dessins très-fins, dans le goût de Le Gascon ; l'exécution en est si parfaite, que le prix de cinq cents francs que coûte la reliure de ce volume in-4° n'a rien d'exagéré ; *le Speculum vitæ humanæ*, de 1488, fond bleu avec des ornements en or, dans le goût de Boyet, se fait remarquer par la solidité et la perfection du travail.

« Le Jury, reconnaissant le mérite remarquable de M. Niédrée, lui accorde une médaille d'argent. »

M. Niédrée a été un de ces relieurs déjà rares de son temps, plus rares encore aujourd'hui, réunissant les qualités qui font le bon ouvrier ; il savait exécuter lui-même ce qu'il commandait dans son atelier. Dès que le prix d'une reliure lui permettait d'y apporter tous ses soins, rien n'était épargné pour la bonne exécution et la perfection du travail ; toutes ces mains-d'œuvre, toutes ces préparations connues et pratiquées par un petit nombre d'ouvriers, appréciées et recherchées par quelques amateurs, étaient par lui employées à l'édification d'un chef-d'œuvre bibliopégique.

La conservation des marges était pour lui l'objet des plus grands soins, à tel point qu'il lui arrivait de rendre aux bibliophiles des volumes plus grands qu'il ne les avait reçus (1). Ce résultat, dû aux soins multipliés apportés aux mains-d'œuvre qui précèdent la couture, témoigne assez en faveur de cet exposant pour nous dispenser d'une plus longue appréciation.

RAPPEL DE MÉDAILLE DE BRONZE. — « M. Lardière a exposé des reliures simples et d'un prix modéré; ses travaux consciencieux lui ont mérité la médaille de bronze en 1839, et le Jury, qui apprécie la constante égalité des produits de M. Lardière et leur utilité, lui rappelle avec plaisir la médaille qu'il a si justement obtenue. »

MÉDAILLES DE BRONZE. — « M. Ottmann-Duplanil, rue du Four-Saint-Germain, 67, est un relieur qui a de l'avenir; les reliures qu'il a exposées sont très-remarquables. Rien de plus riche et de plus élégant que sa reliure en maroquin de l'unique exemplaire des *Mémoires de Commines*, imprimé à Lyon, en 1569, par Jean De Tournes, le prix est de deux cent cinquante francs. Les dessins qui ornent le dos sont

---

(1) Pour réussir dans ce travail, le volume était soigneusement défait, on dépliait les feuilles que l'on laissait alors passer quelque temps dans un endroit humide, puis on les mettait en presse, ensuite on les battait, quelquefois même on avait recours au laminoir; les feuilles étaient ensuite repliées et on recommençait les mêmes opérations. De telles mains-d'œuvre, est-il besoin de le faire observer, ne peuvent être entreprises avec quelque succès que sur des livres dont le papier offre des garanties sérieuses de solidité. M. Niédrée n'est pas le seul relieur qui ait réussi dans ce genre de travail, nous citerons particulièrement M. Bauzonnet, qui employait des moyens analogues pour augmenter de quelques *points* la grandeur des Elzévir qui lui étaient confiés.

Tout ce travail n'était pas fait inutilement, puisque le prix de ces rares volumes se cote d'après la grandeur des marges. Ajoutons, comme revers de la médaille, que parfois l'abus du laminoir a coûté cher à certains livres; l'excès de pression a bien agrandi le papier, mais il l'a en même temps brûlé.

9

un peu trop serrés par rapport à l'ensemble des dessins qui ornent les plats. La *Vie des Pères du désert*, imprimée par Vérard, en 1495, est d'une noble simplicité et d'une solidité remarquable. Ces deux ouvrages appartiennent à la Bibliothèque royale. Dans un autre genre, le petit *Horace*, de M. H. Didot, du prix de cinquante francs, est d'une exécution tellement parfaite, qu'on peut ranger ce livre dans la classe des bijoux. Mais ce que le Jury apprécie encore plus, ce sont les simples et parfaites reliures de M. Ottmann-Duplanil du prix de quatre et cinq francs le volume. Il serait à désirer cependant qu'on pût exécuter des reliures solides et simples à des prix encore plus modiques. Le Jury invite M. Ottmann-Duplanil a persévérer dans cette voie, et il lui décerne une médaille de bronze. »

« M. Lebrun, rue de Grenelle-Saint-Germain, 126, est un relieur plein de zèle et de talent, et le Jury a remarqué avec intérêt les progrès qu'il a faits depuis la dernière Exposition. Parmi les belles reliures qu'il a exposées, on remarque une très-belle imitation d'une reliure de François I*er*, un ouvragé du quinzième siècle, sans date, intitulé *Jason*, et parfaitement relié d'après le dessin d'un des ouvrages de la bibliothèque de Grolier de Servières. Un petit volume, les *Pensées de la Rochefoucauld*, édition dite microscopique, est relié avec un art et une *préciosité* digne de cette charmante édition. L'exécution d'un pareil chef-d'œuvre atteste un artiste consommé et zélé pour le perfectionnement de son art. Il suffit de dire que les beaux livres de la bibliothèque de MM. Armand Bertin, Jules Janin, le baron Taylor, etc., sont confiés à M. Lebrun, pour signaler son mérite. Toutefois, pour qu'un peu de critique se mêle à ces éloges, on doit blâmer l'idée qu'a eue

M. Lebrun de reproduire avec des filets d'or sur les plats des volumes les portraits des auteurs des livres. Cela est d'un goût bizarre et qui n'a d'autre mérite que de prouver l'adresse du relieur à manier le *petit fer*.

« Le Jury avait cité favorablement les reliures de M. Lebrun à l'Exposition de 1839, il lui accorde cette année une médaille de bronze. »

MENTIONS HONORABLES. — M. Gruel, rue Royale-Saint-Honoré, 8. « M. Gruel, qui a exposé pour la première fois, s'est placé au rang de nos meilleurs relieurs. Parmi les livres qu'il a exposés, un des plus remarquables est une *Imitation de Jésus-Christ*, dont les dessins en rouge et vert ont été peints par un procédé particulier et vernis à l'esprit-de-vin. La couleur est appliquée immédiatement sur la peau sans l'intermédiaire des préparatifs à la colle, en sorte que le grain du maroquin paraît intact et qu'on croirait voir une incrustation faite en maroquin. Par ce procédé, on peut obtenir des mosaïques à meilleur marché que lorsque l'on a recours aux incrustations. Le temps fera connaître si ce procédé a toute la solidité désirable.

« La couverture d'un grand Missel relié par M. Gruel est une véritable merveille. Cette couverture est en bois sculpté, l'exécution en est admirable; mais on regrette de voir tant de temps et de talent employés à un objet qui, s'il venait à tomber, serait nécessairement brisé et gravement endommagé. Cette gravure en bois a été exécutée par M. Chabrot, qui y a consacré une année entière, et ne peut être évaluée à moins de trois mille francs. Une *Descente de croix* qui orne un des côtés a été dessinée par M. Rossigneux. Rien de plus élégant que les ornements imitant des fleurs, les rinceaux, etc. Le Jury accorde aux travaux de M. Gruel une mention honorable. »

Gendre et successeur de M. Desforges, M. Gruel, qui, précédemment était graveur, est réellement le fondateur de la maison qui porte son nom. Habilement et activement secondé par sa seconde femme, il peut être regardé comme l'un des créateurs de la reliure de luxe, reliure à laquelle on peut reprocher d'emprunter une partie de son éclat, de son mérite à d'autres arts, mais qui peut avoir sa raison d'être dans notre siècle. Aujourd'hui, elle a conquis une place importante dans notre profession ; ses produits s'offrent en présents dans les circonstances solennelles et s'étalent somptueusement dans les riches demeures. Peut-être ce genre se prête-t-il mieux à ces diverses destinations que celui qui pour toute parure ne recherche que le veau ou le maroquin soigneusement choisi et habilement mis en œuvre.

M. Andrieux, rue Sainte-Anne, 11. «M. Andrieux a exposé pour la première fois et s'est placé au rang de nos bons relieurs. Un exemplaire de l'ouvrage *les Beaux-Arts*, publié par M. Curmer, dont la reliure avec des nervures à filets sur les plats, est d'un bon goût et fort élégant, a pourtant l'inconvénient de ne pouvoir se placer qu'à plat ; rangé dans une bibliothèque, il serait endommagé. Une autre reliure fond vert avec filets en or, argent et noir, est d'un charmant effet. Le grand ouvrage de *la Paléographie*, par M. Sylvestre, quatre volumes grand in-folio, dont toutes les planches sont montées sur onglets, offrait des difficultés ; la reliure en est à la fois solide, élégante et riche.

«Le Jury accorde une mention honorable à M. Andrieux.»

CITATIONS FAVORABLES. — « M. Blaise, rue du Bac, 68, a exposé des demi-reliures à un franc cinquante centimes, qu'il fabrique pour la librairie usuelle. Ce genre de demi-reliure n'est pas à dédaigner ; aussi le Jury croit devoir appeler l'attention des relieurs sur les moyens d'exécuter bien et à bas prix cette façon de cartonnages pouvant servir de reliure et qui sont à la fois élégants, solides et à bon marché. Les essais qui ont été faits dans ces derniers temps commencent à devenir plus satisfaisants, mais le prix de ces cartonnages en est encore trop élevé. Le Jury accorde une citation favorable à M. Blaise. »

« M. Bailly, rue Saint-Jean-de-Beauvais, 11, a exposé des peintures exécutées sur la tranche des livres, ce qui est un complément de luxe qui sera recherché des riches amateurs. C'est un nouvel ornement pour ces beaux livres que le luxe de la reliure peut faire comparer à des bijoux, mais qu'on ne doit toucher qu'avec la plus grande précaution. Le travail exécuté par M. Bailly ressortit donc plutôt à l'art du dessin qu'à l'industrie ; mais le procédé de dorure qu'il emploie et sa manière de gaufrer par un pointillé, les motifs et les ornements qui rehaussent les tranches dorées donnent un prix très-particulier aux ouvrages enrichis par des soins aussi grands.

« Le Jury décerne à M. Bailly une citation favorable. »

Les volumes exposés par M. Bailly étaient généralement faits à gouttière plate ; les gouttières creuses n'étaient pas encore en usage comme elles l'ont été depuis. Victor Blaugis nous paraît être le premier doreur sur tranche qui ait exécuté cette main-d'œuvre, qui n'était pas nouvelle, car les anciens relieurs la pratiquaient. Elle était tombée dans l'oubli pendant la vogue des dos plats ; l'usage des dos ronds la remit en faveur ou plutôt la rendit indispensable.

Quant aux tranches peintes et gaufrées par un pointillé, nous en avons déjà dit quelques mots à la

.suite de l'exposition de M. Simier en 1849 ; ajoutons ici que ce genre fut très-pratiqué en Italie, ainsi qu'à Lyon, aux seizième et dix-septième siècles : nous avons vu à la Bibliothèque du Louvre un gros in-4°, dont la reliure de la même époque nous paraît avoir été faite en Allemagne, la tranche noire avec un quadrillé incrusté est parsemée de petites fleurs d'or. Le catalogue de M. Yemeniz décrit au n° 1397 une reliure in-8° du milieu du seizième siècle, probablement faite à Paris, sur la tranche dorée de laquelle on a peint les croissants de Diane de Poitiers ; au n° 732 du même catalogue figure la reliure d'un in-16, veau fauve, filets, coins et médaillons fleurdelisés, fleurs de lis sur les tranches dorées et gaufrées. D'après l'inscription : *Lutetiæ 26 Iuni, anno* 1566, qui se trouve sur l'un des plats, M. Yemeniz pencherait à croire que cette reliure a été faite à Paris.

On voit, d'après ces différentes indications, qu'il n'y a rien de bien nouveau en reliure ; on reprend en les perfectionnant les anciens genres, mais on n'invente rien.

Terminons en citant les perfectionnements apportés à la reliure des registres par MM. Supot, rue Coquenard, 25 et 27, et Legrand, rue Montmartre, 142.

Ils sont cités favorablement, le premier « pour des registres solides et bien faits, au moyen de rubans piqués qui réunissent les cahiers et ne peuvent se détacher. M. Legrand confectionne ses registres en cousant les cahiers sur des cuirs épais qui maintiennent la couture, et donnent une grande solidité. L'emploi du caoutchouc dans les dos facilite l'ouverture du livre. »

Le Jury termina ses opérations le 25 juillet, après avoir tenu trente et une séances générales. Le 29 eut lieu, dans le palais des Tuileries, salle des Maréchaux, la distribution des récompenses. Peu d'exposants n'y participèrent pas; car sur 3,960 il y en eut 3,253 de récompensés (1).

De même que la Restauration, la monarchie de Juillet ne devait voir que trois Expositions; celle de 1844 fut la dernière; le gouvernement qui l'avait installée devait bientôt disparaître, victime de son origine, de ses doctrines, de ses tendances. Maintes fois ébranlé, il se croyait invulnérable et par les précautions stratégiques que de longue date il avait prises et par le nombre de soldats dont il disposait. Violant les principes de la justice sociale, ne travaillant qu'à l'omnipotence de la classe moyenne, ne croyant qu'à la force, la force le renversa. Il tomba, léguant à la postérité une leçon de plus à ajouter à celles que nous apprend l'histoire. Combien en faudra-t-il de semblables pour parfaire notre éducation de citoyens ?

XI

Exposition de 1849

Au lendemain de Février 1848, le peuple laissa retomber le pouvoir entre les mains de la bourgeoisie, qui, soit incapacité ou calcul, fit de la République une sorte d'interrègne pendant lequel les anciens partis se disputèrent le pouvoir. Juin, l'hécatombe de sinistre mémoire, était passé, et puisque ce nom se

(1) M. Levasseur, dans son *Histoire des classes ouvrières depuis 1789*, compte 3,963 exposants, tandis que M. Joseph Garnier, — *Notes et petits traités,* — n'en mentionne que 3,919.

rencontre sous notre plume, qu'il nous soit permis de déplorer la rigueur avec laquelle le gouvernement d'alors usa de sa victoire. Lorsque la vérité sur ce triste épisode sera entièrement connue, puisse la mémoire des vainqueurs n'avoir pas à souffrir! Leur conduite, en tout cas, ne fut pas à la hauteur de celle des insurgés de Février qui, eux du moins, n'ont pas inauguré de notre temps ces lois et ces arrêts si sévères, que parfois on serait tenté de les appeler d'un autre nom.

Puissions-nous ne plus voir le retour de semblables choses ; car tous, nous pouvons en souffrir ; n'oublions pas que le vaincu d'hier peut devenir le vainqueur de demain, les exemples n'en sont pas rares ; puisse le passé nous servir de leçon pour l'avenir !

1849 ramena l'époque à laquelle devait avoir lieu l'Exposition des produits de l'Industrie ; le gouvernement d'alors était tout disposé à continuer ces grands concours industriels ; seulement, il se trouva placé en face d'une idée nouvelle qui l'embarrassa quelque peu. L'idée nouvelle, soutenue et propagée par plusieurs économistes d'alors (1), était celle des Expositions universelles internationales. M. Buffet, ministre du commerce, consulta à ce sujet les chambres de commerce, dont le plus grand nombre se montra défavorable au projet. Le gouvernement se décida alors pour une Exposition nationale, et l'arrêté suivant parut au *Moniteur* :

(1) MM. Mich. Chevalier, Wolowski, de Molinari, Coquelin, Louis Leclerc, Blaise (des Vosges), Théodore Fix, Joseph Garnier, etc. — *Notes et petits traités*, par Joseph Garnier, 1 vol. in-18, 1865, page 532.

RÉPUBLIQUE FRANÇAISE

LIBERTÉ — ÉGALITÉ — FRATERNITÉ

—

Arrêté :

« Au nom du peuple Français :

« Le président de la République, sur le rapport du ministre de l'agriculture et du commerce ;

« Vu la loi du 22 novembre dernier qui ouvre au ministère de l'agriculture et du commerce un crédit de 600,000 francs, destinés à subvenir aux dépenses de l'Exposition des produits de l'industrie en 1849,

« Arrête ce qui suit :

« Art. 1er. — Une Exposition des produits agricoles et industriels s'ouvrira à Paris, dans le grand carré des jeux, aux Champs-Élysées, le 1er juin 1849, et sera close le 31 juillet suivant.

« Art. 2. — Dans chaque département, une Commission, nommée par le préfet, statuera sur l'admission ou le rejet des produits proposés pour figurer à l'Exposition.

« Ce Jury, aura, en outre, pour mission de signaler, dans un rapport écrit, les services rendus à l'agriculture ou à l'industrie par des chefs d'exploitation, des contre-maîtres, des ouvriers ou journaliers.

« Art. 3. — Les produits dont l'admission aura été prononcée seront expédiés du chef-lieu du département à Paris, et réexpédiés de Paris au chef-lieu du département aux frais de l'État ; le département de la Seine est excepté du bénéfice de cette disposition.

« Art. 4. — Un Jury central, nommé par le ministre de l'agriculture et du commerce, sera chargé d'apprécier le mérite des produits exposés et les titres des chefs d'exploitation, contre-maîtres ou ouvriers, pour la distribution des récompenses.

« Le rapport du Jury central sera transmis au ministre de l'agriculture et du commerce, et les récompenses seront décernées, à ceux qui les auront méritées, par le président de la République, qui, aux termes de l'article 61 de la Constitution, préside aux solennités nationales.

« ART. 5. — Le ministre de l'agriculture et du commerce est chargé de l'exécution du présent arrêté.

« Paris, le 18 janvier 1849.

Signé : L. N. BONAPARTE.

Le ministre de l'agriculture et du commerce,

Signé : BUFFET.

Dans une circulaire adressée aux préfets, M. Buffet invite les commissions départementales à ne pas se dispenser, dans aucun cas, de rédiger le rapport spécial qui leur est demandé dans l'article 2 de l'arrêté ci-dessus; si même elles n'avaient aucun fait à signaler, dit-il, elles devraient dresser un rapport négatif.

Le Jury fut composé de soixante-neuf membres, sous la présidence de M. Ch. Dupin; MM. Tourret et Dumas étaient vice-présidents; MM. Payen et de Kergolay, secrétaires.

Nous remarquons sur la liste des membres du Jury les noms de MM. Arago, Michel Chevalier, ingénieur en chef des mines; Leplay, directeur des études à l'Ecole des mines, et plusieurs représentants du peuple.

Il se divisa en dix Commissions; la reliure prit place dans la neuvième, qui, sous la dénomination de Beaux-Arts, comprenait aussi l'imprimerie et diverses autres industries.

Faisaient partie de cette commission MM. Volowski, des arts et métiers; Héricart de Thury, Léon Feuchère, Bougon, ancien directeur de la manufacture de porcelaines de Chantilly; Natalis Rondot, attaché à l'ambassade en Chine; Blanqui, des arts et métiers; Léon de Laborde, des Beaux-Arts; Firmin Didot, imprimeur-libraire; J. Persoz, chimiste, et Sallandrouze-Lamornaix, manufacturier.

Parmi les mesures prescrites par le ministre, sur la proposition du Jury central, il convient de citer celle-ci : « Les industriels producteurs seront seuls admis aux récompenses décernées par le gouvernement. »

CUIRS ET PEAUX.— Cette industrie n'offre rien de plus remarquable qu'en 1844. MM. Fauler et Bayvet de Choisy obtiennent un rappel de médaille d'or; le rapport constate que cette maison produit annuellement vingt à trente mille douzaines de peaux et occupe cent soixante à cent quatre-vingts ouvriers.

MM. Puel et Barthel obtiennent une mention honorable; ces messieurs ont fondé en 1847 une fabrique de maroquins à façon.

PAPIERS DE FANTAISIE. — J. F. Angrand, rue Meslay, 59-61. Papiers de luxe et de fantaisie; papiers pour reliure. — Médaille d'argent.

MM. Fournier et Dupuy, rue du Cadran, 14, ont appelé l'attention de la Commission sur un papier de luxe dit *glyphique*, imprimé et gaufré en même temps. — Mention honorable.

M. Renault, fils aîné, rue de la Harpe, 45. Papiers dits *caméléons*, peints et gravés, quatre-vingts francs la rame, grand raisin; papiers vernis de toutes couleurs, pour affiche, étiquette et reliure, souples et brillants, soixante francs la rame, grand raisin. — Mention honorable.

BATTAGE DE L'OR. — M. Favrel, rue du Caire, 27. Or et argent en poudre et en feuilles; occupe quatre-vingts ouvriers; il soumet annuellement au battage ou à la pulvérisation une quantité de métaux fins qui varie, pour l'or, entre deux cent quatre-vingts et trois cent cinquante kil.; pour l'argent, entre soixante-dix et cent kil.; la valeur de ces produits dépasse quinze cent mille francs, dont le quart environ est exporté dans les pays étrangers. Ce fabricant est cité par le

Jury pour les bons rapports qui existent entre lui et ses ouvriers. — Il obtient une médaille d'or.

Outils et Machines. — A cette Exposition se révèle pour la première fois, d'une façon sérieuse, l'apparition d'outils mécaniques destinés à rendre à la fois plus prompt et plus facile le travail de l'ouvrier. Ce fait était inévitable, et il s'était déjà produit dans un grand nombre d'industries qui, en progressant, entraînèrent à leur suite les industries voisines. Un pas en avant ne s'est jamais fait seul ; c'est ainsi que les machines à imprimer, en augmentant le débit de la librairie, ont amené l'augmentation du nombre des reliures qui ont dû proportionner leur prix de fabrication à celui des livres qu'elles recouvraient.

Les machines à couper le papier figurent particulièrement à cette Exposition, et, chose singulière, c'était l'outil dont on avait le plus besoin.

« M. Massiquot, rue Saint-Julien-le-Pauvre, 10-12. Une machine à rogner le papier dans laquelle le couteau, mis en mouvement par un levier en fonte, se meut obliquement de haut en bas avec une grande rapidité. M. Massiquot a dû prendre des précautions contre la chute du couteau, qui, dans cette disposition, pourrait offrir un danger sérieux. — Mention honorable.

« MM. Massiquot et Thirault, rue Neuve-Ménilmontant, 6. La machine à rogner le papier, de ces exposants, est d'une bonne exécution et s'est fait remarquer par des dispositions particulières. Le couteau est fixe, et c'est le papier qui, maintenu sur un plateau, va s'offrir à son action. La section s'exécute obliquement, et un régulateur à vis détermine avec exactitude la largeur à donner au papier. — Le Jury accorde à ces constructeurs qui débutent sous d'heureux auspices une mention honorable.

« M. Bottier, rue Saint-Jean-de-Beauvais, 30. — Deux machines à rogner le papier ont été exposées par M. Bottier. Dans toutes les deux, le couteau est conduit obliquement au moyen d'un très-fort bâti en fonte. La plus petite de ces machines fonctionne horizontalement, et aurait pour but de remplacer les anciennes presses à rogner, usitées encore à ce moment pour la reliure des livres.

« Cette application réclame des conditions d'une grande délicatesse, et l'expérience n'est pas encore venue confirmer les prévisions de l'auteur. — Mention honorable. »

Le Jury dans cette dernière phrase fait preuve d'une sage réserve. Pour ce qui concerne le remplacement de la presse à rogner par un outil-machine quelconque ; nous ne dirons pas que la chose est impossible, mais nous dirons que jusqu'à présent, et malgré de nombreux essais, plus ou moins réussis, plus ou moins coûteux, la presse à rogner est toujours l'outil indispensable du petit et du grand atelier.

« M. Ferry, rue Saint-Jacques, 29. — Machine à rogner le papier dans laquelle le couteau est fixé et le papier soulevé par un plateau mis en mouvement par deux genoux ; cette disposition qui peut admettre les plus grands formats, réaliserait d'après les vues de l'auteur, cet avantage d'éviter les temps perdus. Cette machine qui n'est pas entièrement terminée renferme des vues neuves, que le Jury récompense par une citation favorable. »

Lettres fondues pour la dorure. — « M. Gauthier, rue de la Parcheminerie, 10-12, — expose différents caractères de fonte, notamment une série de caractères en laiton pour les relieurs. Ils sont parfaitement fondus ; les matrices en cuivre rouge peuvent servir à la fonte de trente mille lettres, dont l'œil est assez vif et assez creux pour n'exiger qu'une faible retouche. Un ouvrier peut fondre huit cents lettres par jour; M. Gauthier livre aux relieurs un assortiment de cent lettres, y compris la boîte en cuivre pour composer, au prix modique de douze francs. — Mention honorable. »

Colles fortes. — Le Jury dit en parlant de cette industrie : « Nous avons reconnu, en général, que les gélatines et les premières qualités de colles fortes pouvaient se gonfler fortement dans l'eau froide, sans s'y dissoudre et sans développer l'odeur putride qui caractérisait la plupart des anciennes productions de ce genre. C'est ainsi, ajoute le rapporteur, que les placages de l'ébénisterie, les assemblages des instruments de musique et des menuisiers, *les reliures des livres, sont devenues plus solides.* »

RELIURE

M. AMBROISE FIRMIN DIDOT, RAPPORTEUR

Considérations générales

« A cette Exposition comme à la précédente, le luxe des reliures ne laisse rien à désirer, et bien que MM. Bauzonnet, Niédrée et Ottmann n'aient envoyé aucun de leurs chefs-d'œuvre, on voit que la reliure maintient en France sa réputation généralement reconnue; tout en admirant l'art de nos relieurs qui ont exposé cette année, et leurs efforts pour satisfaire au caprice de la mode, le goût sévère peut leur reprocher le trop splendide vêtement dont ils couvrent souvent des livres d'un mérite très médiocre.

« Au degré de perfection auquel est parvenu maintenant l'art de la reliure, on conçoit que le progrès devienne très-difficile; toutefois nous croyons devoir réitérer le vœu de voir nos relieurs se préoccuper davantage d'améliorer la reliure ordinaire, surtout par l'abaissement du prix, afin de les mettre plus en rapport avec celui des livres, qui, grâce à l'habileté de nos typographes et fabricants de papier, secondés par le progrès de la mécanique a considérablement diminué ; c'est ce genre de produits que le Jury de 1844 promettait surtout de récompenser. Nous croyons qu'au moyen de procédés mécaniques perfectionnés, il serait possible d'apporter d'importantes économies sur le prix de la main-d'œuvre : déjà quelques relieurs, tels que M. Lenègre, sont entrés dans cette voie et ont obtenu d'heureux résultats. A cette Exposition, ce sont surtout les cartonnages qui ont reçu de notables améliorations en élégance et en solidité. Ils éblouissent par l'éclat des couleurs et par la prodigalité de l'or, ou, pour mieux dire, de la dorure en cuivre qui, sauf la durée, a tout le brillant de l'or.

« A côté de ces cartonnages si séduisants, on voit d'autres livres, particulièrement des missels et paroissiens, recouverts sur les dos et sur les plats d'ornements en acier, en or, en argent, et rehaussés de pierres précieuses, d'émaux et de décors de tous genres qui en font plutôt des ouvrages d'orfévrerie et de bijouterie que de reliure. En effet, ces livres ne sauraient se serrer les uns contre les autres dans les bibliothèques ; ils ne peuvent donc être placés qu'isolément et sur le plat dans de riches étagères ou sur des pupîtres pour satisfaire la vue et l'orgueil du possesseur ; car on peut leur appliquer ce que Sénèque disait déjà de son temps au sujet de pareils livres : *Plerisque libri non studiorum instrumenta sunt, sed œdium ornamenta.* Ce ne sont point des objets pour l'étude, mais des parures pour les palais.

« Les chefs-d'œuvre que l'art moderne a produits
en ce genre soutiennent la comparaison avec ce que
les habiles artistes de l'époque de la Renaissance
exécutaient pour les rois, les princes et quelques riches et savants amateurs, dont les noms se conservent
dans le souvenir des bibliophiles ; mais alors, le petit
nombre de livres manuscrits ou d'édition *princeps*
étaient d'une telle rareté, qu'on avait raison de les
exposer isolément comme des objets d'admiration.
Maintenant, appliquer un pareil luxe aux livres que
nous entassons dans nos bibliothèques si serrés les
uns contre les autres, c'est un anachronisme. Les
missels et les livres de prières sont les seuls où ce
luxe puisse être permis. »

Ces considérations générales étant semblables à
celles formulées en 1844, nos observations restent les
mêmes ; nous avons seulement à constater qu'à cette
Exposition, parut pour la première fois, d'une façon
sérieuse, la reliure de commerce. La maison Mame,
qui figurait dans les rangs de la typographie, s'y
présentait avec tous les avantages résultant de la
transformation opérée dans ses ateliers vers 1845 ;
quelque temps après, elle avait créé un vaste atelier
de reliure dont les produits figurent déjà à cette Exposition. Le Jury remarqua quatorze sortes de paroissiens dont le prix des reliures, « aussi bien exécutées
qu'elles pourraient l'être par les meilleurs relieurs de
Paris, varie de soixante-dix centimes à cinq francs. »

Il figurait aussi à cette Exposition des cartonnages
exécutés par des relieurs de Tours, à l'imitation de
ceux de M. Lenègre.

M. Kœhler, rue du Bac, 83. — « Les reliures de
M. Kœhler se distinguent par une simplicité qui
atteste en lui l'homme de goût ; les ornements qu'il
se permet sont placés avec discernement. Rien de

plus parfait que les quatre volumes du *Roman du Renard*, en cuir de Russie. Il expose aussi un superbe exemplaire du *Voltaire* de Kehl ; chaque volume offre une aussi parfaite exécution l'un que l'autre. Le volume de *Paul et Virginie* est un chef-d'œuvre. Le Jury a remarqué avec un intérêt tout particulier ses douze reliures au prix de deux francs cinquante ; elles ne laissent rien à désirer qu'une diminution de prix. Espérons que, par des procédés nouveaux et par la division du travail dans ses ateliers, M. Kœhler pourra y parvenir, sans préjudicier toutefois à la perfection qui signale tout ce qui sort de son atelier. Le Jury lui rappelle, pour la quatrième fois, la médaille d'argent.»

M. Lenégre, rue Saint-Germain, 12 *bis*. — « C'est à M. Lenégre qu'on est redevable de ces brillants cartonnages qui rendent de véritables services au commerce de la librairie, en permettant de vendre à des prix très-modiques un grand nombre d'ouvrages qui ont besoin de luxe apparent pour séduire les yeux. Au moyen de cette parure, nos exportations de livres sur les marchés étrangers, particulièrement de l'Amérique du Sud, ont pris un accroissement considérable, ainsi que l'attestent les signatures d'un grand nombre de nos principaux libraires, qui signalent les services que leur a rendus M. Lenégre.

« Par des procédés fort simples, il a su appliquer le premier à la toile l'ornementation en couleur, imitant ainsi ces belles reliures à compartiments en mosaïque du seizième siècle, où les habiles artistes dont les noms sont restés inconnus mariaient avec tant de goût l'éclat des maroquins de diverses couleurs, pour en composer ces dessins et arabesques dignes de plaire à François Ier, à Henri II, à Diane de Poitiers, et qui sont l'objet de notre admiration à la

Bibliothèque Nationale, où plusieurs de ces superbes reliures existent encore.

« Ces beaux cartonnages n'ont, il est vrai, qu'une durée éphémère, comparativement aux reliures en peau. Toutefois, par des améliorations très-réelles, telles que l'endossement fait au moyen d'une machine de l'invention de M. Lenégre (?), et d'une forte toile dont il recouvre le dos et une partie des gardes, il a pu donner à ces cartonnages bien plus de solidité qu'ils n'en avaient autrefois. Les papiers d'une couleur éclatante, qu'il emploie pour ses dessins en mosaïque et qu'il applique sur la toile, se rapprochent du parchemin par la solidité, et sont recouverts de dorures au moyen de plaques gravées et frappées à chaud par un puissant balancier ; ce qui fait de l'ensemble un tout homogène.

« Il faut considérer que le prix de ces cartonnages, qui ont toute l'apparence d'une reliure, n'est que de trois à quatre francs par volume petit in-4°, tandis que ce même volume relié en peau ne coûterait pas moins de cinquante à soixante francs et même plus.

« Il est fâcheux sans doute que, dans ce siècle, l'apparence soit préférée en beaucoup de choses à la réalité, et qu'au lieu de la solidité que nos pères recherchaient en toutes choses, comme si tout devait durer éternellement, ce soit, par un excès contraire, le changement et la variété que préfère notre mobilité ; mais le commerce n'en doit pas moins savoir gré à M. Lenégre de lui avoir ouvert de nouvelles voies et de répondre ainsi aux besoins de l'époque.

« Indépendamment de ces cartonnages en toile et papier, M. Lenégre exécute chez lui toutes les branches de la reliure, même la dorure sur tranche, que la plupart des relieurs font exécuter au dehors. Nous avons remarqué plusieurs reliures fort riches et à très-bas prix, exécutées au moyen d'un balancier d'une force considérable et dont la platine supérieure est chauffée intérieurement au moyen de la vapeur qui y est introduite.

« Le nombre de vignettes et dessins que M. Lenégre a fait exécuter en cuivre est considérable ; la plupart sont gravées par parties, qui se combinent et peuvent ainsi former des cadres et ornements divers, d'où résulte une grande variété, dont M. Lenégre sait tirer un très-heureux parti. Il occupe cinquante ouvriers. Le Jury lui décerne la médaille d'argent. »

Sauf certaines louanges quelque peu exagérées, il est incontestable que l'exposition de M. Lenégre avait un réel mérite, surtout si l'on observe que pour le genre de reliure qui en faisait l'objet principal, il y avait alors plus à créer qu'à imiter. L'établissement de cet exposant, fondé en 1840, eut des commencements très-modestes, et s'il ne tarda pas à conquérir une place importante, l'activité et les capacités de son chef y contribuèrent dans une part assez large.

Malheureusement, il est une ombre à ce tableau, et de même que la louange nous a été agréable, il est de notre devoir de ne pas reculer devant la critique, qui reproche aux établissements, dont celui de M. Lenégre fut un des premiers modèles, une exploitation abusive de l'ouvrier et de l'apprenti que, dès lors, on commença à parquer dans des spécialités, dont plus tard ils ne pourront plus sortir et dont les résultats seront funestes à tous égards, si une instruction professionnelle, vraiment digne de ce nom, n'en vient contrebalancer les fâcheux effets.

M. Lebrun, rue Grenelle-Saint-Germain, 126, — « est un de nos relieurs qui aiment leur art avec passion, et qui se livrent à des tentatives réitérées pour l'améliorer. A la précédente Exposition, son mérite a été signalé ; depuis, il s'est livré à de nombreux essais pour teindre en diverses couleurs le cuir de Russie, auquel il est parvenu à donner sept nuances différentes. Une reliure en mosaïque à compartiments divers, faite avec ses cuirs diversement teints, est fort bien exécutée. M. Lebrun expose aussi des livres reliés en peau de porc ; on sait que ce genre de couverture, dont on faisait un si fréquent usage autrefois, donne aux reliures une grande solidité. La reliure d'un autre volume est en peau de veau marin ; enfin, divers livres sont fort bien exécutés, entre autres un volume entièrement couvert de filets d'or se coupant à angle droit est très-remarquable. En 1839, les produits de M. Lebrun ont été cités favorablement ; en 1844, il a obtenu une médaille de bronze. Le Jury apprécie les efforts qu'il a faits pour perfectionner son art, et lui accorde une nouvelle médaille de bronze. »

M. Lardière, rue de la Chaussée d'Antin, 26, — « occupe toujours parmi nos bons relieurs un rang très-distingué. Tout ce qui sort de ses ateliers est d'une excellente exécution et réunit l'élégance à la solidité. Un volume, intitulé : *Commères de Larivey* (1), se fait remarquer, entre autres, par le charme de la reliure.

« M. Lardière a obtenu la médaille de bronze en 1839 ; elle lui a été rappelée en 1844, et le Jury lui rappelle de nouveau à cette Exposition. »

Madame veuve Gruel, rue de la Concorde, 8. — « Les objets présentés par Madame veuve Gruel sont exécutés par des artistes du plus grand talent. Graveurs sur bois, découpeurs, émailleurs, doreurs, etc. Rien de plus beau, de plus splendide que les livres somptueux qu'elle expose et qui ressemblent à des

(1) Nous croyons qu'il faut lire *Comédies de Larivey*.

châsses, tant les ornements de bijouterie, les pierres précieuses, les émaux y sont prodigués.

« Au milieu de tant de richesses, la vue s'arrête sur un missel privé d'ornements et relié en bois; mais les sculptures, les vignettes, les figures en haut relief en font un objet d'une valeur si considérable sous le rapport de l'art et du prix, que le possesseur d'un tel livre, à moins de le mettre sous verre, doit trembler de le voir s'échapper des mains, car tous ses chefs-d'œuvre sculptés si délicatement en bois, voleraient en éclats. Ce ne sont plus là les in-folios de la Sainte-Chapelle, dont *quatre ais mal unis formaient la couverture.*

« A côté de cet élégant missel, on en admire un autre en maroquin, qui, à son tour, est éclipsé par le missel exécuté pour la Malmaison, et qui appartient à la reine Christine; les ornements en or, les émaux et les pierres précieuses y étincellent, mais leur valeur est de beaucoup inférieure à celle de la main-d'œuvre.

« Les lithographies de la chapelle d'Orléans sont encore un autre chef-d'œuvre, dans un genre différent; mais rien qui charme et séduise davantage qu'un petit livre de prières, en velours bleu de ciel, recouvert d'ornements découpés en ivoire avec un goût parfait et un art merveilleux.

« Le Jury accorde la médaille de bronze à madame veuve Gruel, qui sait si bien diriger et coordonner l'ensemble de ses travaux, et les fait exécuter par divers artistes d'un grand mérite, mais dont nous regrettons qu'elle nous ait tu les noms. »

M. Simier neveu, rue de l'Arbre-Sec, 28. — « Expose un grand nombre de reliures fort bien exécutées, et dont les nervures sont remarquables par leur solidité. M. Simier neveu s'est établi en 1844; héritier des bonnes traditions de famille, ses produits, qui ont attiré l'attention du Jury, ont paru devoir lui mériter la médaille de bronze qui lui est décernée. »

M. Lortic, rue Saint-Honoré, 199. — « Expose pour la première fois. Ses reliures sont d'une bonne exécution. Le Jury a remarqué particulièrement une reliure en mosaïque à compartiments, dont toutes les pièces sont découpées et rejointes avec beaucoup d'art. Les filets qui en suivent les contours sont poussés au petit fer, avec une grande habileté.

« Tous les volumes exposés par M. Lortic méritent chacun des éloges, et le Jury les mentionne honorablement. »

M. Lard, rue Feydeau, 25. — « Est inventeur d'une reliure mobile, à lames indépendantes, et il expose plusieurs objets concernant le commerce de la papeterie, qui ont un mérite d'utilité, entre autres le diaphanographe, pour apprendre à écrire et à dessiner, invention nouvelle sur laquelle il ne convient pas encore de se prononcer. M. Lard s'occupe aussi de la reliure ; sa maison établie à Paris depuis cinquante ans, fait un commerce important. Il mérite la mention honorable que le Jury lui accorde. »

MM. Abry et Vigna. — « Rendent de grands services aux bibliophiles et aux libraires par l'art avec lequel ils enlèvent toute espèce de taches sur les feuilles des livres. Les pages qui leur ont été remises dans un état complet de dégradation, tachées d'encre et de graisse, après avoir été revêtues de la signature des membres du Jury, leur ont été représentées sans que l'impression ni le papier eussent en rien été altérés par les procédés qu'ils emploient. Ils savent aussi parfaitement encoller le papier et refaire à la main les lacunes causées par les moisissures ou les déchirures dans les parties du texte ou des vignettes. Ces reproductions sont faites par eux avec une telle habileté, qu'elles trompent l'œil du dessinateur, du graveur et du typographe. Le Jury accorde à MM. Abry et Vigna la médaille de bronze. »

Ici s'arrête le Rapport officiel; on peut croire, après l'avoir lu, que tous les mérites qui figuraient à cette Exposition ont eu leur part d'éloges, voire même de critique, ainsi que cela devait être. Il n'en est rien cependant, et parmi les exposants, M. Didot a oublié un des noms les plus brillants et des plus honorables pour la reliure. A quoi attribuer cet oubli ? Nous ne savons; et lorsque nous aurons dit que l'exposant ainsi méconnu s'appelait Marius Michel, dont la dorure, d'un mérite incontestable, était exécutée sur des volumes sortant de l'atelier de M. Capé, le lecteur comprendra et partagera sans doute notre étonnement.

Nous sommes heureux d'avoir pu trouver dans le *Bulletin du bibliophile* de 1849, quelques lignes qui puissent nous permettre de rendre justice à qui de droit; elles ont été écrites par M. J. Chenu, bibliophile distingué et prote chez M. Didot : nous les transcrivons ici, persuadé que le lecteur ne lira pas sans plaisir cette appréciation d'un homme de goût.

PALAIS DE L'INDUSTRIE

— 1849 —

UN MOT SUR LA RELIURE

« Après bien des détours dans ces vastes galeries où chaque art, chaque métier a apporté son produit, on est étonné de voir combien la reliure, que quel-

ques-uns de nos artistes modernes ont poussée à un
si haut degré de perfection, est peu représentée.

« Dans la plupart des montres apparaissent, comme
de vieilles reliques, plus ou moins dignes de ce nom,
quelques volumes qui, par l'état de flétrissure où ils
se trouvent, montrent assez que l'habit qui les couvre
date d'un assez grand nombre d'années.

« Nous ne pouvons cependant ne pas reconnaître
les efforts qu'ont faits en commun MM. Capé, relieur,
et Marius Michel, doreur, qui nous ont présenté
quelques reliures belles et bonnes, entre autres une
Notre-Dame de Paris, par Victor Hugo, couverte
d'une mosaïque ingénieuse au milieu des compartiments de laquelle se trouvent dorés les noms des
principaux personnages qui figurent dans ce roman.
Nous devons ajouter que tous les volumes de leur
montre, qui, par ses trop petites dimensions et son
peu d'élégance n'est guère propre à faire remarquer
les richesses qu'elle renferme, sont généralement
bien établis, tant sous le rapport de la reliure proprement dite, que sous celui de la dorure : ce qu'on ne
saurait dire des autres exposants, si l'on en excepte
madame Gruel, qui a offert au public bibliophile quelques volumes où nous avons cru reconnaître pour la
dorure la même main qui a si bien secondé M. Capé.
MM. Jean Simier, Kœhler, Lardière, Buchet et autres figurent sans éclat, il est vrai ; mais que nous
présente M. Faille de Reims ? Des reliures et demi-
reliures dont véritablement nous ne voyons pas le
mérite, et nous ne savons ce que gagne la *Révolution*,
de M. Thiers, à être couverte de cette toilette que font
payer deux francs nos artistes parisiens d'un talent
médiocre. Nous espérons qu'à la prochaine Exposition M. Faille prendra une honorable revanche, et se
présentera en digne émule de nos Bauzonnet-Trautz,

de nos Duru et de nos Niedrée, dont on regrette de ne pas voir les chefs-d'œuvre donner une juste idée de l'art. »

J. Chenu.

L'exposition des registres se faisait remarquer par plusieurs innovations, plus ou moins heureuses, mais qui toutes méritent d'être décrites et étudiées. Nous les transcrivons ici espérant que cette lecture ne sera pas inutile, qu'elle sera même agréable aux chercheurs.

Le Rapport nous apprend que, de 1807 à 1848, vingt brevets d'invention ont été pris dans cette industrie.

MM. Guaymard et Gérault, rue Montmorency, 10,— « confectionnent ainsi leurs registres : les feuilles sont d'abord collées ensemble au caoutchouc, réunies par cahiers de quatre, et ce cahier renforcé au dos et en dedans par des rubans également collés, est cousu avant que le caoutchouc se soit séché. La pose du dos métallique n'a lieu qu'après un bon travail d'endossure en papier et peau, et de reliure en parchemin d'Espagne et carton. Les registres exposés s'ouvrent bien à fond, la brisure est franche et la gouttière nette. Ils font des grands-livres de deux mille pages. — Médaille de bronze. »

M. Dubray, rue Sainte-Barbe, 3. — « Il n'est pas besoin de couture pour lier les cahiers des registres de M. Dubray, chaque feuillet étant composé du recto et du verso d'une feuille de papier mince collés ensemble. On comprend l'avantage de ce système; il rend solidaires les unes des autres toutes les parties du registre, conserve la trace de l'enlèvement de un ou de plusieurs feuillets, et assure ainsi l'inviolabilité des écritures; offre une surface d'ouverture unie et dont le milieu est naturellement intact, sans jonction, ni couture, ni solution de continuité. Ce système peut-être employé utilement pour la reliure sans onglet, des ouvrages imprimés d'un seul côté, tels que les atlas, les plans, les dessins, les albums de modèles. — Un ruban fixé entre une double couche de caoutchouc, une basane, des clefs en peau et des bandelettes se prolongeant sous les gardes, donnent à l'endossure toute la solidité désirable.— Mention honorable. »

M. Lefébvre, rue Saint-Denis, 86. — « Les registres sont cousus ordinairement avec un fil continu ; si ce fil vient à être coupé ou brisé, les feuilles peuvent s'échapper. M. Lefébvre remplace le fil par la soie, emploie doubles rubans, arrête par un nœud chaque liage, de sorte que, dans un grand-livre colombier, par exemple, les feuilles de chaque cahier sont fixées par cinq coutures ou liages indépendants les uns des autres. Que l'un des nœuds ou des fils soit rompu, et trois ou quatre autres attaches maintiennent parfaitement adhérent le cahier où l'accident est arrivé. Ce perfectionnement donne la facilité de rogner les registres, s'il en est besoin, sans toucher à la reliure, et n'en augmente pas le prix ; il permet d'occuper beaucoup de jeunes filles et de femmes qui, n'arrivant pas à soutenir la tension du fil sur toute la longueur, ne pouvaient travailler à la couture des registres.

« M. Lefébvre a réussi également à diminuer l'épaisseur du dos, tout en assemblant et collant plus fortement les cahiers ; l'emploi du chanvre dont les filaments sont si tenaces, contribue à assurer la solidité de l'endossure. — Mention honorable. »

M. Jules Serre, rue Saint-Denis, 81. — « Le mode d'assemblage adopté par M. Serre donne à ses registres une garantie de solidité. La dernière feuille

de chaque cahier, plus mince de moitié que les autres feuillets, est collée à la première feuille du cahier suivant, laquelle est dans les mêmes conditions
d'épaisseur, de sorte que tous les cahiers sont intimement unis. Les feuillets placés dans l'intérieur de
chacun d'eux, sont cousus sur rubans, Il est à désirer
que les points d'attache soient plus rapprochés; si
les sautriaux de fil étaient moins longs, le cahier serait moins exposé à glisser. L'endossure est bonne, la
réglure ordinaire et le prix assez modique. — Citation favorable. »

M. L. Girard, rue Fontaine-au-Roi, 52. —
On a imaginé, pour réunir, au fur et à mesure de
leur réception, les lettres, les papiers et billets de
commerce, les factures, les livraisons, etc., différents
systèmes de reliure mobile que l'on a successivement
éprouvés et abandonnés. M. Girard n'a pas été dé-
couragé par le sort des essais antérieurs; il a produit, sous le nom de *bibliorhapte,* un livre-portefeuille
dont l'usage est suffisamment commode. Son système
laisse, toutefois à désirer, sous le rapport du prix et
de l'exécution : les broches qui servent à fixer les
papiers pourraient être faites en acier plus mince et
aussi résistantes. La reliure est ordinaire, et, vu le
prix, le carton et le papier devraient être en meilleure qualité. L'idée de M. Girard est assez bonne;
son livre-classeur, déjà employé dans quelques bureaux, serait, nous n'en doutons pas, adopté par un
plus grand nombre de maisons de commerce, s'il avait
au moins reçu les perfectionnements que nous avons
signalés. — Citation favorable. »

L'Exposition fut close le 31 juillet; il y eut 4,532
exposants, dont 3,738 récompensés, 272 étaient
classés comme non exposants; c'étaient les chefs
d'exploitation, contre-maîtres et ouvriers qui, aux

termes de l'arrêté du président de la République, avaient été jugés dignes d'être récompensés.

Le 11 novembre 1849, dans la salle de la cour de Cassation, au Palais de Justice, le Président de la République, distribua cinquante et une décorations accordées à divers exposants. Parmi leurs noms nous détachons celui de M. Roussi, ouvrier mécanicien, à Lyon ; il est le premier ouvrier décoré à la suite d'une Exposition (1). Après la distribution des croix, on se rendit à la Sainte-Chapelle qui, pour cette cérémonie avait subi une métamorphose de circonstance. Le cortége civil y fut reçu par un cortége religieux, à la tête duquel était l'archevêque de Paris, qui prononça un discours à la gloire du travail et célébra une messe dite du Saint-Esprit. Tous les assistants se rendirent ensuite à la salle où devait avoir lieu la distribution des médailles. Là, M. Dumas, ministre de l'agriculture et du commerce, prononça un discours ; puis, M. Ch. Dupin, président du Jury, donna lecture d'un long rapport sur cette Exposition ; ce rapport, que vingt-six pages ont peine à contenir, est un exposé de la situation de l'industrie et de l'agriculture à cette époque ; il contient, dans la partie consacrée à l'industrie parisienne, un alinéa que nous nous empressons de détacher pour l'offrir à nos lecteurs, afin de les dédommager de l'impression pénible qu'ont dû leur causer certains passages du Rapport sur l'Exposition de 1834.

« Un Gracchus, disait M. Dupin, pouvait dire à la plèbe de Rome antique, plèbe misérable et dépourvue d'industrie : « Vous êtes le peuple-roi et vous n'avez « pas où reposer votre tête ; et le pain que vous man-

(1) M. Roussi, déjà récompensé en 1839 et en 1844, était chef d'atelier.

« gez, vous est donné par pitié sur les récoltes des
« conquis. » Nous pouvons dire au peuple de Paris :
« Vous gagnez noblement, courageusement, au prix
« de votre travail, tout ce que peut produire la terre
« de trois royaumes, tels que la Bavière, la Saxe et le
« Portugal : *C'est le génie de l'industrie qui fait de
« vous un peuple-roi.* »

De la part de M. Dupin, un tel langage surprend ;
nous n'étions pas habitués à être traités par lui en *peuple-roi* ; aussi remercions-nous sincèrement la République de lui avoir désappris certaines phrases et
certains mots ; puisse-t-il avoir conservé cette bonne
habitude et se souvenir au Sénat des droits que possède le Peuple-Roi.

Après M. Dupin, le Président de la République
prononça un discours ; la distribution des médailles
eut lieu immédiatement après et termina la cérémonie.

Un dernier fait à relater, c'est que c'est à cette
Exposition que commença à poindre l'idée des délégations ouvrières ; l'honneur en revient à la Chambre
de commerce de Lyon, qui envoya à ses frais douze
chefs d'ateliers, contre-maîtres ou ouvriers visiter
les salles des Champs-Élysées.

Ici s'arrête la onzième Exposition des produits de
l'industrie française ; ce devait être la dernière exclusivement nationale ; bientôt vont apparaître les Expositions internationales qui, en rapprochant les peuples, leur apprendront à se connaître et à s'apprécier.
Puisse le résultat de ces rapprochements entre nations contribuer au bonheur de l'humanité, et faire
arriver plus tôt le règne de la paix qui ne peut être que
celui du droit et de la justice !

XII

Exposition universelle internationale de 1851

L'idée d'une Exposition universelle qui fut sur le point de triompher en 1849, n'était pas abandonnée, au contraire; depuis cette époque, le nombre de ses partisans ne faisait que s'accroître, et, pour beaucoup, la réussite devait avoir des résultats intéressant non-seulement l'industrie, mais encore le système économique et social de l'Europe.

La *Société des Arts*, à Londres, qui, depuis 1844, essayait d'introduire les Expositions de l'Industrie en Angleterre, s'empara de cette idée, et, avec un zèle qui l'honore, travailla à ses risques et périls à sa réalisation.

Nous disons à ses risques et périls parce qu'il n'est pas d'usage, en Angleterre, que le gouvernement entreprenne ce qui peut être réalisé par l'initiative privée. En effet, en se plaçant à ce point de vue, il est très-probable qu'il y a des bénéfices à réaliser pour l'industriel qui expose; de même qu'il est incontestable que le visiteur en retire un profit plus ou moins appréciable. Le gouvernement anglais fut donc logique en refusant l'argent des contribuables, et en laissant peser les charges de l'entreprise sur ceux qui devaient en recueillir les fruits.

Aurait-il mieux valu suivre le système opposé, c'est-à-dire faire supporter par le pays toutes les dépenses qui en auraient résulté? Ce serait assez notre avis, et nous croyons que c'est le seul moyen d'éviter les monopoles, toujours nuisibles, et de faire participer la généralité des citoyens à une œuvre qui doit être celle de la nation.

En tous cas, un gouvernement doit choisir entre ces deux doctrines, et les accepter toutes les deux, ainsi que l'a fait le gouvernement français en 1867, ne peut produire que de mauvais effets. C'est, du reste, ce qui a eu lieu, car le résultat le plus certain de la dernière Exposition aura été de mécontenter les exposants et les visiteurs qui, eux, du moins, auront sur les contribuables l'avantage de savoir le prix qu'elle leur aura coûté.

La *Société des Arts*, par l'entremise de son président, le prince Albert, réussit à obtenir l'appui moral du gouvernement anglais, et, le 3 janvier 1850, une ordonnance de la reine Victoria décida que, l'année suivante, il y aurait, à Londres, une Exposition industrielle à laquelle seraient admis les producteurs du monde entier. Le 26 septembre 1850, la première colonne du Palais de Cristal fut posée, et, pendant six mois, deux mille ouvriers environ travaillèrent à son édification. La reine d'Angleterre en fit l'inauguration le 1er mai suivant.

Dix-huit mille exposants environ prirent part à ce Concours international; l'Angleterre en comptait neuf mille sept cent trente-quatre.

L'exemple donné, en 1849, par la Chambre de Commerce de Lyon eut des imitateurs; différents exposants furent invités à désigner un certain nombre d'ouvriers qui visitèrent, aux frais de l'Etat ou du budget municipal, l'Exposition de 1851.

M. Hardy, qui travaillait alors chez M. Niédrée, un des exposants pour la reliure, fut désigné, par ce dernier, pour faire partie de ce groupe d'ouvriers, qui, à notre connaissance, n'a présenté aucun rapport.

A quelle cause attribuer le peu d'effet produit par

ce commencement de délégation ? La faute en est-
elle au programme qui lui fut tracé par l'administration... Y a-t-il eu une autre cause ? Nous l'ignorons.

Toujours est-il que l'organisation de ces visites
ouvrières ne laissa pas que de soulever certaines protestations. Le journal *la Presse*, alors dirigé par
M. de Girardin, prit l'initiative d'une souscription
publique qui produisit les fonds nécessaires pour
l'envoi, à Londres, d'une Commission ouvrière composée de quinze membres, dont voici les noms et
professions :

> MM. Boussac, mécanicien ;
> Crossard, coutelier ;
> Dumont (E.), carrossier ;
> Duranton, teinturier ;
> Gaucherot, tapissier ;
> Glaise, ébéniste ;
> Larcher, typographe ;
> Malarmet, monteur en bronze ;
> Mochin, charpentier ;
> Mouchot, boulanger ;
> Paulmier, serrurier ;
> Poncier, filateur ;
> Vassel, doreur-décorateur ;
> Vautier, ouvrier en pompes ;
> Vinçard (Pierre), graveur sur bijoux.

Cette Commission choisit pour président, M. Lar-
cher, et pour trésorier, M. Malarmet. M. Pierre Vinçard, nommé rapporteur, publia dans la *Presse* les
travaux de cette Commission, qui, la première, fra-
ternisa avec le peuple anglais et lui apprit que le
temps des haines entre nations, si longtemps entre-
tenues par le despotisme, était passé et que celui de

la fraternité et de la solidarité des peuples commençait.

Les travaux les plus importants qui ont résulté de cette Exposition sont, d'une part, les *Rapports offi-ciels*, publiés par le Jury anglais, et, de l'autre, les *Travaux de la Commission française sur l'industrie des nations*, qui, jusqu'à présent, forme huit volumes grand in-8°. Cette dernière publication contient un intéressant travail de M. Fauler, membre du Jury, sur l'industrie du maroquin ; nous pensons que nos lecteurs nous sauront gré de leur faire connaître les passages qui concernent le plus directement notre profession.

CUIRS ET PEAUX. — « Il serait difficile, dit M. Fau-ler, rapporteur de la section des cuirs et peaux, de fixer l'époque à laquelle les peuples anciens com-mencèrent à travailler et à tanner les peaux, et de connaître à quel degré de perfection ils amenèrent cette fabrication. Les anciens cuirs de Venise et les vieilles reliures en maroquin ou autres peaux indi-quent cependant une certaine habileté. La peau pré-parée pour parchemin servait à écrire bien avant la découverte du papier : les Hébreux et les Grecs en faisaient usage plusieurs siècles avant Jésus-Christ.

« Pline l'ancien présume qu'il fut inventé à Per-game, lorsque Ptolémée Épiphane eut défendu la sortie du papyrus d'Egypte. Cicéron dit avoir vu à Rome toute l'Iliade d'Homère écrite sur du parche-min d'une si grande finesse, qu'on avait pu la ren-fermer dans une noix.

« M. Fauler retrace ensuite, en quelques mots, l'historique de l'établissement des premières fabri-ques de maroquin en France, et, arrivant à l'Expo-sition de 1839, il rappelle que M. Dumas, rapporteur de cette section, avait constaté que la fabrication des maroquins, veaux et moutons de couleurs, était parvenue à appliquer sur ces diverses qualités de peaux toutes les nuances même les plus délicates; elle avait vu s'augmenter ses produits et ses débouchés. Ce résultat n'avait pas été obtenu sans peine, car de toutes les préparations et manipulations que l'on fait subir aux cuirs et peaux, la fabrication du maroquin est sans contredit la plus intéressante et la plus difficile; elle exige de la part du praticien une connaissance parfaite de la fabrication des peaux, mais encore des notions chimiques pour la préparation et l'application des couleurs.

« Ce n'est que vers le milieu du dernier siècle que l'on commença à teindre quelques peaux en France.

« Des essais furent tentés par Barrois et quelques autres tanneurs pour imiter les cuirs coloriés de Russie, et les maroquins rouges et jaunes du Levant. On faisait aussi quelques bruns à l'aide du campêche, mais on n'avait que des procédés très-imparfaits. Le plus souvent ces couleurs étaient appliquées avec la brosse et le chiffon, il en résultait des produits très-défectueux ; aussi les beaux maroquins se tiraient-ils du Levant ou de l'Angleterre. Cet état de chose dura jusqu'à l'établissement de l'usine de Choisy, à la fin du dernier siècle.

«MM. Fauler et Kemph, qui la dirigeaient, livraient alors aux consommateurs des rouges écarlates fabriqués avec la cochenille et à l'aide d'une composition qui resta longtemps leur secret. Cette fabrication était supérieure à celle décrite par Delalande sur la manière de teindre en rouge dans le Levant; en effet, la fixité de cette couleur obtenue par MM. Fauler était telle qu'elle pouvait résister pendant plusieurs jours à l'action astringente du sumac, et que les acides ne pouvaient l'altérer,

« Peu après, on obtint des couleurs plus unies et plus variées, avec le campêche, le brésil et le bois d'épine-vinette ; mais ce n'est que de 1815 à 1820 que les fabricants de maroquins réussirent à teindre en bleu au moyen de la cuve préparée à peu près comme celle qui sert à teindre la laine ; on ne produisait avec la dissolution d'indigo que des bleus de fausses nuances et qui étaient souvent brûlés. Il fallut trouver le moyen de détruire la couleur fausse et verdâtre que le sumac communique à la peau qui en est imprégnée. Cette difficulté vaincue, on arriva bientôt à produire, avec la cochenille, des violets, des pensées, des lilas et des couleurs légères très-brillantes, très-vives et d'une extrême solidité.

« A cette époque encore, la fabrique de Choisy commença à livrer au commerce des nuances claires et très-variées, imitées de celles faites sur les produits textiles, ce qui offrit de sérieuses difficultés, car les maladies, les intempéries des saisons, le peu de soin des abatteurs produisent des imperfections que le fabricant ne peut pas souvent faire disparaître

« La contexture de la peau elle-même ne se prête que très-difficilement à cette teinture. L'épiderme serré et épais, mince et mou, suivant les diverses parties de la peau, absorbe inégalement la couleur, qui ne peut être appliquée qu'à une température moyenne, pour ne pas altérer ni détanner le cuir.

« Ce travail exige infiniment de soins et d'intelligence de la part de l'ouvrier pour arriver à fixer avec égalité sur la peau jusqu'à trois couleurs, afin d'obtenir un gris sans nuances ni irrégularités.

« Dans un écrit sur l'Exposition de 1827, M. Blanqui regrettait de ne pas y voir figurer des maroquins chagrinés et des grains du Levant, ne fût-ce que des peaux imprimées avec la planche. Effectivement, à cette époque, le chagrin se faisait seulement sur des morceaux découpés à la demande par des relieurs, à l'aide d'une planche gravée et chauffée qui s'appliquait sur les cuirs à une température moyenne. Ce grain n'imitait que très-imparfaitement la véritable peau de chagrin; il n'avait ni la fermeté ni la régularité désirables, et les gaîniers et relieurs ne pouvaient l'employer sans qu'il perdît beaucoup entre leurs mains.

« Thouvenin, l'un de nos célèbres relieurs, fut le premier qui commença à chagriner le maroquin à la main. Après avoir découpé ses pièces, les avoir encollées et préparées convenablement, il les roulait avec la peaumelle et obtenait un grain ferme, serré et à pointe diamantée, qui fut immédiatement recherché par les amateurs de livres; mais ce moyen était long et dispendieux à cause du déchet.

« Ce fut alors que des tentatives furent faites pour chagriner les peaux entières après la teinture; mais ce grain qui ne se forme que par le renflement de l'épiderme du cuir et par un long travail qui exige beaucoup d'adresse de la part de l'ouvrier, ne put s'obtenir d'abord que très-imparfaitement, les parties molles et faibles de la peau ne donnant qu'un grain très-irrégulier. Ce ne fut qu'au bout d'un temps assez long que l'on parvint à faire des maroquins dont le grain égal, ferme, serré, mat au fond, brillant à la surface eut immédiatement un grand succès; la gaînerie, la reliure en emploient aujourd'hui de très-grandes quantités. Cet article plaît, non-seulement à cause du grain, mais encore à cause de son bon usage.

« Le tannage s'était aussi perfectionné, on se servait alors du chêne vert du midi, qui donne un tannage blanc et doux, qui communique au veau et à la chèvre une souplesse que nulle autre ne pourrait remplacer.

« Ces innovations dans le corroyage du maroquin vinrent fort à propos lui assurer de nouveaux débouchés, alors que le vernis venait le remplacer en partie dans la confection de la chaussure. Il est certain que si la vente du maroquin ne s'est pas ralentie, c'est en partie à ces causes qu'il faut l'attribuer.

« Ces procédés diffèrent essentiellement de ceux employés à Astrakan et chez tous les Orientaux, qui obtiennent le grain de leur maroquin par un moyen assez bizarre. Après avoir fait subir à la peau les préparations ordinaires pour la purger et la teindre, ils répandent de la graine de moutarde sur la surface du cuir, puis l'exposent au soleil du côté de la chair; cette graine en séchant pénètre profondément dans la peau et forme, après être tombée, des parties saillantes qui imitent la peau de chagrin; mais on conçoit que ce produit se détériore facilement quand l'ouvrier qui l'emploie le mouille ou le dole.

« Le maroquin gros-grain, dit du Levant, fait dans les mêmes contrées est dû à l'épaisseur et à la grossiéreté de l'épiderme de leur peau de chèvres (1), plutôt qu'à un travail particulier : aussi le nôtre l'emporte-t-il de beaucoup par la régularité et la beauté de son grain.

(1) C'est probablement à l'emploi de cette peau du Levant dans la reliure que doit remonter l'usage d'écraser le grain du maroquin qui, alors, rempli d'aspérités, était rude au toucher et devait s'écorcher facilement ; de plus, il rendait la dorure à peu près impossible. Pour obvier à ces inconvénients on dut avoir recours à la presse qui, en écrasant le grain, rendit la peau plus douce, en fit disparaître les aspérités trop saillantes et permit au relieur d'y établir ces brillantes dorures si recherchées de nos jours par les amateurs de reliures. — A. C.

« Un autre moyen plus facile, plus économique, a aussi été mis en œuvre en France. Avec une planche en cuivre gravée et à l'aide d'un cylindre, on a pu faire des chagrinés beaucoup plus vite et à meilleur marché, mais les peaux soumises à cette pression ressemblent au papier chagriné : le grain ne se soutient pas au travail, et les amateurs qui savent bien les distinguer, les rejettent.

« Toutes les nuances délicates, ainsi que les verts, dans lesquels il entre une assez forte quantité de dissolution d'indigo, s'altèrent promptement à l'air ; la fabrication en était très-difficile et même impossible dans les temps pluvieux : on était alors, dans les fabriques de maroquin, dans l'obligation de congédier les ouvriers toutes les fois que le ciel était sombre et pluvieux, et de les ajourner au retour du beau temps.

« On chercha bien longtemps avant de trouver le moyen de remédier à ce déplorable état de choses ; enfin, après plusieurs essais plus ou moins heureux, tentés par M. Friès et MM. Fauler, ces derniers réussirent au moyen de la vapeur et d'un ventilateur à ailes courbes, à vaporiser et à enlever, dans une étuve de moyenne grandeur, dans l'espace de deux ou trois heures, trois à quatre cents litres d'eau, et à sécher à une température de 25 degrés (celle de l'air libre en été), sans aucun dommage pour le cuir et en conservant la couleur intacte.

« Indépendamment de cette importante innovation, la fabrique Fauler a perfectionné son outillage mécanique, elle emploie des presses hydrauliques et à rouleaux, et des foulons, de vastes tonneaux cylindriques reçoivent par leur axe un filet d'eau constamment renouvelé et contribuent à débarrasser rapidement les cuirs de la chaux dont ils sont surchargés en sortant des pleins.

« Le lustrage des peaux, opération très-longue et très-fatigante pour les ouvriers qui la font à force de bras sous une pression équivalente à un poids de deux cents kil. environ se fait aujourd'hui avec des machines qui font plus vite et plus régulièrement.

« Depuis son introduction en France, cette industrie a toujours progressé : elle consiste dans l'application de toutes les couleurs à la trempe sur les peaux de chèvres, de veaux et de moutons. La souplesse du cuir, l'égalité et la solidité des nuances constituent son principal mérite; mais, pour y arriver, il y a beaucoup d'obstacles à surmonter, si l'on considère que l'on ne peut se servir de forts acidés ni d'une grande chaleur sans altérer les fibres de la peau ou détruire le tannage. L'épiderme du cuir soumis à la teinture présente de grandes inégalités dans sa texture : épais et serré dans les parties exposées à l'air, il est ouvert et spongieux dans les aînes et sous le ventre de l'animal, aussi l'absorption de la couleur est-elle inégale et variable; les inégalités se font surtout remarquer dans les couleurs claires.

« L'Angleterre produit des rouges, des jaunes et des grenats obtenus par l'orseille.

« Elle tire de la France et d'Allemagne les verts et les noirs qui forment la base de la consommation; ses veaux coloriés pour couvertures de livres sont très-beaux, mais les gros grains du Levant et les beaux maroquins chagrinés pour la reliure riche lui viennent aussi de France. Du Cap et de l'Australie, elle reçoit des quantités considérables de peaux de moutons très-grandes, mais creuses, qui sont refendues à la scie, ensuite tannées ou teintes, et appliquées à la reliure commune ou à la chapellerie.

« La fabrication a atteint généralement en Europe une grande perfection. La France se distingue par la beauté et la solidité de ses noirs et par la variété de ses couleurs : ses maroquins chagrinés et gros grain sont partout recherchés ; ses grands veaux et ses moutons pour la reliure, amincis à la main, sont beaucoup plus fins et plus durables que ceux d'Angleterre et d'Allemagne, qui sont énervés par la scie..

« La fabrique de Mayence a exposé une très-grande variété de nuances et de genres, tous bien traités ; ses habiles fabricants tirent tout le parti possible des peaux un peu molles et creuses que leurs contrées produisent; leurs veaux à reliures sont très-fins et très-unis en couleur.

« L'Orient n'a pas fait de progrès depuis que l'Europe a appris de lui cette fabrication. La qualité des peaux est bonne, le rouge est solide, mais les chairs sont brutes et la surface teinte n'est pas corroyée. Ces maroquins sont peut-être bien adaptés à l'usage du pays qui les fabrique, mais ils ne peuvent soutenir la concurrence avec ceux d'Europe.

« Un fabricant de Barcelonne a envoyé des maroquins variés de nuances très-bien réussies.

« Le parchemin se fabrique par un procédé très-simple : on laisse séjourner la peau pendant un certain temps, dans la chaux, on l'expose ensuite à l'air sur des cadres. Pour que le parchemin soit bon, il faut qu'il soit serré et en même temps transparent, que la surface soit fine et unie ; le plus difficile est de l'amener à cet état par le raclage, qui demande beaucoup d'adresse.

« MM. Berthaud, jeunes, à Issoudun, ont envoyé un très-grand assortiment de vélins et de parchemins convenablement traités pour la reliure, la peinture et la machinerie.

« Le quartier anglais, présentait aussi de beaux produits ; ceux coloriés étaient surtout bien traités. »

Dans l'industrie des maroquins onze exposants furent récompensés; trois, dont deux français, obtinrent des médailles de prix ; huit mentions honorables furent décernées et la France en obtint trois. Pour les parchemins, il y eut deux médailles et deux mentions : une des deux médailles fut obtenue par la France.

Mentionnons brièvement diverses industries se rattachant à la reliure. ·

M. Piques, à Velars-sur-Ouche (Côte-d'Or), mention honorable pour la fabrication de ses cartons.

M. Odent (France), médaille de prix décernée principalement à son *papier-parchemin* qui, par son usage, peut remplacer le parchemin pour la couverture des livres, particulièrement des livres de classe, des registres, etc.

Même récompense à M. Angrand, de Paris, pour la supériorité de ses papiers ornés, coloriés et de fantaisie.

Mention honorable à M. Boudon (France), pour ses modèles de papiers dits *porphyrisés*.

Médaille de prix à MM. Sœhnée, frères, à Paris, pour la supériorité de leur vernis pour relieurs.

Une mention honorable est décernée à M. Gautier, jeune, à Paris, pour les lettres fondues en cuivre à l'usage des relieurs.

Ainsi que le lecteur a pu le remarquer, les industriels désignés ci-dessus appartiennent à la France; le peu de place qui nous reste nous empêche d'étendre notre appréciation autant que nous le désirerions ; néanmoins ces quelques lignes suffiront pour prouver que les diverses industries se rattachant à la reliure ont figuré en certain nombre à cette Exposition.

RELIURE. — A cette Exposition la reliure rentrait

dans les attributions du dix-septième jury qui était composé de MM.

Sylvain, Van de Veyer, ambassadeur de Belgique en Angleterre, président;

Thomas de La Rue, fabricant de papiers, encres et autres objets de bureau, à Londres, vice-président;

Le vicomte Mahon, pair d'Angleterre;

Charles Whittingham, imprimeur, à Londres;

C. Venables, ancien fabricant de papier, à Londres;

A.-Firmin Didot, imprimeur, à Paris;

Le professeur Hulsse, directeur de l'Académie polytechnique, à Dresde;

Henri Stevens-Barnet, Etat de Vermont, (Etats-Unis);

Associé, M. George Turner, Etats-Unis.

Le rapporteur du Jury était M, Charles Whittingham. M. Firmin Didot lui fut adjoint; il participa activement à ce travail et fut chargé de sa rédaction définitive. Pourquoi, dans son rapport inséré dans les *Travaux de la Commission française*, tome cinq, M. Didot a-t-il laissé de côté le travail de ses collaborateurs? Les lecteurs français auraient pu en faire leur profit; de plus, son travail y aurait gagné en intérêt et on se serait moins aperçu qu'il n'était qu'une nouvelle édition augmentée, de ses précédents rapports sur la reliure. Nous avons dû réparer l'oubli de M. Didot, en faisant traduire le rapport anglais; M. Clerget a bien voulu se charger de cette traduction et nous le prions de recevoir ici nos sincères remerciements, car il y a mis une urbanité dont nous lui savons un gré infini.

Nous nous servirons donc, pour cette Exposition, des deux rapports, français et anglais, mais principalement de ce dernier qui est le plus complet et le plus intéressant.

Avant de commencer, deux mots à M. le rapporteur qui trouve le prix des reliures « toujours fort élevé comparativement à celui des livres, qui a beaucoup diminué par l'effet des nouveaux procédés d'impression et de fabrication du papier. »

On voit bien que M. Didot est libraire ; il demande du bon marché, toujours du bon marché, encore du bon marché ; pourtant, il doit savoir, mieux que personne, que la reliure est un métier ingrat, puisque le prix de la main-d'œuvre est presque égal à celui des matières premières employées. C'est là qu'il faut chercher la principale cause de l'élévation relative du prix des reliures : détailler le nombre des mains-d'œuvre nécessaires à la confection d'un livre surprendrait plus d'un lecteur ; on en compte cinquante en moyenne ; quant aux matières premières, elles sont nombreuses et d'un prix assez élevé. Il faut aussi faire entrer en ligne de compte le matériel qui s'augmente chaque jour ; car, aujourd'hui pour produire ce bon marché tant demandé par M. Didot, ce n'est plus un atelier, c'est une manufacture, avec machine à vapeur qu'il faut établir ; n'oublions pas que la division du travail poussée à ses extrêmes limites vient encore en aide à ces perfectionnements dans l'outillage. Pourtant avec toutes ces améliorations qu'est-on parvenu à produire ? des reliures apparentes, mais fragiles appelées à bon droit *éphémères* : leur réputation est telle que toute bibliothèque sérieuse, même celle de M. Didot, leur est impitoyablement fermée, et il en sera ainsi tant que la concurrence au lieu de ne chercher à produire qu'à bon marché ce qui n'est qu'illusoire, ne s'appliquera pas à confectionner des reliures d'une élégance simple unie à une solidité proportionnée au mérite ou à l'utilité des livres qu'elle est appelée à conserver.

Terminons par une simple question : M, Didot pourrait-il nous dire si le public profite toujours de la diminution du prix des reliures ? Quelle que soit la réponse, nous soutenons qu'en tous cas le libraire sait se faire la part du lion et que son bénéfice à lui est presque toujours supérieur et de beaucoup à celui du relieur. — Exemple : un éditeur de Paris prélève cinquante-cinq francs de bénéfice sur une reliure de cent francs ; il en reste quarante-cinq au relieur pour établir une reliure in-4° en maroquin plein du Levant, le volume est monté sur onglets et la dorure en est assez riche. Dans cette affaire le bénéfice du libraire est assez visible, mais celui du relieur où est-il ?

Cette question sera, du reste, traitée avec plus de détail dans le chapitre de l'influence de la librairie sur la reliure. Nous y renvoyons le lecteur.

RELIURE

EXTRAITS DES RAPPORTS OFFICIELS

« Le luxe des reliures est un goût qui remonte aux temps les plus reculés. La rareté des manuscrits et les ornements en tous genres, dont on les enrichissait, en faisaient des objets si précieux, qu'ils étaient exposés sur des pupitres pour satisfaire la vue et l'orgueil des possesseurs. Mais si ces riches reliures en relief, dont quelques beaux modèles de l'époque de la Renaissance existent encore dans les bibliothèques publiques, avaient leur raison d'être avant ou peu de temps après l'invention de l'imprimerie, alors

que les livres étaient presque aussi rares que les manuscrits, elles deviennent des anachronismes du moment où nous entassons les livres dans nos bibliothèques. Ces magnifiques couvertures, confectionnées
en grande partie par des bijoutiers, qui les enrichis-
saient de reliefs en or, en argent, en acier, en ivoire
rehaussés de pierres précieuses, d'émaux et de décors en tous genres, ne sauraient convenir qu'aux
missels ou antiphonaires placés, dans les églises, sur
des pupîtres, à des livres de mariage, ou à des présents faits par des souverains. En voyant à l'Exposition, renfermées dans les meubles superbes envoyés
en don par l'Autriche à la reine Victoria, de superbes
reliures en ivoire artistement ciselé, ou en or et en
argent incrusté de pierres précieuses et d'émaux plus
précieux encore, on croirait que ce sont des châsses
renfermant de saintes reliques, ou même la cassette
de Darius dans laquelle Alexandre déposa les poëmes
d'Homère.

« Nous avons remarqué, à cette Exposition, des
papiers imitant le parchemin et le vélin, diversement colorés, et offrant une très-grande solidité ;
peut-être pourrait-on remplacer, pour des reliures
ordinaires, la peau de veau et de mouton par ces
nouveaux produits industriels, et opérer ainsi une
économie sur cette coûteuse portion de la reliure.

« Les cartons employés par les relieurs sont plus
solides et mieux fabriqués qu'autrefois, et le prix en
est moindre. Les lettres en cuivre, pour les doreurs,
sont maintenant fondues, au lieu d'être gravées, et
leur emploi est devenu plus facile ; enfin les ornements sont en partie estampés par des plaques au
moyen de presses ou balanciers.

«Entre les reliures simples et celles dont le luxe est
porté à l'extrême, il y a celles qu'affectionnent les

bibliophiles ; elles réunissent à la solidité l'élégance, et à la perfection presque toujours la simplicité, qualité préférable à la richesse des dorures.

«A l'époque de la Renaissance, des artistes pleins de goût exécutèrent d'admirables reliures pour les rois, les princes et quelques riches et savants amateurs, dont les noms se conservent dans les souvenirs des bibliophiles et qui entretenaient dans leurs hôtels des relieurs dont ils dirigeaient le goût (1). Les uns, dans leurs reliures, s'inspirèrent du style bysantin ; les autres, en plus grand nombre, adoptèrent le genre dit *Renaissance* que nos relieurs se bornent à imiter, en appliquant ce style indistinctement à toute espèce de livres.

« Quelques essais pourtant ont été tentés pour soumettre l'art de la reliure à des principes généraux soit, par exemple, de faire accorder la reliure avec l'époque à laquelle le livre a été écrit, ou avec le sujet dont il traite. Des ornements variés ont été composés dans ce but. L'idée quoique heureuse, n'est pas nouvelle, mais elle n'a pas été généralement adoptée. Nous avons vu le bonnet de la Liberté, le hibou et le serpent d'Esculape appliqués selon le contenu du livre. Les emblèmes décoratifs, Égyptiens, Grecs et Romains, ont été appropriés, aussi bien que ceux empruntés aux monuments gothiques. D'autres ont pensé qu'il était désirable que les relieurs, quittant les sentiers battus, s'efforçassent de donner à leurs œuvres un caractère plus spécial, portant le cachet de notre époque. Ainsi, par exemple, que le choix des couleurs plus ou moins sombres, ou plus ou moins brillantes soit toujours d'accord avec la nature du

____

(1) C'est probablement la cause qui nous fait ignorer les noms de ces premiers artistes.

sujet traité dans le livre (1). Ils prétendent qu'un tel système aurait tout d'abord pour avantage de faciliter les recherches dans une grande bibliothèque en frappant immédiatement les yeux ; qu'il est également désirable que certains styles d'ornements indiquent si, par exemple, tel ouvrage sur l'Égypte appartient à l'époque pharaonique, arabe, française ou turque ; il en serait de même avec la Grèce antique, byzantine ou moderne, la Rome des Césars ou la Rome des Papes. Tous ces procédés peuvent être utiles s'ils sont soumis au contrôle du goût et du jugement.

« La reliure moderne est exercée en Angleterre sur une si vaste échelle que jamais les relieurs des anciens temps n'eussent pu prévoir un tel développement ; la production des livres excède de beaucoup celle d'aucune époque antérieure, elle est devenue la cause d'un tel emploi de machines appliquées à la confection des reliures qu'on peut dire aujourd'hui que l'atelier du relieur est devenu une véritable manufacture. Des livres superbement reliés, dorés, gaufrés, couverts d'inscriptions ou d'ornements de toutes sortes, ne dépendent plus maintenant de la main plus ou moins habile d'un ouvrier, mais ils sont produits avec une rapidité extraordinaire par le moyen des machines (2).

« M. Burn de Hatton Garden, introduisit le premier

(1) M. Didot propose de réserver le rouge pour la guerre, le bleu pour la marine, le violet aux grands dignitaires de l'église catholique, le noir aux philosophes, le rose aux poésies légères, etc.

(2) Quelles que soient les machines employées, la production n'en suit pas moins le degré d'habileté de l'ouvrier ; il en est de même pour la perfection du travail, la machine est la même pour tous, mais elle produit plus ou moins bien, selon la main qui la dirige. — A. C.

le laminoir pour remplacer le battage au marteau; les presses en fer de Hophinson et autres ont été modifiées pour former des presses à bras, avec lesquelles on peut faire rapidement et avec précision diverses opérations telles que la dorure sur tranches, le gaufrage, etc. Thouvenin introduisit la mode, il y a environ vingt-cinq ans, des couvertures en cuir avec des ornements gaufrés; ce résultat fut obtenu au moyen du balancier. Ce genre fut introduit presque en même temps en Angleterre par MM. Remnant et Cie et par M. de La Rüe, qui furent bientôt suivis par d'autres; des calicots estampés furent produits aussi vers la même époque au moyen de la presse hydraulique par M. de La Rüe, qui abandonna l'ancienne presse à vis; la machine à rogner de Wilson remplaça la vieille presse, la table à couper avec cisailles inventée par M. Waren de La Rüe, est maintenant employée à couper et à équarir le carton. Tous ces moyens et inventions indispensables aux grands établissements, prouvent que la mécanique est un des éléments nécessaires pour permettre au relieur de soutenir avec succès un vaste établissement.

« M. Starr, de New-York, avait, dans le département des États-Unis, deux machines, une pour faire les dos des livres, l'autre pour les finir; mais le Jury n'a pu parvenir à les voir fonctionner malgré les invitations réitérées qu'il fit pour cela (1).

« La reliure des cartonnages (emboîtages) se fait avec une telle rapidité dans les maisons des Remnant, des Leighton, des Westley et autres, que

(1) M. Didot les désigne ainsi dans le Rapport français : « Une nouvelle machine pour endosser et une autre pour coudre les livres, envoyées par les États-Unis, peuvent apporter encore de l'économie dans la main-d'œuvre. »

mille volumes peuvent être recouverts et dorés en six heures, pourvu que les couvertures soient préalablement tenues toutes prêtes, et cela peut être fait en moins de deux jours ! Malgré toutes ces nombreuses améliorations, le Jury aurait désiré trouver quelques avantages et de réels progrès dans la reliure ordinaire en peau, là où l'on ne fabrique point par grandes quantités à la fois. Celles de l'Exposition étaient généralement bien exécutées, mais le prix est encore trop élevé en proportion de celui des livres eux-mêmes, qui a été réduit par suite des progrès obtenus dans l'imprimerie et dans la fabrication du papier.

« La France n'applique principalement le cartonnage qu'aux ouvrages éphémères qui doivent attirer les yeux par leur éclat, orner les tables des salons, ou être donnés en prix dans les pensions, et expressément aussi aux livres destinés à l'exportation pour l'Amérique du Sud.

« Les cartonnages exposés par M. Mame, de Tours, montrent beaucoup d'élégance combinée avec un degré relatif de solidité.

« Il est à déplorer que l'apparence soit si souvent préférée à la réalité, et qu'au lieu de la solidité que nos pères recherchaient avant toutes choses, l'inconstance de notre époque préfère le changement et la variété. Mais, après tout, les livres ne sauraient être entourés de trop d'attraits, si ces agréments peuvent inspirer le goût de la lecture.

« Pour le cartonnage, un système d'ornementation a été adopté ; il consiste dans l'emploi d'une décoration dont le style de dessin s'allie avec le sujet du livre qu'elle recouvre.

« Parmi les belles reliures exposées par les différents relieurs, le Jury a particulièrement remarqué les exposants dont les noms suivent :

ANGLETERRE. — Remnant et Ce. — « Le dessin est excellent et de bon goût, la main-d'œuvre est parfaite, et dans l'application du bois sculpté à la reliure par le procédé du brûlage du bois, on obtient un degré de beauté et de bon marché qui ne le cède guère à la sculpture elle-même. — Médaille de prix. »

J.-S. Evans. — « Un album in-4° impérial, relié en parchemin vélin, avec la rose, le trèfle et le chardon entrelacés et contenus dans une bordure d'or et de couleurs ; en dedans de la couverture, les armes de la Reine et du prince Albert sont exécutées de la même manière. La netteté et le fini de cet album méritent les plus grands éloges. Un album dans le style étrusque, en chevreau noir incrusté sur un fond brun, les tranches ornées à l'avenant.

« Les illustrations de l'art Union « *Pilgrines progress* » reliés en maroquin, orné sur les plats d'un dessin au trait, dont le sujet *Christian met by evangelist*, fait de lignes et de hachures, est un genre de décoration absolument inapproprié. L'or est bien appliqué et brillant. L'ensemble des reliures exposées est bien exécuté. — Médaille de prix. »

MM. Leighton. — « Ces reliures montrent, dans divers styles, une grande perfection, et tous les genres de reliures semblent leur être familiers. Leur manière de restituer les pages qui manquent aux ouvrages de prix est remarquable. Un *Lexicon* in-4° est exposé non terminé, afin de faire voir un nouveau mode de couvrir un livre, de manière à préserver et à conserver la force du cuir dans les joints (mors?) ce qui paraît un avantage.

« Le goût déployé dans la « *Royal Bible* » avec de lourds ornements, était inférieur et d'une appropriation moins heureuse au sujet que ne le sont en général les dessins de Luke-Limner. — Médaille de prix. »

M. Josiah Westley. — « Les *Œuvres de Spencer*, reliées en vélin blanc, une bible in-4° en cuir de Russie antique, et d'autres spécimens montrent une excellente main-d'œuvre. — Médaille de prix. »

MM. Bone et fils. — « Leurs spécimens de reliures ont attiré l'attention du Jury par le bon marché et la bonne condition de leurs cartonnages en toile. — Médaille de prix. »

M. D. Batten. — « Les livres qu'il a exposés étaient d'un travail compliqué, quoique laissant à désirer sous le rapport du fini. — Mention honorable. »

L. Wright. — « Un livre in-4° royal, beau spécimen de reliure en vélin illustré dans le style de Grolier, et dont le dessin est de la composition d'un ouvrier anglais ; prix de la reliure, 250 fr. Le *Glossaire de Pugin*, in-4° royal, maroquin incrusté luxueusement et très-bien exécuté, dessins pris dans le contenu même de l'ouvrage, et adaptés à la reliure dont le prix est de 250 fr. Les livres illustrés de Owen Jones et Humphrey, sur le moyen âge, in-folio impérial, maroquin brun foncé, ornés à l'imitation des vieilles reliures monastiques ; le mode de fixer les feuillets de façon à ouvrir le livre en plein, par le moyen de jointures en soie, paraît supérieur aux joints en caoutchouc, lorsqu'il s'agit d'ouvrir à plat de si grands livres et d'éviter la déformation des feuillets ; le prix de la reliure est de 100 fr. La *Paléographie universelle*, de Silvestre, in-folio impérial, relié en maroquin brun, orné dans le grand style français, est un spécimen de reliure de premier ordre, comme solidité et main-d'œuvre ; prix : 100 fr. Les *Animaux domestiques de la Grande-Bretagne*, par Law simplement décoré et de bonne confection. Les

Poëmes de Rogers et l'*Italie*, spécimens de bonne façon, dont les tranches sont marbrées et dorées; les *Mémoires de Napoléon*, in-8° royal, spécimen de reliure emblématique. La *Bibliothèque choisie de Bohn*, en veau doré, est un beau spécimen de solide, durable et utile reliure, au prix modéré de 4 fr. 35 cent. par volume; la Bibliothèque classique de Bohn est comme une renaissance, en vieux style, de la reliure anglaise du milieu du dix-huitième siècle.

« En résumé, tous ces genres de reliures justifient la réputation acquise par M. Wright. — Médaille de prix. »

MM. Westley et C° — « ont entre autres spécimens de bonne reliure, une bible in-folio royal, en maroquin pourpre, couverture en biseau, avec fermoirs, coins et centres richement travaillés et dorés; l'intérieur (les gardes) doré, la tranche en couleur et or dans le style des missels.

« Le prix de cette reliure est de 1575 fr.; la main-d'œuvre en est supérieure, et prouve que, si le travail peut acquérir ce degré de perfection, il est digne de meilleurs dessins. — Médaille de prix. »

Macombie et C°. — « Une bible in-folio, maroquin rouge, centres dorés dont l'un est en écaille de tortue; une bible in-folio, en cuir de Russie et beaucoup d'autres genres de reliures qui ne sont pas tout à fait sans mérite, mais qui présentent cependant quelques imperfections au point de vue du fini, faute qui aurait dû être évitée alors qu'il s'agissait d'un travail aussi considérable que celui qui était exposé. »

Voici un aperçu des prix :

Une bible in - folio, Cambridge, maroquin rouge, élégant, coins et centres dorés, gardes en soie. 625 fr. »

Une bible in-folio, écaille et corne, gardes en soie. 375 fr. »
    —   —   maroquin................... 375 fr. »
    —   demi-in-folio, garnitures en bronze et
frappée à froid........................... 125 fr. »
Une bible in-quarto royal, maroquin marron, gardes en soie............................... 175 fr. »
Une bible in-quarto royal, cuir de Russie........ 150 fr. »
    —   —   maroquin pourpre..... 137 fr. »
    —   in-quarto couronne, maroquin brun,
gardes en soie............................ 105 fr. »
Une bible in-quarto couronne, maroquin pourpre,
gardes en soie............................ 105 fr. »
Une bible in-quarto couronne, en veau, imitation
de bois (raciné)........................... 52 fr. 50
Une bible in - quarto couronne, velours découpé,
tranche dorée............................. 212 fr. »
Etc., etc. — Mention honorable.

MM. Lewis. — « Les *Commentaires* de Home, le *Glossaire d'architecture*, et d'autres ouvrages, parmi lesquels on en remarque un, dans le style gothique, qui montre évidemment une bonne et soigneuse main-d'œuvre. — Médaille de prix. »

MM. Barritt et C°. — « Spécimens d'ouvrages très-soigneusement et très-bien exécutés, parmi lesquels un in-4° royal, service d'autel, plats en bois sculptés sur maroquin de Turquie; les coins et les centres en électrotypie, méritent d'être mentionnés. MM. Barritt ont aussi un grand nombre de livres de prières et de services religieux en couvertures repercées et gravées, solidement établis. — Médaille de prix. »

M. P. Sapsford. — « Une riche bible in-4° en maroquin rouge, avec coins en métal. »

M. Tarrant. — « Les œuvres de sir Thomas Lawrence, en maroquin bien orné, bonne reliure. »

M. Neil, à Édimbourg. — « Une bible in-4° impérial, maroquin blanc, gardes en maroquin et satin; les plats et le dos dorés à la main et coloriés. C'est un bel exemple de ce que l'on peut faire, lorsque le soin et le jugement sont combinés pour surmonter certaines difficultés, telles que de travailler à la lumière d'une lampe, après une laborieuse journée employée aux travaux habituels, cette reliure ayant été faite pendant les soirées d'hiver, après la journée faite.»

M. Budden, à Cambridge. — « Un album incrusté en couleur, avec des rubans entrelacés, vélin doré et peint, montrant à la fois du soin et du goût dans l'exécution. »

M. Orr.— « Un nombre de volumes soigneusement cartonnés, et un petit volume, *Fiddy*, très-bien relié.

MM. Leighton et fils. — « Plusieurs spécimens de cartonnages, quelques-uns argentés et, dit-on, à l'abri du noircissage, et un volume, *les Femmes de la Bible*, montrant un bon cartonnage doré. — Mention honorable. »

M. Rivière. — « Un volume, *Virgilii Opera*, in-8° royal, maroquin blanc incrusté; le dedans de la couverture est très-magnifiquement travaillé en courbes foliacées, très-bien exécutées; les *Chroniques d'Angleterre*, in-4° en veau raciné, est un joli spécimen de ce genre de reliure. — Médaille de prix. »

M. John Clarke. — « *Sir L. Reynolds'discourses*, et une bible in-folio, dans le style Harleim; une bible en maroquin antique, doré à la main, par le même ouvrier, est remarquable par le fini de ce genre d'ouvrage, et quatre volumes en veau marbré (racines), genre dans lequel ce relieur excelle. — Médaille de prix. »

« Quelques autres relieurs ont exposé des ouvrages courants.

« Après avoir attentivement examiné l'immense travail consacré à la plupart des productions exposées par les relieurs de la Grande-Bretagne, le Jury ne

peut dissimuler ce fait de l'absence générale de bons
dessins, et fait observer qu'on devrait apporter plus
d'attention à un art qui, par sa nature, porte l'em-
preinte du caractère spécial des productions d'un
pays. Les essais de reliures emblématiques ne sont
généralement pas très-réussis; mais l'imitation du
vieux style anglais se rapproche davantage d'un travail simple, utile et bon.»

FRANCE. — M. J. E. Niédrée — « expose de nombreux ouvrages, parmi lesquels plusieurs ont été entrepris, dessinés et finis dans le meilleur style ; l'ornementation dorée atteint la perfection que l'on peut
désirer. — Médaille de prix pour ses belles reliures,
où sont unis le goût, le fini des détails et la solidité.»

M. Lortic — « qui a présenté, entre autres ouvrages
reliés d'une manière supérieure, un grand in-folio, le
Catholicon de Janua, en maroquin, avec des dessins entrelacés dans le goût de Grolier, dont les rubans sont
richement ornés de détails en or, mérite de grands
éloges, et quelques livres très-minces témoignent
d'une habileté rarement surpassée. — Médaille de
prix pour le goût, la bonne exécution et la perfection apportés à plusieurs livres qu'il a reliés. »

Madame Gruel — « expose moins d'ouvrages qu'on
en aurait attendu de l'importance de son établissement bien connu. Ceux placés dans ses vitrines sont
principalement des couvertures en ivoire ou en bois
sculpté. Un grand in-folio, l'*Espana artistica y monu-
menta*, en maroquin rouge, mérite une recommandation pour sa main-d'œuvre excellente. — Mention
honorable pour ses belles reliures en ivoire sculpté,
en bois, en maroquin mosaïque. »

M. Simier (Jean). — « Ce nom rappelle des souvenirs qui imposent des devoirs à son successeur, dont

les spécimens n'ont qu'un mérite ordinaire (1). — Mention honorable. »

M. Lebrun et M. Aug. Dauthuile — « n'ont exposé que des reliures ordinaires. — Mention honorable.»

M. Mame, de Tours, — « expose des cartonnages qui offrent l'élégance unie à une certaine solidité relative, parmi lesquels on remarque un *Paroissien romain*, in-18 de 636 pages, bien imprimé, avec un entourage à chaque page, qui ne coûte, tout cartonné, que 1 fr. 25 c. — Médaille de prix pour l'extrême bon marché de ses publications. »

M. Lenègre — « expose des cartonnages qui ont les mêmes qualités que ceux de M. Mame. »

« Le Jury regrette que MM. Bauzonnet, Ottmann, Duru, Capé et autres éminents relieurs de Paris se soient abstenus d'envoyer leurs travaux à la grande Exposition. « Rien de plus parfait que ce qui sort des « mains de tels artistes, ajoute M. Didot; mais le « prix de ces chefs-d'œuvre est très-élevé, quoique « peu profitables à leurs auteurs, attendu le temps « considérable qu'ils y consacrent personnellement : « chez eux, la passion pour leur profession est telle, « qu'ils veulent faire tout par eux-mêmes (2). »

« En général, les reliures des artistes français sont remarquables par un degré supérieur dans les dessins aussi bien que pour la netteté de l'exécution dans le

(1) M. Jean Simier, neveu de M. René Simier, n'est point son successeur, ainsi que semble le faire croire le Rapport anglais. C'est M. Petit, quai Conti, qui est actuellement à la tête de cette ancienne maison. — A. C.

(2) Qu'il nous soit permis de rétablir la vérité à l'égard de M. Capé, qui était loin de faire tout par lui-même. Il dirigeait son atelier, mais ne travaillait pas, et ce n'est que justice de restituer une partie de sa gloire à ses deux ouvriers, aujourd'hui ses successeurs. — A. C.

maniement du fer à dorer et dans le fini. Toutefois leurs meilleurs dessins sont ceux des anciens artistes. »

AUTRICHE. — « La reliure est pratiquée sur une vaste échelle à Vienne et en Prusse; il en est de même des articles de fantaisie en cuir dont la production a considérablement augmenté en ces dernières années. »

M. Habenicht, relieur de Vienne, — « expose notamment des portefeuilles dont les dessins sont très-remarqués par le Jury. MM. les professeurs Charles Ræsner et Van der Nulh qui en sont les auteurs, montrent ce que l'on peut faire lorsque l'on emploie des artistes au lieu de laisser l'ouvrier livré à son appréciation personnelle pour ce qui regarde l'ornementation. — Médaille de prix. »

M. Girardet, de Vienne, — « a également de beaux portefeuilles d'une exécution parfaite, dessinés par le professeur Ch. Ræsner.

« Le Jury a également remarqué dans la bibliothèque de cet exposant, plus de deux cents volumes très-bien reliés qui, figurant sans nom de relieur, paraissaient destinés à garnir la bibliothèque et n'ont pas été exposés comme objet de concours. Sans cette circonstance, il est probable que M. Girardet eût reçu une haute approbation de la part du Jury qui lui eût accordé la médaille de prix. »

LE ZOLLVEREIN. — « Deux relieurs seulement ont soumis des spécimens, quoique quelques libraires et imprimeurs combinant ces diverses branches du commerce des livres eussent aussi quelques livres reliés.

M. Schœning, de Berlin, — « a exposé une grande bible d'autel en maroquin, bien reliée. »

M. Graf, du duché de Saxe (Altenbourg), — « expose une grande bible d'autel en maroquin pourpre, comme un spécimen de dorure au balancier, et, en considérant la dimension très-grande de la plaque gravée qu'on dit être d'un seul morceau, on comprend toute l'habileté qu'il a fallu pour en obtenir un bon résultat. — Mention honorable. »

HOLLANDE.— M. Regeer, de Rotterdam, — « a exposé les *Œuvres de Hogarth*, in-folio, comme un spécimen de reliure très-soigneusement exécutée. — Mention honorable. »

SUÈDE. — M. F. Beck, de Stockholm, — « a exposé une dizaine de reliures de bonne qualité. »

ETATS-UNIS D'AMÉRIQUE.— «Jugeant d'après la collection de la section américaine, la reliure n'a pas fait autant de progrès dans ce pays que plusieurs des autres branches du commerce des livres ; les ouvrages exposés sont négligemment établis, vacillent dans les mains, et, malgré la profusion des dorures et des détails, on n'a pas donné une attention suffisante à certaines petits mains-d'œuvre qui, en somme, constituent la bonne qualité du travail. »

M. B. Bradley, de Boston, — « expose des livres bien confectionnés. Ses reliures sont contenues dans une boîte de la forme d'un immense volume, très-bien recouvert. — Mention honorable. »

M. Henry Gassett, de Boston, et MM. Lippingcott, Grambo et C°, de Philadelphie : — «Spécimen de main-d'œuvre courante. — Mention honorable. »

M. G.-P. Putnam, de New-York : —« Cinq ou six reliures dans le style du moyen âge. »

MM. Walker et C°, de New-York : — « Une bible en deux vol. grand in-8°, reliés en style gothique, en maroquin vert, ornements en métal doré, les gardes décorées de dessins en plusieurs couleurs, avec un gousset de chaque côté de la couverture, arrangée pour servir de cachette, ou sorte d'agenda, ou portefeuille, disposé de telle sorte, que, lorsqu'il est fermé, l'intérieur de la couverture reste le même. Ce livre est le meilleur spécimen de la section américaine; il offre quelque nouveauté, et il est très-bien établi et fini. — Mention honorable. »

La TERRE DE VAN DIEMEN. — « Le conseil de la Société royale de la Terre de Van Diémen a exposé une collection de livres très-bien reliés par M. Rolwegard, de Hobart-Town. On dit que l'un des volumes a été doré, ornements et inscriptions, avec des feuilles d'or californien manufacturé par M. R. V. Hood, aussi de Hobart-Town. »

RAPPORT SUPPLÉMENTAIRE

LA RELIURE CONSIDÉRÉE SPÉCIALEMENT AU POINT DE VUE DE L'ORNEMENTATION, PAR RICHARD REDGRAVE.

« Ce qui suit se rapporte à la reliure et au *dessin* appliqué à cette branche de l'industrie. Dans l'Exposition, il n'y a pas une grande quantité d'objets sous cette division; mais quelques remarques sont nécessaires pour discuter sur la direction donnée à ces sortes de travaux, direction rendue apparente dans ces ouvrages, et bien plus encore généralement appréciable dans la masse des travaux de l'époque. Il s'agit de rechercher quel est le véritable but de l'art de la reliure. Recouvrir de façon à les protéger et à les conserver, les productions littéraires, tout en ne négligeant aucun des moyens propres à embellir ce travail, soit par la perfection des mains-d'œuvre, soit par l'éclat et surtout le bon choix des dessins destinés à orner l'enveloppe du livre; tout ce travail devant, bien entendu, être en rapport avec le mérite ou le genre de l'ouvrage qu'il est destiné à conserver et à embellir.

« Il est des essais qui consistent dans l'emploi de couleurs dures et crues, et conduisent à l'excès des dorures, des reliefs lourds, imitations grossières des sculptures, en cuir, en gutta-percha, et même en d'autres matières moins consistantes et moins durables; qui font mettre des perspectives, des peintures de sujets sur les couvertures, des applications intempestives de métal, et autres pratiques contestables, lesquelles, comme elles ne tendent point à l'utilité, sont opposées au véritable esprit du travail du relieur. Ces tentatives doivent être évitées, si l'on veut atteindre la simplicité des artistes du moyen âge, ou à la pure et délicate magnificence des relieurs du seizième siècle. Il est sans doute admissible et même désirable que l'extérieur d'un livre soit en rapport avec ce qu'il contient, et que les détails de l'ornementation ne soient pas de purs effets d'imagination, et, comme cela se voit trop souvent, ne soient pas une reproduction pure et simple d'un système de décoration qui serait appropriable à un genre totalement différent de celui qui convient à un ouvrage pour lequel il aurait été fait. Ainsi, la palette d'un peintre, avec ses couleurs rangées sur la surface et mise sur une couverture de livre, ne saurait être supposée bonne à servir pour un livre sur la couleur, à part l'impossibilité d'un arrangement symétrique de l'objet lui-même et de ses couleurs pour le nouvel usage auquel il serait appliqué.

« Pas davantage le dessin perspectif d'une cathédrale ne serait appropriable à un livre d'église. Le dessin de la couverture d'un livre, exécuté au fer à la main ou à la presse à dorer, doit toujours être simple et plat, c'est-à-dire sans ombre et sans relief. Des intérieurs d'églises, des perspectives de tunnels, et même des figures traitées d'une manière pittoresque sont tout à fait hors de place, les armoiries et les devises doivent également être traitées à plat, et les combinaisons ne doivent pas être arrangées de façon à avoir l'apparence de projections, pas plus que les mosaïques de couleurs ne doivent donner les apparences du relief, quoique les belles reliures de Grolier et autres ouvrages de la Renaissance pèchent souvent contre ce principe.

« Un autre genre d'erreurs provient de la simple imitation de détails qui n'ont plus leur raison d'être. et cela, sans considération pour leur objet et leur usage. Ainsi, autrefois, lorsque les gros et pesants livres de services religieux étaient réellement reliés en carton richement orné, des charnières et des saillies étaient indispensables pour en faciliter le maniement et pour servir de protection aux délicates sculptures ou reliefs d'ornements dont ils étaient enrichis. Aujourd'hui encore, dans les livres de très-grande dimension et d'un constant usage, qui réclament de la force pour être maniés, ces accessoires sont utiles et indispensables; mais ce qui est convenable pour eux ne saurait l'être pour des livres de poche. Cependant on les y emploie, soit en réalité, soit en simple imitation; il arrive même parfois que là où des fermoirs, des charnières, des clous seraient utilement placés, on se contente du simulacre. Il en est ainsi dans une reliure métallique d'un livre d'Heures exposé par madame Gruel; la figure de la Vierge, au centre, a un relief plus considérable que

14

celui qui convient à une reliure, et se projette avec une saillie supérieure à celle des accessoires qui devraient servir à la protéger.

« Les dessins de reliure sont principalement exposés dans la section anglaise par MM. Digby Wyatt, et Luke Limner (B. Leighton); les ouvrages de M. D. Wyatt sont riches et décoratifs, et conçus dans de bons principes quant à la « *flatness* » (1); mais ils manquent un peu de cette simplicité qui faisait rarement défaut aux œuvres des artistes du seizième siècle. Les dessins du second artiste, M. Luke Limner, seront mieux jugés sur les reliures de M. Leighton, puisqu'ils ont été exécutés à cette intention; ils témoignent de beaucoup d'imagination et accusent une forte tendance au pittoresque; ils sont cependant un peu maigres de style et souvent *wormy* (2).

« Parmi les ouvrages exposés, on peut mentionner, pour leurs bons dessins, les reliures de M. P. Lortic : *l'Orloge des princes*, décoré avec un semé de fleurs de lys sur un fond sombre, et un *Catholicon de Janua*. Ce dernier manque un peu par les marges.

« Les ouvrages de MM. Simier et J. E. Niédrée ont aussi du mérite, quoiqu'ils consistent plutôt dans l'imitation du passé que dans des efforts vers la nou-

(1) Planimétrie. Il s'agit d'une décoration sans aucun relief, ni réel ni apparent. — *Note du traducteur*.

(2) Ici l'auteur du Rapport emploie une expression, *wormy*, difficile à rendre, quoique très-compréhensible en anglais. *Wormy* veut dire *vermiculaire*; cela exprime l'idée d'un dessin tourmenté, aux détails tortillés, comme les vermiculations qu'on emploie dans les bossages de l'architecture, à la porte Saint-Martin, par exemple; l'auteur ne fait là qu'une comparaison, mais la traduction littérale n'aurait pas suffi. — *Note du traducteur*.

veauté; c'est aussi plus ou moins le cas, du côté des Anglais : les meilleurs ouvrages étant des imitations des vieux ouvrages allemands ou français.

« *Les livres illustrés du moyen âge*, reliés par J. Wright, ont beaucoup de mérite, sauf un défaut d'appropriation dans les ornements des coins.

« *Le Glossaire d'ornements ecclésiastiques* est bon aussi, quoique la surface soit généralement trop surchargée et les marges trop étroites en proportion de la dimension du semé; la couverture des *Saisons*, de Thomson, dessinée par Luke Limner, est un des meilleurs dessins de cet artiste, et la reliure émaillée en couleurs variées de Evans a du mérite, dans l'emploi des couleurs, sinon dans la nouveauté de son dessin.

«M. de La Rüe, dans le travail de la reliure aussi bien que dans d'autres branches qui se rattachent à cette industrie, expose plusieurs spécimens de bons dessins, l'ornement étant composé de feuillages combinés symétriquement sur des tiges courantes et qui montrent, par leur arrangement, comment un principe bien appliqué donne un caractère distinctif et nouveau à un dessin. Il y a une harmonieuse unité dans tous ces ouvrages, quoiqu'on puisse y remarquer un caractère de maigreur inclinant un peu à la pauvreté, qui toutefois n'est pas la conséquence inévitable du style adopté. Quelques papiers de fantaisie exposés par cette maison doivent être approuvés; l'ornementation (dans des styles variés) est très-agréablement distribuée; les formes sont souples et élégantes, et la richesse s'y montre sans affectation. Quelques-uns de ces dessins feraient très-bien en étoffes de soie ou en popeline, ou même en mousselines imprimées, et c'est de cette façon que les dessins d'une industrie peuvent servir à une autre, lorsqu'ils ont des qualités convenables pour chacune d'elles et qu'aucun principe contraire ne s'oppose à leur adoption. »

L'Exposition, ouverte le 1er mai, dura six mois; elle fut close le 1er novembre. — 5,186 récompenses furent décernées, dont 2,365 à l'Angleterre, 1,050 à la France, et 1,771 aux autres pays.

Proportionnellement au nombre respectif des exposants, la France obtint 60 récompenses sur 100, l'Angleterre 29, et les autres pays 18.

Le 25 novembre 1851, dans la salle du Cirque, le Président de la République distribua des croix de la Légion d'honneur aux exposants qui avaient été le plus remarqués; il y prononça aussi un discours où la politique tint beaucoup plus de place que ne semblait le comporter la cérémonie.

Quelques jours après il fit son coup d'Etat et. . .
. . . . .gagna un nouvel Austerlitz. . . . .
. . . . .dans les rues de Paris puis
. . . .
. . .un grand nombre de citoyens furent emprisonnés, déportés et. . . . .
. . . .
. . .l'Empire remplaça la République. . . . .
. . . .

XIII

Exposition universelle internationale de 1855

Le 8 mars 1853, un décret impérial, contresigné Persigny, alors ministre de l'intérieur, annonça que le 1er mai 1855, dans le Palais de l'Industrie, au carré

Marigny, dans les Champs-Elysées, s'ouvrirait une Exposition universelle des produits agricoles et industriels.

Les produits de toutes les nations, dit le décret, seront admis à cette Exposition.

Par un autre décret en date du 22 juin, une Exposition universelle des beaux-arts fut décidée pour la même époque.

L'Exposition fut placée sous la direction et la surveillance d'une Commission composée de quarante-deux membres présidés par le prince Napoléon.

Le règlement général répartissait les produits en deux divisions : 1° produits de l'industrie ; 2° œuvres d'art, divisés pour chaque pays en huit groupes, comprenant trente classes. Le huitième groupe, composé des trois dernières classes, formait la division des beaux-arts.

Ce règlement disait, article 26 : « Les exposants ne seront assujettis à aucune espèce de rétribution, soit pour location ou péage, soit à tout autre titre, pendant la durée de l'Exposition. »

Les récompenses distribuées devaient être la médaille d'or, d'argent, de bronze et la mention honorable. La médaille d'or fut peu après divisée en deux classes sous les dénominations de grande médaille d'honneur et de médaille d'honneur ; la médaille d'argent, qu'on appela médaille de première classe, était considérée par le Jury comme ayant la valeur des médailles d'or des Expositions nationales ; la médaille de bronze s'appela médaille de deuxième classe ; la mention honorable conserva son nom.

Le Jury des récompenses, présidé par le prince Napoléon, comptait environ quatre cents membres, dont près de soixante pour la section des beaux-arts.

L'article 8 d'un décret provoqué par le prince Napoléon portait que : « Les contre-maîtres et ouvriers signalés pour services rendus à l'industrie qu'ils exercent, ou par leur participation à la production des objets exposés et jugés dignes d'une récompense, pouvaient participer aux distinctions accordées aux exposants. »

Le prince Napoléon tenait essentiellement à l'exécution de cette mesure, et nous devons dire que sans sa ferme volonté, le nombre des contre-maîtres et ouvriers récompensés comme collaborateurs eût été de beaucoup inférieur à celui mentionné dans le Rapport officiel.

Dans une autre circulaire, en date du 5 août 1855, il invite les Jurys « à *provoquer* et à exiger, au besoin, les déclarations des exposants sur les services de leurs principaux collaborateurs..... Il est essentiel, dit cette circulaire, que justice soit rendue à tous les mérites, et que les principaux agents du travail soient réunis dans les récompenses comme ils le sont dans la production. »

Une nouvelle circulaire (20 novembre 1855) recommande encore aux membres du Jury « de ne rien négliger pour former et remplir, aussi complétement que possible, la liste des ouvriers qui ont mérité, par la bonté de leur travail, l'utilité et l'assiduité de leurs services, d'être récompensés en même temps et de la même manière que leurs chefs. »

C'est à cette Exposition que, pour la première fois, en France, fut perçu un droit d'entrée ; il est vrai que le dimanche il était peu élevé, mais, malgré cela, le fait n'en est pas moins regrettable ; ce fut un précédent fâcheux dont s'autorisa la Commission de l'Exposition de 1867, qui ne se contenta pas de vingt centimes : ce fut un franc qu'il fallut verser à la porte d'entrée, sans compter les autres sommes qui se percevaient aux portes particulières. La Commission de 1867 ne s'est pas douté, nous aimons à le croire, qu'en agissant ainsi elle rendait l'accès de cette Exposition inabordable aux petites bourses et aux familles un peu nombreuses : tel a été, pourtant le résultat de cette mesure qui, nous le craignons, sera loin de contribuer à sa gloire.

La superficie totale de l'Exposition, de ses galeries et de ses annexes dépassait de beaucoup celle de 1851 (1). C'était la meilleure réponse à faire aux membres des chambres de commerce qui, en 1849, empêchèrent, par leur égoïsme, l'Exposition de cette époque d'avoir un caractère international.

L'inauguration de l'Exposition eut lieu le 15 mai ; elle fut faite par Napoléon III.

RELIURE

La reliure était placée dans le septième groupe; elle formait la huitième section de la vingt-sixième classe.

Le Jury de cette classe avait dans ses attributions : le dessin et la plastique appliqués à l'industrie, l'im-

---

(1) 107,510 mètres d'après le *Catalogue officiel* (première édition), 123,390 mètres d'après le *Dict. encyclop.* de D. de Vorepierre, 184,200 d'après l'*Almanach du magasin pittoresque* de 1856; peut-être a-t-on compté dans ce dernier chiffre l'exposition des Beaux-Arts qui avait un palais séparé, c'est la seule explication que nous trouvions à donner de la différence qui existe entre ce chiffre et les précédents.

primerie et les industries qui s'y rattachent. Il était
composé de :

MM. Louis Forster, président, professeur à l'Académie des beaux-arts à Vienne (Autriche) ;

Ambroise - Firmin Didot , vice - président, membre des Jurys des Expositions de Paris (1849) et de Londres (1851), imprimeur (France);

Léon Feuchère, membre du Jury de l'Exposition de 1849, architecte (France) ;

A. Lechesne, sculpteur-ornemaniste (France).

Remquet, imprimeur (France).

R. Merlin , secrétaire, conservateur des livres et estampes au ministère d'État (France) ;

Charles Knight, éditeur (Royaume-Uni);

Louis Ravené cadet, marchand d'ouvrages en métal, à Berlin (Prusse) ;

Thomas de La Rue, membre du Jury en 1851 (Royaume-Uni).

Le rapport sur la reliure fut confié à M. Merlin,
conservateur des collections au ministère d'État. Ce
fut un heureux choix, car le travail du rapporteur est
le plus complet et le plus instructif que l'on puisse
trouver dans la collection des rapports officiels.

Fils d'un savant libraire, M. Merlin exerça quelque temps cette profession, il y puisa, sans doute,
l'amour des livres qui, dans les différentes fonctions
qu'il a remplies, ont été son unique occupation.

Malgré les connaissances spéciales qu'il possédait

sur le sujet qu'il avait à traiter, et peut-être même à cause de cela, il s'adjoignit, pour l'aider de leur expérience personnelle, deux des notoriétés de la reliure, MM. Bauzonnet et Capé. Cette détermination lui fait honneur ; de plus, elle était un sûr garant de l'impartialité avec laquelle il entendait remplir son mandat, et elle montrait l'importance qu'il y attachait.

M. Bauzonnet, l'un des deux experts, ne pratiquait plus alors la reliure. Depuis quelques années, son gendre, M. Trautz, lui avait succédé ; et puisque nous prononçons ici le nom de M. Trautz, nous en profiterons pour réparer une petite erreur échappée à M. Le Roux de Lincy, un de nos bibliographes les plus érudits, connu par d'intéressants travaux sur la bibliographie et la reliure (1).

Dans la notice placée en tête du catalogue de M. Yemeniz, M. de Lincy, passant en revue les relieurs qui, par leurs travaux, ont mérité de survivre à leur postérité, s'arrête à ces deux noms Bauzonnet et Trautz, qu'il place au-dessus de tous les autres.

« Ces deux noms, dit-il, à jamais célèbres dans l'histoire de la reliure française, brillent à presque toutes les pages de ce catalogue ; les chefs-d'œuvre qu'ils ont exécutés sont aussi nombreux que remarquables. Le corps d'ouvrage est excellent ; les ornements sont aussi bien choisis que traités délicatement et toujours variés ; la dorure est d'un éclat qui ne laisse rien à désirer. Je n'ai qu'un seul regret, c'est que MM. Bauzonnet et Trautz, fatigués par la production des œuvres si belles et si nombreuses sor-

(1) M. de Lincy a publié il y a peu de temps (1866), un remarquable travail sur Grolier et sa bibliothèque. Nous en recommandons la lecture à ceux qu'intéresse à un titre quelconque l'histoire de la reliure.

ties de leur mains, aient cessé de travailler (1). »

En ce qui concerne M. Bauzonnet, s'il nous faut regretter que l'âge l'ait forcé de prendre un repos devenu nécessaire, nous avons en retour à nous féliciter du choix de son successeur. Déjà la réputation de cette maison avait acquis une certaine importance lorsqu'à la mort de M. Purgold elle passa entre les mains de M. Bauzonnet. Grâce à un travail persévérant ainsi qu'à une habileté soutenue, ce dernier sut non-seulement maintenir cette réputation mais encore l'accroître d'une façon sensible. Son successeur, M. Trautz, a su l'imiter dans cette tâche difficile ; par ses qualités personnelles, il a encore ajouté au renom de cette maison, renom qui, nous nous plaisons à le dire, est mérité à tout égard. Il n'est pas encore « *fatigué par la production de ses œuvres,* » et nous espérons qu'il le sera le plus tard possible, c'est le vœu que nous formons, et nous ne doutons pas qu'il ne soit partagé par M. de Lincy, lorsqu'il apprendra cette bonne nouvelle.

M. Capé, collègue de M. Bauzonnet, dans l'expertise des reliures, jouit également d'une grande réputation. Sa mort arrivée en avril 1867, et la vente de sa bibliothèque qui eut lieu au commencement de l'année suivante furent des événements dans le monde bibliophile. Nous dirons ici quelques mots de la notice qui lui fut consacrée par M. Jules Janin, notice insérée dans le *Journal des Débats* du 15 avril 1867, et reproduite en tête de son catalogue.

Nous doutons que M. Capé, s'il eût vécu, eût accepté les louanges trop souvent outrées, dont M. Janin a parsemé son article qui, par ses phrases bour-

(1) Catalogue Yemeniz, p. xxxv.

soufflées et souvent vides de sens, a dû amener plus d'un sourire sur les lèvres du lecteur.

Avait-on besoin pour une vente semblable et pour un tel nom d'écrire ces pages incompréhensibles, surtout lorsqu'on en lit la signature? Nous ne le croyons pas, et nous pensons qu'il aurait été plus vrai et plus digne de procéder différemment.

Ne pouvait-on pas, remontant aux premières années de Capé, montrer ses débuts dans la carrière du travail lorsqu'il était apprenti en papiers peints? Ne pouvait-on retracer la patience avec laquelle il s'apprit ce qu'était une reliure? Parler de ses premiers essais, de ses premiers triomphes, n'était-ce pas intéresser plus sûrement le lecteur que de l'entretenir de sujets disparates et tout étonnés de se rencontrer sur la même page? Montrer cet enfant du peuple s'instruisant lui-même, et gravissant pas à pas l'échelle sociale, devenir enfin une célébrité dans son art, et laisser à sa mort une bibliothèque remplie de richesses littéraires et bibliographiques que se sont disputées des notoriétés de tous genres n'était-ce pas plus d'à-propos que de parler poésie, littérature, sculpture, peinture, théâtre, de tout enfin; de sorte que dans cette notice consacrée à un relieur, c'est lui qui y tient le moins de place.

Si encore les quelques lignes où il est question de Capé brillaient par leur exactitude; mais non, elles ne possèdent pas même ce mérite élémentaire. Nous en excepterons pourtant le passage où M. Janin nous apprend gravement que M. Capé « *était fait comme tout le monde.* » Vraiment! c'était bien heureux pour lui.

Ce qui est moins heureux, c'est lorsque, célébrant la gloire de Capé, son panégyriste lui attribue des mérites qu'il n'avait pas; il ignorait donc que depuis

longtemps ce relieur ne pratiquait plus ; de sorte que
les chefs-d'œuvre qui sortaient de chez lui n'étaient
pas dus à son seul mérite ; il avait des collaborateurs,
nous sommes heureux de les citer, afin de leur faire
partager une gloire à laquelle ils ont bien quelques
droits.

M. Vigna est celui qui réparait les outrages que le
temps ou d'autres causes avaient fait subir à des livres
précieux. C'était lui qui, ainsi que le dit pompeuse-
ment M. Janin, les « *lavait dans la docte fontaine où
s'abreuvent chaque matin les chevaux d'Apollon.* »

Cette docte fontaine n'est en réalité qu'un bassin
rempli d'eau de javelle, ô monsieur Janin, quel
abreuvoir !... et qu'a dû penser Apollon... ?

M. Capé ne maniait pas, comme le donne poétique-
ment à entendre l'auteur de sa notice, «*le style léger
des entre-filets et des dentelles*; » il laissait ce soin à
M. Marius Michel, qui sait s'en acquitter de main de
maître. Toutes les dorures remarquables sorties de
chez Capé sont dues à cet artiste.

Enfin la reliure proprement dite était faite par
MM. Charles de Bonnelle et Germain Masson, tous
deux ouvriers de Capé et travaillant chez lui depuis de
longues années. Ces messieurs continuent aujour-
d'hui la maison à la gloire de laquelle ils ont si longtemps contribué.

Nous ne doutons pas qu'à leurs qualités personnelles ne soient venues s'ajouter celles du maître dont
le goût faisait autorité ; ils auront appris à son école
à habiller les livres suivant leur époque ; ils auront
hérité de son tact à proportionner la richesse d'une
reliure au mérite de son contenu : c'est ainsi qu'ils
adouciront les regrets que la mort de Capé a fait
naître ; c'est ainsi qu'en continuant la gloire de sa
maison, aujourd'hui la leur, en propageant ce qu'ils

ont appris, ils assureront à celui qui n'est plus un renom semblable à celui des Boyet, des Padeloup, des du Seuil, des Derome, et lui rendront ainsi l'hommage le plus digne d'eux et de lui.

Laissons maintenant la parole à M. Merlin.

« L'industrie de la reliure se divise en deux branches : la reliure des livres et la reliure des registres, travaux distincts, dont la diversité a pour cause la destination toute différente des livres et registres.

« Cette différence de travail est tellement tranchée qu'un papetier ne réussira jamais à donner à la reliure d'un livre le goût et la solidité que désire le bibliophile. Par contre, il n'est pas un relieur qui puisse, sans une étude spéciale, confectionner convenablement un registre.

« Nous diviserons donc ce rapport en deux parties principales : la reliure des livres et la fabrication des registres, et nous devrons entrer dans quelques détails techniques pour constater dans l'intérêt des Expositions futures l'état actuel de ces industries. »

RELIURE DES LIVRES

CONSIDÉRATIONS GÉNÉRALES

« Très-simple en apparence, l'art du relieur exige de nombreuses manipulations, qui toutes demandent autant de soin que d'intelligence, et dont la trace disparaissant le plus souvent, cachée par des ornements ou par des opérations ultérieures, ne permet pas toujours de reconnaître si toutes les conditions d'une bonne reliure ont été remplies.

« Ces conditions sont de deux sortes : premièrement celles qui se rapportent à la confection même du corps du livre ; ce sont : la régularité de la pliure, la solidité de la couture, celle du dos, l'élasticité des charnières, etc.; deuxièmement celles qui constituent le mérite de la dorure ou des autres ornements dépendant du relieur lui-même ; celles-ci sont toutes extérieures.

« Autrefois la reliure et la dorure s'exécutaient dans le même atelier, et souvent même par le même ouvrier, comme il arrive encore généralement en province. Aujourd'hui, c'est presque toujours à des ouvriers distincts que sont confiés ces travaux, et particulièrement la dorure ; aussi doit-on reconnaître que celle-ci est infiniment plus parfaite maintenant qu'elle n'a jamais été, sinon comme goût, au moins comme exécution.

« Jusqu'au dix-huitième siècle, on n'a guère connu que deux sortes de reliures ; la reliure couverte en peau, veau, maroquin, etc., avec nerfs apparents et la reliure en vélin, telle qu'on l'exécutait si bien en Hollande. Celle-ci était une sorte d'emboîtage à dos brisé, mais dans lequel la solidité s'unissait à la souplesse et à la légèreté (1). La reliure, dite en vélin cordé, dans laquelle excellaient aussi les Hollandais, était également une reliure en vélin ; mais cousue sur doubles nerfs à dos non brisé, à nerfs apparents et ornée d'estampages sans or. A la fois gracieuse et so-

____

(1) Ces volumes étaient cousus sur nerfs de parchemin : un carton très-mince supportait le vélin qui formait la couverture, et les pointes des nerfs, passées dans les charnières, et collées sur le carton par-dessous une bande de papier fort ou de parchemin que recouvraient les gardes, suffisaient pour maintenir le tout ; des attaches de parchemin fixées sur le dos, et dont les bouts se collaient aussi sous les gardes, ajoutaient encore à la solidité.

lide, elle fait encore aujourd'hui l'ornement des volumes in-folio et in-quarto, car elle ne s'appliquait en général qu'à ces deux formats; il faut convenir cependant que la rigidité excessive du dos en rendait l'usage quelquefois incommode.

« L'art des reliures hollandaises en vélin semble perdu aujourd'hui ; nous ne connaissons plus que la reliure en peau à nerfs, antérieure à l'origine de l'imprimerie, la reliure dite *à la grecque*, introduite dans le dix-huitième siècle (1) ; la reliure dite *à dos brisé*, déjà en usage au milieu du siècle dernier (2), et la demi-reliure, invention allemande plus moderne encore. Le cartonnage *à la Bradel*, qui eut tant de vogue, il y a trente ans, a presque disparu de nos bibliothèques (3).

(1) On sait que la grecque est une entaille faite dans le dos des cahiers au moyen d'une scie ; dans cette entaille se loge la ficelle des nerfs, et le dos du volume reste uni à l'extérieur.

Les règlements anciens qui interdisaient sagement aux relieurs la couture à la grecque, n'avaient déjà plus d'action en 1772, puisque Dudin la décrit en détail.

(2) Dans la reliure improprement appelée à dos brisé, la peau qui recouvre le dos ne tient pas aux cahiers, elle est collée sur une bande de carte introduite entre cette peau et le dos du livre, auquel cette carte n'adhère pas. Par ce moyen, le volume peut s'ouvrir complétement sans revenir sur lui-même et sans que le dos de la reliure puisse se rompre, comme il arriverait aux reliures à dos fixe. Ce mode de reliure est surtout convenable pour les gros volumes et pour ceux qui doivent être feuilletés beaucoup ou rester ouverts sur un pupître, comme les dictionnaires, les livres de lutrin.

(3) C'était une vraie reliure à dos brisé, où la tranche du livre n'était pas rognée, et dont le dos et les cartons n'étaient couverts que de papier. On l'employait principalement comme moyen de conservation provisoire pour les livres auxquels on projetait de faire mettre plus tard un riche habillement.

« La multiplicité toujours croissante de publications qui se livrent en grand nombre au commerce, et qu'il faut donner à bas prix, a introduit un autre genre de reliure, qui n'est qu'un emboîtage recouvert d'une toile façonnée de manière à imiter la peau. Comme la couverture en est préparée et ornementée à l'avance au moyen de plaques gravées qu'on y applique par la presse, et qui forment un encadrement ou un dessin d'une dimension calculée sur celle du livre, comme elle porte avec elle ses cartons, on ne peut l'attacher au volume que par le simple collage des gardes. C'est donc une adhérence peu solide, puisque ces gardes ne consistent que dans deux feuilles de papier, étrangères au livre lui-même, et comprises seulement dans la couture du premier et du dernier cahier. Il résulte de ces dispositions que si ces feuilles de garde viennent à se déchirer, la couverture, cartons compris, se trouve séparée du corps du livre.

« L'emboîtage a sur la vraie reliure l'avantage du bon marché, mais il est loin d'avoir la même solidité; aussi ne s'employait-il autrefois que pour les almanachs qu'on offrait aux étrennes, espèces d'éphémères, dont la reliure n'avait pas besoin de survivre à la littérature qu'elle abritait.

« Ce sont les Anglais qui, les premiers, ont appliqué aux livres de consommation générale le cartonnage emboîté. Chez eux, il a à peu près la même destination qu'avait en France le cartonnage à la Bradel; c'est une reliure provisoire qui tient lieu, à Londres, de la brochure; aussi ne voit-on, en Angleterre, que très-peu de livres brochés. Importé en France, l'emboîtage s'est étendu aux volumes illustrés; et aujourd'hui qu'il s'exploite en grand, il a reçu des perfectionnements et beaucoup plus de solidité. Jusqu'ici, toutefois, il a peu d'accès dans les bibliothèques sérieuses. Dans celles-ci, la demi-reliure et la reliure pleine sont admises presque seules, encore les bibliophiles passionnés ne leur ouvrent-ils leurs cabinets qu'à de certaines conditions exceptionnelles : non-seulement ils exigent une confection parfaite du corps du volume, mais ils veulent encore une ornementation de bon goût et où la pureté des lignes, le choix et la distribution gracieuse des ornements révèlent, dans le doreur, et le talent du dessin et la sûreté de la main. Il en est d'autres qui, plus délicats encore, préfèrent ne donner à l'extérieur de leurs livres qu'une sévère simplicité, et réservent pour le maroquin, dont l'intérieur des plats est doublé, toutes les merveilles de l'art de la dorure.

« Mais, en dehors des amateurs de cette belle reliure, que nous appellerons classique, il s'est formé une école romantique qui, renouvelant les usages du moyen âge, demande à d'autres artistes l'ornement de ses livres. Le sculpteur en bois, en ivoire et en métaux, l'estampeur, le joaillier, le bijoutier deviennent les auxiliaires du relieur, ou plutôt ses tyrans, car ils le plient à leurs fantaisies jusqu'à lui faire sacrifier, parfois, ses habitudes de bonne confection ; ce sont ces despotes qui exigent de lui ces dos maigres, hors de proportion avec l'épaisseur que les ornements donnent au volume, et ces charnières flexibles si propres à faire douter de la solidité de la reliure, si ces livres étaient destinés à être ouverts. Qu'arrive-t-il ? c'est qu'à ces volumes chamarrés d'acier, d'or et de pierreries, l'entrée des vraies bibliothèques reste fermée. Comment s'accorderaient-ils avec leurs voisins, qu'ils blesseraient à tout instant par les formes aiguës de leurs broderies aristocratiques ? Du reste, si leur richesse les rend peu

propres à vivre en société, ces lions de la reliure s'en
consolent en étalant leur faste sur des étagères, au
milieu des curiosités du moyen âge ; les plus modestes se contentent de briller dans des oratoires,
dont ils complètent l'ameublement, peu d'accord,
souvent, avec les principes sévères de la simplicité
évangélique. Il en est d'autres, toutefois, dont la destination est aussi sérieuse que respectable, ce sont :
tantôt des gages des serments nuptiaux, tantôt des
monuments de la piété filiale, quelquefois de vrais
reliquaires, à qui le survivant confie une correspon-
dance chérie, douloureux souvenir d'une affection
brisée par la mort. Inclinons-nous devant cette religion du cœur ; quel culte pour elle serait trop somptueux ? Tout en redoutant l'envahissement de la
bijouterie, auquel on aura peut-être un jour à reprocher la décadence de l'art véritable de la reliure, le
Jury n'a pas cru devoir se montrer plus sévère que le
public. Il reconnaît d'ailleurs que, pour ces splendeurs bibliopégiques, il faut beaucoup de goût et de
talent dans le dessinateur, beaucoup d'habileté dans
les exécutants.

« L'Exposition de 1855 a offert des spécimens des
différentes reliures dont il vient d'être question ; et
bien que l'on ait à regretter que les maîtres de l'art,
les Bauzonnet-Trautz, les Capé, les Duru, les Ottmann-Duplanil, les Petit et autres habiles relieurs
n'aient pas cru devoir apporter à ce concours universel leurs beaux ouvrages, si recherchés des vrais
connaisseurs, il restait encore des travaux estimables
à récompenser. Le Jury a constaté aussi avec regret
qu'à l'exception de la France et de l'Angleterre, ainsi
que des colonies, qui reçoivent l'influence de la
civilisation de ces métropoles, les autres peuples
n'ont envoyé que des produits d'une infériorité que

nous nous garderions de signaler si nous n'espérions
éveiller par cette remarque l'amour-propre national
des artistes étrangers. Au lieu de ces belles reliures
en vélin uni, qui ajoutaient tant de prix aux exemplaires des éditions classiques dites *cum notis vario-
rum*, au lieu de ces admirables vélins cordés dont ils
avaient seuls le secret, les Hollandais n'ont présenté
que des imitations malheureuses de nos reliures modernes, dont ils ne semblent pas même avoir saisi la
facture. Les Allemands n'ont guère été plus heureux (1); fait d'autant plus étonnant que nous nous
plaisons à reconnaître que la plupart des meilleurs
ouvriers relieurs de Paris, et surtout des doreurs,
sont d'origine allemande. Quant aux autres peuples,
la reliure, chez eux, semble être encore au berceau.
Le Jury espère que les encouragements qu'il a accordés exciteront une juste émulation, et qu'une Exposition nouvelle apportera des essais plus heureux.

« C'est donc réellement entre la France et l'Angleterre que s'est établi le concours de 1855, l'un et
l'autre pays ont offert des produits remarquables,
mais qui ne sont pas cependant à l'abri de tout reproche. La solidité des dos des bonnes reliures françaises
est à toute épreuve, mais les livres ne s'ouvrent
qu'avec peine; l'ouverture des livres reliés en Angleterre est facile; mais leur endossure, ne faisant pas
corps avec le dos de la couverture, ne peut résister
longtemps à l'usage. Ainsi, tant qu'on n'aura pas
découvert une couture et une endossure au moyen
desquelles l'élasticité des dos se trouve conciliée avec
la solidité, le problème d'une reliure parfaite ne sera
pas résolu complétement. Que les artistes de notre

(1) L'Allemagne possède aussi d'excellents relieurs, mais
ils n'ont point paru à l'Exposition.

époque ne se blessent pas, du reste, de cette observation ; elle s'applique également aux reliures si recherchées des siècles passés ; et les Groliers du seizième siècle, comme les vélins cordés des Hollandais, des dix-septième et dix-huitième siècles, péchaient également par trop de rigidité dans le dos. C'est sans doute ce qui conduisit les Anglais, il y a environ vingt-cinq ans, à inventer les dos plats ; mais cette forme, quelque temps en vogue, ne tarda pas à laisser apparaître ses défauts. L'usage démontra que de plats qu'ils devaient être, les dos devenaient bientôt concaves et que la gouttière finissait par se déformer et se rejeter en dehors. On est revenu aujourd'hui aux dos arrondis ; toutefois, comme il arrive dans toute réaction, on a dépassé le but, et on pourrait reprocher aux dos des reliures françaises d'être trop ronds maintenant.

« Certes, en beaucoup de points, les reliures actuelles l'emportent sur les reliures anciennes. Grâce au laminage, les cartons sont plus fermes et plus solides avec la même épaisseur ; grâce à un sage emploi de la règle et du compas, les bords sont plus nets, plus réguliers ; les filets mieux tirés et plus fermes ; mais le goût n'a pas fait d'aussi grands progrès, et les plus beaux ornements sont encore des copies de nos anciens maîtres. Quant au corps du livre, il était excellent chez les artistes du seizième et du dix-huitième siècle ; et ce n'est qu'en étudiant avec attention leurs diverses natures de reliures, en démontant leurs ouvrages et en les disséquant avec soin pour reconnaître les détails de leurs différentes manipulations, qu'on parviendra à approcher le plus possible de la perfection ; allier à notre régularité et à notre habileté d'exécution ceux de leurs procédés qui pourront s'adapter aux usages actuels, voilà, aujourd'hui, les conditions du progrès.

« Sous le rapport du prix des reliures, le Jury n'a pu établir de comparaisons complètes, les exposants n'ayant donné, à ce sujet, que peu de renseignements. Cependant, il a pu se convaincre que les reliures et les demi-reliures des grands formats sont moins chères de beaucoup à Londres qu'à Paris. Dans les petits formats et pour les reliures usuelles, la France soutient la concurrence, comme le prouvent les livres exposés par M. Mame, de Tours; M. Barbou, de Limoges, et plusieurs autres imprimeurs qui ont de grands ateliers de reliure (1). C'est au système de la fabrication en grand et à une habile distribution du travail qu'est due cette modération des prix. On ne peut nier toutefois que la perfection si recherchée des bibliophiles ne saurait être atteinte par ce procédé tout manufacturier, qui peut être bon au point de vue commercial, mais qui conduirait bientôt l'art à une perte certaine. Qu'on n'oublie pas non plus que le bon marché qu'on trouve dans les grands établissements dont nous venons de faire mention tient aussi à une autre cause : c'est que ces ateliers relient à la fois un grand nombre d'exemplaires du même ouvrage, ce qui leur épargne une partie des manipulations nombreuses et de la perte de temps auxquelles donnent lieu non-seulement la diversité des livres confiés aux relieurs par des personnes de fortunes et de goûts différents, mais aussi la variété des ornementations exigées par les amateurs.

« Que l'industrie cherche donc les moyens de diminuer les prix, elle en sera amplement dédommagée par le débit et la fortune ; pour nous, notre devoir est de récompenser le dévouement des artistes par

(1) Il est fâcheux que M. Maître, de Dijon, n'ait rien envoyé ; ses reliures auraient heureusement soutenu la concurrence avec les maisons citées ici.

les témoignages de l'estime et de la gratitude publique, et de les encourager à perpétuer les bonnes doctrines par leurs exemples (1). »

FRANCE.

Médailles de première classe.

« Madame Gruel-Engelman, à Paris. — En tête de l'exposition des reliures françaises, doit être citée madame Gruel-Engelman. Madame Gruel a exposé de charmants volumes où le mérite de la dorure le dispute à la bonne exécution de la reliure ; quant au genre, si à la mode aujourd'hui, des reliures d'étagères, il n'est guère possible de rien produire qui l'emporte sur les ornements exposés par cette dame. Ses progrès sont notables, surtout depuis que M. Engelman est venu lui apporter le secours de son talent et de son goût.

« C'est très-certainement au beau style des ornements sortis des ateliers de madame Gruel, ainsi qu'à l'habileté des ouvriers qui les préparent et les mettent en œuvre qu'est due la faveur que ce genre de décoration a trouvée dans le public. Cette mode est portée aujourd'hui au plus haut point, et sans parler de l'album offert au prince royal de Prusse pour son mariage, et auquel le Jury de l'orfévrerie a

---

(1) Il n'y a qu'un véritable amour de l'art qui puisse soutenir ces hommes désintéressés dans la voie ingrate qu'ils ont choisie ; le chiffre auquel s'arrête annuellement le produit des premiers ateliers des relieurs artistes, comme Bauzonnet, Capé, Duru, etc., est vraiment décourageant quand on le compare avec le bénéfice des ateliers montés en manufactures.

décerné une médaille d'honneur, le public a pu admirer pendant quelque temps, dans la vitrine de M. Dutertre, bijoutier à Genève, un petit volume d'heures en espagnol et en latin, format in-18, dont la reliure seule était cotée 16,000 fr.; hâtons-nous de dire que le dos et les plats, en or émaillé nacarat, étaient couverts d'applications d'or ciselé dans le goût gothique, et qu'au milieu de ces ornements se détachaient deux charmantes miniatures en émail : l'une copiée de la *Belle Jardinière*, de Raphaël, l'autre représentant l'enfant Jésus portant la croix. Sous le médaillon de la Belle Jardinière s'ouvrait une petite niche contenant une montre liliputienne ; enfin le volume se fermait au moyen d'une agrafe d'or présentant le chiffre de l'Impératrice, et les diamants qui brillaient, tant sur ce fermoir que sur les autres ornements du volume, s'élevaient à près de trente-cinq karats.

« Mais quittons ce bijou, digne des *Mille et une nuits*, et revenons au positif de la reliure classique.

« M. Lortic, à Paris. — Le Jury a visité avec intérêt la vitrine de M. Lortic. C'est un relieur de talent; le corps de sa reliure est convenablement exécuté ; sa dorure est d'un beau dessin ; ses fers poussés d'une main assurée, et M. Lortic est appelé à devenir un de nos premiers relieurs, s'il veut bien comprendre que l'artiste le plus habile a toujours beaucoup à faire pour se rapprocher de la perfection.

« M. Bruyère aîné, à Lyon. — Un artiste modeste de province, M. Bruyère aîné, n'avait envoyé que peu de volumes au concours, mais le bon goût des dorures, la sûreté de la main, l'excellente confection du corps du livre, ont placé cet artiste au niveau des premiers exposants de la capitale. Que M. Bruyère persévère dans cette voie consciencieuse et sage, et il soutiendra avec honneur le drapeau de la seconde ville de l'Empire.

« M. Lenègre, à Paris. — Plus usuels et plus répandus que les reliures précédentes, les cartonnages de M. Lenègre luttent avantageusement avec les cartonnages anglais. Les dorures, qui s'y appliquent au moyen de plaques gravées et de presses chauffées à la vapeur, font de ce genre de couverture des livres un luxe à bon marché qui convient surtout aux prix des maisons d'éducation, aux cadeaux du jour de l'an et aux exhibitions des salons; aussi la consommation s'en augmente-t-elle tous les jours, et les ateliers de M. Lenègre sont-ils aujourd'hui une véritable manufacture.

« Ainsi que nous l'avons dit plus haut, cette industrie du cartonnage emboîté est d'origine anglaise. Mais elle a pris en France un autre caractère : au lieu d'être, comme chez nos voisins, une reliure provisoire, où le livre n'est qu'ébarbé pour conserver toute sa marge; en France, le livre à cartonner est doré sur tranche, ce qui en fait une reliure définitive, à laquelle M. Lenègre a cherché à donner plus de solidité.

« Sous ce point de vue, il a déjà introduit dans la fabrication de véritables améliorations; mais il lui reste encore à faire, et le Jury exprime l'espoir que cet industriel, en s'appliquant à perfectionner ses procédés, arrivera à donner à ses emboîtages toute la solidité de la reliure.

« Disons aussi que pour les reliures pleines et les demi-reliures, les ateliers de M. Lenègre méritent d'être classés au nombre des meilleurs de la capitale.

« Quoique belles, les reliures de l'Imprimerie Impériale et celles de la vitrine de M. Curmer n'ont pas

dû être jugées par le Jury; elles n'étaient pas exposées dans le but de concourir avec les reliures. »

Puisqu'il est ici question de l'Imprimerie Impériale, dont la plupart des reliures avaient été exécutées spécialement pour cette Exposition et que, de
plus, deux de ses doreurs y furent récompensés
comme coopérateurs, nous nous permettrons de dire
quelques mots sur l'atelier de reliure de cet établissement.

Fondé à l'origine dans le but de ne faire que de la
reliure usuelle, les travaux de luxe exécutés par la
typographie de cette maison donnèrent lieu à des essais de reliure à grand caractère, afin que l'habillement de ces splendides éditions fût, autant que possible, en rapport avec le mérite littéraire et typographique de l'œuvre.

Ce fut surtout lorsque commença la publication du
Livre des Rois, que ces essais méritèrent quelque attention, surtout si l'on tient compte des conditions au
milieu desquelles s'exécutait le travail. M. Cham-
pagne, ouvrier relieur et doreur, était alors à la tête
de l'atelier de reliure, c'était un ancien; son style et
sa manière de travailler se rapprochaient sensiblement de l'école de Bozérian.

M. Charles Courtois lui succéda il y a environ
quinze ans dans la direction du travail; il apporta
des idées et des procédés qui non-seulement modi-
fièrent complétement l'ancienne manière de travailler, mais encore donnèrent aux reliures de cet établissement un cachet d'élégance qu'elles n'avaient
pas jusqu'alors. Ajoutons que quelques ouvriers
habiles, venus du dehors, le secondèrent activement
de leur expérience personnelle et de leur talent.
Malgré ces progrès réels, il en restait d'autres
tout aussi importants à accomplir, car le mérite des

reliures exécutées dans cette maison ne pouvait encore se comparer à la perfection typographique de ses éditions. Quelques critiques achèveront de prouver ce que nous avançons.

En 1855, la pièce capitale de l'exposition de l'Imprimerie Impériale était une *Imitation de Jésus-Christ* (un volume gros in-folio), vrai chef-d'œuvre typographique. Quelques exemplaires furent reliés dans l'établissement; pourquoi ces volumes, d'une force plus qu'ordinaire, n'ont-ils pas été cousus sur nerfs? La couture sur rubans, malgré ses qualités, était en ce cas totalement inappropriée; pourquoi certains de ces volumes étaient-ils couverts avec du maroquin chagrin? Le format et la grosseur du livre n'exigeaient-ils pas l'emploi de maroquin du Levant? Pourquoi, enfin, a-t-on oublié de passer ces volumes en parchemin? cette main-d'œuvre, essentielle comme solidité et comme conservation, n'était-elle pas indispensable, surtout pour un livre de cette importance?

Nous pourrions étendre ces reproches, car le fait précédent n'est pas le seul que l'on puisse citer; nous l'avons choisi de préférence, parce qu'il est le plus saillant et le moins excusable.

Nos observations seront-elles entendues? A vrai dire, nous en doutons fort; car pour modifier l'état de choses actuel, la volonté du chef de la reliure ne suffirait pas; il y aurait, auparavant, toute une hiérarchie à persuader, à convaincre, et c'est là probablement où toutes les tentatives d'amélioration, si l'on en faisait, viendraient échouer; l'administration n'y verrait qu'une occasion de dépenses, ce serait son *non possumus*.

Pourtant, la première préoccupation d'un tel établissement ne devrait-elle pas être de chercher à élever le niveau de l'art dans la typographie ainsi que dans les professions qui s'y rattachent? Ne serait-ce pas là que le patron ou l'ouvrier désireux de se perfectionner dans leur métier, devraient trouver les meilleurs modèles et les derniers perfectionnements?

Nous savons qu'une telle organisation ne rapporterait aucun bénéfice, peut-être même une subvention serait-elle nécessaire; en tous cas on pourrait la trouver facilement, car personne n'ignore qu'aujourd'hui, à part quelques ateliers où s'exécutent des travaux d'art, l'Imprimerie Impériale est une vaste manufacture qui chaque année réalise des bénéfices. Qu'elle les fasse donc servir à l'avancement des arts nécessaires à la propagation de la pensée, alors l'industrie pourra pardonner à cet établissement la perte dont elle l'accuse, à tort ou à raison, nous ne voulons pas le rechercher ici, en lui enlevant chaque année pour près de cinq millions de travaux; et l'instruction professionnelle, surtout en ce qui concerne notre métier, lui sera redevable de quelques progrès qui, nous l'espérons, ne resteraient pas isolés et permettraient à l'ouvrier de sortir de l'état d'infériorité où le pousse chaque jour de plus en plus l'industrie manufacturière.

Médailles de deuxième classe.

« M. Despierres, à Paris.—M. Despierres a exposé des albums et des livres reliés; parmi ces derniers, on pouvait remarquer un recueil d'armoiries, volume in-folio avec une reliure en mosaïque, genre Grolier, et un autre volume également de format in-folio. (*Portraits des hommes illustres*), relié en maroquin vert; sur le plat de celui-ci était dessiné en traits

d'or tracés avec des roulettes et d'autres fers de différentes formes, un guerrier revêtu d'une armure,
comme au moyen âge.

« Cette dorure, qui a dû coûter beaucoup de temps
et de travail à l'artiste, atteste sans doute l'habileté
de sa main (1), mais elle fait regretter que cette habileté n'ait pas été employée à des ornements plus
simples et d'un goût plus pur.

« Quant aux ornements en relief ménagés sous le
maroquin, et dont M. Despierres se félicite d'être
l'introducteur, ce peut être une grande difficulté
vaincue, ce peut être un genre de décoration goûté
des acquéreurs d'albums, mais pour les livres, et surtout pour les formats au-dessous de l'in-folio, on ne
saurait trop engager M. Despierres et ses confrères à
en être excessivement sobres ; ils reconnaîtront facilement que cette reliure lourde et disgracieuse est
un non-sens pour les petits formats s'ils veulent se
rendre compte des motifs que les relieurs antérieurs
à l'invention de l'imprimerie avaient eus pour l'adopter. Les livres, à cette époque, étaient écrits presque
tous sur peau de vélin ; cette peau est très-lourde ; et,
pour que les couvertures pussent résister à ce poids,
il fallait leur donner une solidité et une épaisseur que
les cartons simples n'avaient pas alors. C'était par
des couvertures en bois ou par des cartons, renforcés
au moyen d'un doublage qu'on parvenait à ce but ;
ajoutons que les volumes étaient posés à plat sur des
pupitres, comme aujourd'hui les livres de lutrin ; que
l'usage et les variations de température faisaient
boursoufler les feuillets et bâiller les volumes ; nou-

(1) M. Despierres a été autrefois doreur chez M. Simier,
qu'il ne faut pas confondre avec le relieur de ce nom, dont il
sera question plus loin.

veau motif de donner à la couverture un poids suffisant pour forcer les livres à se tenir fermés ; de là aussi l'usage des fermoirs qui, avant d'être des ornements, étaient surtout des instruments nécessaires de fermeture.

« Qu'y aurait-il de commun entre les manuscrits du moyen âge et les livres d'aujourd'hui, qui se pressent debout sur des rayons où l'entassement ne leur permet pas de s'entr'ouvrir, et qui, de plus, sont formés de papier non collé, sans élasticité propre, et affaibli encore par le satinage ? Imitons nos pères, mais imitons-les avec discernement.

« Quant à ses albums, M. Despierres jouit d'une juste réputation, et son album à replis a semblé au Jury une heureuse innovation. »

Mentions honorables.

« M. Jean Simier, à Paris (1). — A présenté à l'Exposition plusieurs volumes qui témoignent de ses efforts ; le Jury a remarqué des heures, petit in-8°, maroquin mosaïque, et un manuscrit de Tive-Live, in-folio sur vélin, avec de belles miniatures. La reliure en maroquin rouge de ce dernier volume est solidement établie et la dorure, d'un goût sage, est bien exécutée.

« M. Maillet, à Paris. — La même récompense a été décernée à M. Maillet, dont la vitrine offrait de bons spécimens d'albums et de reliures de musique.

« C'est avec regret, mais à dessein, que le Jury s'est

(1) Les relieurs qui, de 1800 à 1847, ont constamment obtenu, à toutes les Expositions, les plus hautes récompenses accordées à l'art de la reliure, sont MM. René Simier et Alphonse Simier, son fils ; leur successeur est M. Petit, qui n'a pas exposé.

16.

abstenu de citer plusieurs reliures de luxe envoyées
par les départements, et auxquelles leurs auteurs ont
consacré un temps et des soins que le succès n'a pas
justifiés. En encourageant ces artistes dans une voie
qui n'est pas dans la ligne de leur talent, le Jury les
eût maintenus dans une erreur dangereuse. Il croit de
son devoir de les engager à mieux consulter leurs
forces et à employer plus utilement leur habileté pratique, en se perfectionnant dans les travaux relatifs à
la confection intérieure des volumes. Par l'étude des
bons modèles, ils se convaincront que la solidité et la
grâce de la reliure, la simplicité du dessin et la pureté de l'exécution sont les premiers mérites qu'il
faut rechercher. Tout le luxe de la décoration extérieure ne peut racheter le vice d'une reliure impar-
faite ou d'une ornementation sans goût. »

Parmi les relieurs qui ne sont pas mentionnés au
Rapport officiel, nous citerons les suivants : Asse, à
Paris, registres, reliures et maroquinerie ; Bœhrer,
à Altkirch (Haut-Rhin) ; Briotot, à Dijon, reliures et
dorures sur tranches ; Faille, à Reims, reliures de luxe,
ouvrages au pointillé ; Hubert, à Paris, albums et carnets ; Kœhler, à Paris, reliures anciennes et modernes ; Lardière, à Paris ; Perrin fils, à Mulhouse ; Tinot,
à Reims ; Voisin fils et Cie, aux Éparres (Isère), cartonnages, reliures — (extrait du *Catalogue officiel*).

COOPÉRATEURS.

Médailles de deuxième classe.

« Indépendamment des relieurs exposants dont
il vient d'être question, le Jury a dû s'occuper aussi
des auxiliaires et des ouvriers qui lui ont été recom-
mandés par leurs patrons : en conséquence, il a ac-

cordé la médaille de deuxième classe à M. Marius Michel, habile doreur dont quelques beaux ornements figuraient dans l'exposition de madame Gruel. »

M. Marius, avant de travailler à son compte était doreur chez madame Gruel. Les volumes pour lesquels il obtint une médaille étaient d'une date déjà ancienne, et n'avaient par conséquent pas été dorés en vue de l'Exposition de 1855. Le doreur de madame Gruel était à cette époque M. Louis Mesnel.

« Même récompense à M. Bressy, qui dirige les ateliers de reliure de M. Mame de Tours. M. Mame se plaît à rendre témoignage, tant de la bonne direction donnée aux travaux, que de l'habileté personnelle de ce contre-maître, et comme doreur et pour la confection du corps du livre. »

Mentions honorables.

« M. Mézamat, ouvrier doreur distingué dans l'exécution de ses travaux, recommandé par l'Imprimerie Impériale de France. »

Depuis quelques années, M. Mézamat est établi à son compte.

« M. André, ouvrier doreur, distingué dans ses travaux, recommandé par l'Imprimerie Impériale de France.

« M. A. Defrance, contre-maître chez madame Gruel et travaillant depuis vingt-cinq ans chez cette dame.

« M. Bourdeille, ouvrier doreur chez M. Despierre. »

Aujourd'hui M. Bourdeille est à la tête d'une maison de reliure ; M. Burdinne est son associé.

« M. Froment et M. Linassier, doreurs chez M. Mame. »

M. Froment est depuis quelque temps établi doreur à Paris.

« M. Wampflug, doreur chez M. Lortic. »

M. Wampflug, un de nos premiers doreurs, travaille chez lui depuis quelques années ; sa dorure,
d'un mérite incontestable, peut soutenir la comparaison avec celle de M. Marius.

« Mademoiselle Ursule Hotot, ouvrière chez madame Gruel.

« Mademoiselle Chamiot Varand, ouvrière depuis
de longues années chez M. Bruyère à Lyon. »

ROYAUME-UNI.

« Les reliures exposées par l'Angleterre sont en
général bien confectionnées, la dorure en est riche,
et les peaux employées sont d'un beau choix. La
dorure anglaise n'a pas toujours, il est vrai, ce brillant qu'on recherche, et le corps du livre manque
parfois du fini qui distingue les œuvres des premiers
relieurs français ; mais l'ensemble n'est pas sans
grâce, et si l'ornementation laisse à désirer sous le
rapport du style, si l'on y trouve trop souvent l'imitation ou même la copie des dessins de l'époque
Louis XV, on a pu remarquer de jolis volumes dorés
dans le goût de la renaissance, et parfaitement exécutés. On verra tout à l'heure que c'est à un ouvrier
anglais qu'est due une dorure à petits fers, dont la
perfection, nous nous empressons de le dire, a fait
l'admiration des experts.

« Un des points sur lesquels nous devons attirer l'attention de MM. les relieurs anglais, c'est l'épaisseur
de leurs maroquins ; ils ne les parent pas assez, ce qui
donne de la lourdeur à leur travail, principalement
vers les arêtes des cartons, qui, très-nettement cou-

pés peut-être, paraissent arrondis, en raison de l'épaisseur de la peau qui les recouvre ; il serait à désirer aussi qu'ils donnassent plus de pureté, plus de netteté à leurs charnières dans les mors, et plus de fermeté à leur endossure.

« A part ces observations, le Jury se plaît à reconnaître que la reliure anglaise fait de grands progrès, et que les livres exposés en 1855 sont infiniment supérieurs à ceux qui sont entrés, il y a quelques années, dans les cabinets des amateurs français, et qui provenaient alors des meilleurs ateliers de Londres.

« Le Jury exprime ici, comme il l'a fait pour la France, le regret que plusieurs des bons relieurs anglais se soient abstenus d'envoyer leurs ouvrages au concours ; cinq seulement ont exposé ; tous les cinq ont obtenus d'honorables récompenses. »

Médailles de première classe.

M. Francis Bedfort, à Londres. — Un volume grand in-folio, relié par M. Francis Bedford pour M. Slade (*Views in England and Wales, by Turner*), a d'abord attiré l'attention de la Commission ; ce volume, par le grand nombre de figures qu'il contient, et par la force du papier sur lequel il est imprimé, offrait d'assez grandes difficultés d'exécution ; elles ont été heureusement surmontées par l'artiste, et la reliure en maroquin, large dorure Louis XV à la Padeloup, s'ouvre bien et réunit au mérite d'une ornementation bien exécutée une solidité qu'on trouve rarement dans ces grands ouvrages.

« M. Holoway, à Londres. — Les reliures envoyées par M. Holoway sont en général excellentes ;

on y a remarqué, entre autres, une jolie mosaïque
dessinée et exécutée avec goût sur un volume in-8°
(*the Poet's pleasance*, 1847) ; d'autres petits volumes
de cette vitrine ont reçu des jurés des louanges una-
nimes.

« M. Rivière, à Londres. — Dans l'exposition de
M. Rivière figuraient plus de volumes in-folio et
in-4° que chez ses confrères ; des in-4° en veau racine, genre français, se distinguaient par la perfection remarquable de cette nature de marbrure
difficile à obtenir : une bible en langue bohême, in-
folio, maroquin bleu, ornements sans or, parfaitement d'accord avec la date du livre, aurait mérité
plus d'éloges, si l'endossure, beaucoup trop dure, ne
nuisait pas à l'ouverture, défaut, du reste, très-con-
traire aux habitudes anglaises. Mais l'œuvre capitale de la vitrine de M. Rivière était un Virgile en
maroquin blanc, ornements en mosaïque où les difficultés d'exécution ont été vaincues avec autant de
bonheur que le dessin tracé avec talent.

« En général, on a vu avec peine la tendance de
cet artiste à imiter la reliure française de l'époque où
la pureté du goût est la plus contestable, la fin du
dix-huitième siècle.

« M. Wrigths, à Londres. — En examinant les
ouvrages présentés par des éditeurs, la classe a été
frappée de l'excellente reliure de plusieurs volumes,
figurant parmi les livres de M. Bohn, et elle a cru
devoir en récompenser l'auteur, M. Wrigths, bien
qu'il ne se fût pas placé au nombre des exposants.
Les reliures de M. Wrights sont, en effet, remarquables par la bonne confection des volumes et par
le bon marché auquel elles sont établies. C'est surtout pour les grands formats que cette condition se
trouve remplie, et, si l'on en croit les renseigne-

ments qui ont été communiqués au Jury, les volumes grand in-folio des *Antiquités mexicaines*, de lord Kinsborough, en demi-reliure, dos de maroquin vert, à larges coins, n'auraient été payés au relieur que trente francs cinquante centimes chacun ; les grands in-4°, comme les ouvrages de Pugin, en maroquin plein, avec ornements sur les plats, trente-cinq francs, et un très-grand in-folio, format d'Atlas (dit en anglais *elephant-folio*), reliure en maroquin, large dorure, genre Louis XV, imité de Padeloup : cent cinquante francs.

« Il faut ajouter que toutes ces reliures ont encore le mérite d'être d'une excellente facture, très-solides, et d'un maroquin de beau choix.

« Outre les reliures qui viennent d'être mentionnées, le cartonnage anglais était représenté par quatre exposants dont deux ont été jugés dignes également de la médaille de première classe, ce sont :

« MM. Leighton fils et Hodges, à Londres, dont les ateliers fabriquent en grand l'emboîtage en toile et en peau, et qui, au même titre que M. Lenègre, de Paris, méritent l'attention du Jury.

« MM. Eeles et fils, à Londres, qui, sans exposer comme M. Leighton des cartonnages et des reliures confectionnées, ont présenté un très-beau choix de couvertures toutes dorées, en différents genres et sur des dessins souvent heureux. »

Médailles de deuxième classe.

« M. Cléments, à Londres, dont les modèles moins nombreux et moins parfaits que ceux de MM. Eeles, avaient encore un mérite réel. »

Mentions honorables.

« Les colonies anglaises ont obtenu trois mentions honorables, méritées par M. Miller, de Montréal (Canada) ; M. Young, de la même ville, et MM. Waugh et Cox de Sidney.

« MM. Waugh et Cox avaient exposé deux almanachs de Fod (1852 et 1853) in-8°, reliés en cuir de Russie ; ce qui distinguait surtout ces volumes, c'est que, sous la tranche dorée, se trouvait un paysage à l'aquarelle ; ce genre d'ornement, inventé primitivement en Angleterre, a eu quelque vogue en France il y a vingt-cinq ou trente ans ; et ces deux volumes en sont les seuls spécimens que nous ayons vus à cette Exposition.

« Nous devons citer encore de très-bonnes reliures en maroquin bleu, exécutées à Madras sur des bibles en diverses langues de l'Inde. La Compagnie des Indes, qui les exposait, ayant reçu une grande médaille d'honneur pour l'ensemble de ses collections, il devenait inutile de lui donner une récompense inférieure pour un objet de détail.

« Nous ne quitterons pas cependant cette splendide exposition indienne, sans dire un mot de quelques reliures particulières, dont les plus remarquables étaient :

« 1° La reliure persane d'un petit coran in-8°, d'une délicieuse écriture ; les plats en carton de ce volume étaient décorés de fleurs peintes en or et en couleurs, et couverts d'un beau vernis-laque ; cette sorte de reliure est dans l'Inde un luxe royal (1).

______

(1) C'est ainsi qu'était décoré le manuscrit original de l'Ayeen-Akbery, qui avait appartenu au sultan de Mysore, et qui fut vendu 16,000 fr. à la vente Langlès, en 1827.

« 2° Un manuscrit birman, sur feuilles de palmier vernies, ayant pour couverture deux ais de bois, avec ornements d'or, sur fond laque rouge.

« 3° Un livre thibétain (1), enfermé entre deux ais de bois richement sculptés. »

M. Slade, relieur à Londres, ne figure que dans le *Catalogue officiel*.

COOPÉRATEURS.

« MM. les exposants anglais n'ont pas envoyé, comme on l'a fait en France, de recommandation pour des contre-maîtres ou des ouvriers ; mais un ouvrage qui n'était pas exposé par un relieur (*Breviarium aberdonense*, deux volumes in-4°, réimpression gothique, par M. Toowey), a fixé, par sa belle relinre, l'attention du Jury.

« Ces deux volumes, en maroquin rouge, étaient décorés d'une dorure à petits fers, dans le style de Gascon, avec doublures en maroquin vert, présentant une dorure du même genre. A l'intérieur comme à l'extérieur, l'admirable régularité des lignes, l'exactitude des reprises, la symétrie et la fermeté des petits fers, auraient pu faire soupçonner l'intervention d'un moyen mécanique, si des informations prises à Londres n'avaient levé tous les doutes et apporté la certitude que c'était à la main d'un habile doreur, appartenant aux ateliers de M. Wrights, qu'était due cette œuvre d'une rare perfection.

(1) On sait que les livres des Siamois, des Thibétains, des Tamouls, sont ordinairement écrits sur feuilles de palmier, longues et étroites, et comprises entre deux planchettes de la même forme ; le tout retenu par une cordelette passant dans un trou qui traverse de part en part le livre et la couverture.

17

« Une médaille de deuxième classe a été décernée à M. Rodwell, auteur de ce travail hors ligne, et nous nous plaisons à lui faire savoir publiquement ici que, sous le rapport du bon goût et de la perfection de sa dorure, MM. Bauzonnet et Capé, experts, qui accompagnaient le Jury dans sa visite, ont déclaré que l'œuvre de M. Rodwell avait à leurs yeux un mérite supérieur. »

Ajoutons que deux mentions honorables furent décernées à MM. W. P. Jope et John Till, tous deux ouvriers chez M. Thomas de la Rüe et Ce, qui comptaient la reliure au nombre des diverses industries exploitées dans leur vaste établissement.

M. Jope était employé depuis huit années dans cette maison ; contre-maître des relieurs, il était chargé de la confection des albums.

M. John Till employé depuis quatre ans comme doreur est récompensé pour son intelligence, son habileté et son goût.

AUTRES NATIONS.

Médailles de deuxième classe.

« Des reliures en veau et en maroquin ont été présentées à l'Exposition par MM. Ferim et Robin, de Lisbonne ; la Commission y a reconnu des qualités d'exécution qui ne laissent point de doute qu'avec des soins et l'étude attentive de bons modèles ces artistes ne puissent arriver à produire des ouvrages très-estimables.

« M. Ludwig, à Francfort. — Pour ses reliures en maroquin exécutées sur les publications de luxe de M. Keller. »

Mentions honorables.

« En décernant une mention honorable à chacune des personnes dont les noms suivent, le Jury exprime l'espoir qu'à une prochaine Exposition ces artistes présenteront des ouvrages dignes de plus hautes récompenses :

« M. Riparmonti-Carpano, à Milan. — Reliure en velours brodé, avec application de sculptures en bois et en ivoire.

« M. Beer, à Munich (Bavière). — Boîte reliure en veau fauve; belle ornementation.

« M. Escherich, à Munich. — Boîte reliure ornée avec goût.

« M. Neitsch, à Eslang (Bavière). — Un album décoré de sculptures en ivoire enlacées avec une guirlande de maroquin.

« M. Pernot, à Gand (Belgique). — Un grand in-folio (*Loges de Raphaël*), reliure de luxe.

« M. Clément et M. Claussen, à Copenhague (Danemark).

« M. Heinritz à Lübeck, l'*Atlas géographique*, de Stieler, relié en maroquin et veau, tranche or et couleur.

« M. Micolci, à Hambourg.

« M. Buschott à La Haye (Pays-Bas). — Un album.

« MM. Van der Heuvel, frères, à La Haye.

« M. Rinck, à La Haye. — Reliures et albums.

« M. Regeer, à Rotterdam (Pays-Bas). — Reliures et boîtes reliures.

« M. Kopp et M. Jons, à Christiania (Norvége).

« M. Beck, à Stockholm (Suède).

« N'oublions pas, en terminant, les reliures arabes, la plupart à recouvrements, qui se voyaient dans les vitrines égyptiennes. Sans avoir le fini et l'élé-

gance qu'on remarquait autrefois dans les reliures
de Constantinople, les reliures de Boulaq sont solides
et convenablement établies. Malheureusement on y
trouve aussi une tendance à imiter les reliures euro-
péennes, qui ne sont d'accord, il faut le dire, ni avec
le goût oriental, ni avec les besoins de la lecture
arabe, dont la marche est contraire à celle des écritures de l'Occident.

« Avec les reliures égyptiennes on a pu comparer
quelques imitations de reliures arabes, exposées avec
les livres de M. Bastide, imprimeur-libraire à Alger.
L'auteur de ces reliures, M. Goulesque, parviendra
facilement à atteindre la perfection dans ce genre,
s'il peut se procurer quelques modèles des reliures
soignées exécutées autrefois en Turquie. »

Sont mentionnés dans le Catalogue et non cités
dans le Rapport :

M. Schavye, à Bruxelles, — récompensé aux Expositions nationales belges de 1835, 1841, médailles
d'argent, et, 1847, médaille d'or.

M. Claussen, à Copenhague, — livres reliés :
cartonnages.

M. Keller, à Francfort : — reliures de livres ornés
de gravures coloriées; médaille à l'Exposition de Munich, en 1854.

M. Weuker, à Dusseldorff (Prusse) : reliure d'un
album avec ornements de métaux précieux, d'ivoire
et d'émail.

Quoique les pages qui suivent n'aient pas trait
directement avec la reliure des livres, nous avons
cru devoir, ainsi que nous l'avons fait pour les précédentes Expositions, ne pas les passer sous silence.
Nous pensons que leur lecture ne sera pas inutile, surtout aux relieurs de livres qui, de temps à autre,
sont appelés à devenir relieurs de registres.

RELIURE DE REGISTRES

CONSIDÉRATIONS GÉNÉRALES

«Depuis le commencement de ce siècle, la fabrication des registres a fait de tels progrès qu'elle n'est plus reconnaissable. La couture, l'endossure, la couvrure, tout en a changé ; c'est aujourd'hui un art nouveau.

« En France, du temps des maîtrises, les relieurs seuls étaient en possession de fabriquer les registres ; ce droit leur avait été longtemps contesté par les papetiers, mais les statuts et règlements de 1750, par lesquels la communauté des relieurs et doreurs de livres avait été définitivement constituée, avaient donné gain de cause à ceux-ci, et le droit des papetiers s'était trouvé réduit à la confection et à la vente des registres de papier blanc, *seulement brochés avec papier tortillé et bouts de cuir* (1). Quant aux relieurs, ils étaient tenus de relier les registres comme les livres, *avec vrais nerfs.*

« Et, de fait, la reliure de registres resta longtemps semblable à celle des livres ; elle n'en différait généralement que par la peau qui servait à en couvrir le carton ; c'était presque toujours du parchemin ou de la basane passés en mégie.

(1) Nous n'avons pu trouver d'explications sur cette expression *papier tortillé et bouts de cuir.*

Il paraît, du reste, que cet article du règlement n'avait pas tardé à tomber en désuétude, car, d'après l'*Art du relieur*, de Dudin, 1772, les papetiers pouvaient faire, concurremment avec les relieurs, la reliure lyonnaise dont il sera question plus loin ; les relieurs même s'en occupaient rarement.

17.

« On pratiquait cependant pour les registres un second mode de fabrication, la reliure lyonnaise. Celle-ci
n'était en réalité qu'un véritable emboîtage dans un
portefeuille formé de trois morceaux de carton, un pour
le dos et deux pour les plats; quelquefois on y ajoutait un recouvrement comme aux reliures orientales.
Le dos du livre était plat, les cahiers se cousaient sur
double ficelle, on les tranchefilait solidement, et quand
le registre était préparé, et que, d'un autre côté, le
portefeuille était couvert, on les fixait l'un à l'autre
par le dos au moyen d'attaches introduites sous les
nervures et traversant des trous pratiqués au poinçon
dans le dos du portefeuille. Les bouts des nerfs étaient
passés en même temps dans les cartons des plats,
comme on le fait dans la reliure. Quand tout tenait
solidement ensemble, on cachait les trous et les attaches par des pattes en peau d'une couleur tranchant
sur celle de la couverture. Ces pattes, en même
nombre que les nerfs, embrassaient, chacune dans
sa longueur, le dos et la moitié de chacun des plats;
elles se fixaient sur les cartons par des lacets qui en-
traient dans des trous symétriquement percés, et en
ressortaient alternativement en produisant des dessins
de passementerie qui servaient d'ornement au volume (1).

« Toutes ces méthodes n'existent plus guère que
dans les souvenirs; de nouveaux besoins ont amené
un nouveau mode de reliure, et l'on s'étonnera peu
de ce progrès si l'on considère que la comptabilité a

(1) La mode de ces pattes n'est pas entièrement perdue.
On a pu remarquer dans la vitrine de M. Th. de la Rüe, de
Londres, plusieurs petits registres auxquels on avait donné
cet ornement. On trouvera dans l'*Art du Relieur*, de Dudin,
les détails des manipulations minutieuses qu'exigeait la
reliure lyonnaise.

pris, depuis quelques années, une extension extraordinaire par l'augmentation des affaires commerciales
et par l'établissement de ces entreprises colossales
de banques, d'assurances, de chemins de fer, d'u-
sines, etc., que dans sa fièvre de gain notre époque
élève partout. Il a donc fallu créer des registres
beaucoup plus gros, et en même temps beaucoup plus
larges, pour contenir les nombreuses colonnes, mul-
tipliées aujourd'hui presque à l'infini, par suite de
l'adoption générale des parties doubles et de la méthode du livre de la raison de Quinet, ainsi que du
journal grand-livre (1).

« Pour l'intelligence des progrès de la fabrication
des registres, depuis un demi-siècle, nous ne pouvons nous dispenser d'entrer dans quelques détails
techniques.

« C'est à partir de 1807, époque de l'adoption des
parties doubles dans la comptabilité du Trésor public (2), que plusieurs maisons de Paris commencèrent à introduire quelques changements dans leur
fabrication. L'ancienne reliure à nerfs et à dos fixes,
semblable à celle des livres, fut abandonnée et
remplacée par la reliure à la grecque, à dos brisé,
dans laquelle le dos de la couverture est collé non
sur le dos des cahiers, mais sur une forte carte intro-

(1) Le registre exposé par M. Dessaigne, et fabriqué pour
l'établissement typographique de M. l'abbé Migne, à Mont-
rouge, mesurait, fermé, un mètre trente centimètres.

(2) Les plus anciennes notions que l'on ait du système des
parties doubles se trouvent dans la *Summa de Arithmetica*,
traité de mathématiques, imprimé à Venise, en 1494, et qui a
pour auteur Luc Paccioli de Borgo San Sepolcro. On sait par
Barème que Colbert avait eu le désir d'introduire cette méthode dans les finances du royaume, et il paraît que, dès
1721, les frères Paris en faisaient usage dans les fermes.

duite entre le volume et la peau de la couverture, disposition qui rend le dos des cahiers indépendant du dos extérieur, et lui donne la facilité de se mouvoir sans déformer celui-ci. Mais en adoptant la méthode suivie par les relieurs de livres pour le dos brisé, on y fit les additions qu'exigeaient la grosseur des registres et la fatigue qu'ils devaient supporter. A la ficelle des nerfs on substitua une forte corde, l'endossage se fit à la colle-forte au lieu de colle de pâte, et le dos fut tenu plus arrondi. A la place d'une simple carte pour soutenir le dos de la couverture, on forma un *faux dos* composé de plusieurs feuilles de carte collées l'une sur l'autre et courbées sur un mandrin, pour bien embrasser la forme du dos du registre. Ce faux dos fut même fait en métal; le papetier Delaville importa, en 1807, le dos inventé en Angleterre, quelques années auparavant, par Williams, de Londres; procédé breveté de perfectionnement en 1808, au nom de M. Cabany, cessionnaire du brevet de Delaville. Bientôt on renonça au désastreux usage de la grecque, qui, empiétant sur le fond des feuilles, serrait le dos des cahiers et en rendait l'ouverture incomplète.

« Une fois entrée dans la voie du progrès, la fabrication des registres marcha toujours en s'améliorant. Le grand succès des registres Cabany excita l'émulation, et, en 1812 (1), Clément, de Paris, obtenait un brevet de dix ans pour un *procédé nouveau de registres à dos brisés.* Son invention consistait en un faux dos en carte, retenu intérieurement par des bandes de tôle mince laminée. Ce fut lui qui introduisit la couture sur deux rubans destinés à être collés l'un dessus les cartons des plats, l'autre dessous. L'expérience a

(1) 17 juillet. — *Brevets*, t. ix, p. 360.

constaté la supériorité des rubans employés comme
nerfs, et ils sont aujourd'hui d'un usage général,
comme le meilleur moyen de nervure pour attacher
les cartons au volume.

« Quatre ans après (1), un autre brevet de dix ans
était accordé à M. Sastre, dit Brunet, papetier à
Lyon, pour des *registres à dos flexibles*. Nous ne
pouvons mieux exposer l'invention de M. Sastre
qu'en transcrivant la description qu'il en donne
lui-même :

« Les cahiers sont cousus sur quatre nerfs, recou-
« verts chacun de deux rubans de fil, qui sont passés
« dans la couverture et qui sont assujettis par trois
« ouvertures... Le faux dos est de carton mince, dans
« lequel sont logés trois ressorts, qui se trouvent
« tendus quand le livre est fermé et qui reprennent
« leur position naturelle quand il est ouvert. Ces
« ressorts, en prenant cette dernière position, res-
« serrent les deux côtés du dos, qu'ils tiennent dans
« une position courbée, de manière à rendre plat
« l'endroit où s'ouvre le registre.

« Le faux dos tient au registre par trois rubans de
« fil qui passent par-dessus les ressorts et dans leurs
« extrémités, percées à cet effet; ces rubans sont
« assujettis à la couverture au moyen de trois trous,
« dans lesquels ils entrent. Le faux dos recouvre de
« deux millimètres de chaque côté les bords du carton
« de la couverture; il est recouvert en entier par
« une bande de parchemin collée sur le faux dos et
« sur les bords de la couverture, à la largeur de
« deux centimètres; deux cartons minces collés en
« dedans des couvertures cachent tous les nerfs, et

(1) 6 novembre 1816. — *Brevets*, t. XIII, p. 306.

« rendent l'ouvrage propre et solide ; les gardes sont
« collées par-dessus ces cartons (1). »

« L'invention de M. Sastre était réelle, c'était
l'ouverture facile du registre, due à la force des
ressorts revenant sur eux-mêmes. On voit aussi dans
ce brevet le principe de plusieurs perfectionnements
introduits depuis, principalement le faux dos avançant sur les cartons qu'il embrasse, et la doublure en
carton mince.

« En 1818 (2), un autre fabricant, M. Ney, de
Paris, prit un brevet de cinq ans pour des *registres à
dos en cuir*, couture sur rubans, et, en 1819 (3),
M. Astruc en reçut un pour des *registres à dos élastiques perfectionnés.* Quant à ce dernier, il est douteux
que l'expérience ait réalisé les espérances de l'auteur ; si son invention consistait seulement en ce qu'il
annonce dans sa description, c'est-à-dire en un faux
dos en carton et des nerfs composés de chanvre simplement filé, dont les brins étaient réunis en plus ou
moins grand nombre, suivant la grosseur du volume.

« Déjà, en 1814, un habile ouvrier lyonnais, nommé
Dareau, avait, dit-on, imaginé de remplacer par des
nerfs formés de plusieurs petites ficelles juxtaposées
les nerfs de grosse corde, auxquels, dès 1812, Clément avait substitué les doubles rubans ; et l'on croit
que ce fut ce même Dareau qui, le premier, appliqua
les faux dos, comme on le fait généralement aujour-
d'hui au moyen de deux toiles, l'une collée en dehors
du faux dos, l'autre en dedans. Ce serait à lui aussi
que serait due la première pensée d'éloigner davantage du faux dos les cartons de la couverture, éloi-

(1) *Brevets d'invention*, t. xiii, p. 366.
(2) 17 février 1818. — *Brevets*, t. xv, p. 112.
(3) 26 novembre 1819. — *Brevets*, t. xvi, p. 300.

gnement qui, en donnant plus de largeur à la charnière, procure au registre une ouverture plus facile.

. . . .

« Bien que nous ne trouvions pas de brevets nouveaux depuis 1819 jusqu'à 1850, ce long intervalle de temps ne laissa pas stationnaire l'industrie des registres.

« Vers 1825, M. Sat, successeur de la maison Cabany, introduisit dans sa fabrication l'usage des doubles cartons. Jusqu'alors les plats des registres n'étaient formés que d'un carton simple, et si le brevet de M. Sastre, de Lyon, qui doublait les couvertures d'un carton mince collé entre le carton épais et les gardes, a pu donner à M. Sat l'idée de son double carton, la manière dont celui-ci a combiné les deux cartons le constitue véritablement inventeur de ce procédé.

« M. Sat composait chacun des deux plats de ses registres de deux feuilles de carton superposées, l'une mince, c'était celle de dessous, et l'autre plus épaisse. Il tenait celle-ci moins large que la feuille mince, et comme les bords affleuraient du côté de la tranche, il en résultait du côté du dos, entre celui-ci et le carton épais, une véritable rainure.

« Cette rainure permettait de donner au faux dos plus de largeur que n'en avait le vrai, les bords du faux pouvant se loger dans la rainure, quand le volume était ouvert, ce qui donnait au vrai dos, ou dos des cahiers, plus de liberté pour se développer au moment de l'ouverture du registre.

« La solidité gagnait aussi à cette combinaison des deux cartons. A l'exemple de Clément, M. Sat formait chaque nerf de deux rubans superposés, dont il collait l'un sur le carton mince, l'autre dessous.

« C'était aussi le carton mince qui servait à fixer

le faux dos, sur les deux bords duquel étaient pratiquées plusieurs fentes dirigées dans le sens de la
longueur du volume, et dans ces fentes on faisait passer des rubans ; les bouts de ces rubans sortaient en
dedans du faux dos, et le milieu en était collé à l'extérieur de celui-ci. Les bouts des rubans se fixaient
à la colle sur les cartons minces (1).

« Pour achever cette reliure, il ne s'agissait plus
que d'appliquer le carton épais sur le carton mince,
et de recouvrir le tout d'une peau.

« Il est bon de remarquer aussi que cette *couvrure*
se faisait en trois morceaux de peau ; l'un couvrait le
faux dos et les bords du carton mince, de chaque
côté du dos, les deux autres morceaux de peau étaient
employés à couvrir les deux feuilles de carton épais,
que l'on appliquait sur le carton mince en les collant
bien affleurées du côté de la tranche ; de ce même
côté, la peau excédant le bord du carton fort se
repliait et se collait sous le carton mince, ce qui
assurait l'adhérence parfaite des deux feuilles l'une
sur l'autre. Ajoutons qu'au moment où l'on collait la
peau sur le dos extérieur et sur les bords du carton
mince, on avait soin de replier sous les bords du faux
dos un centimètre de peau, que l'on conservait libre
de carton, et qui formait charnière.

« L'exécution de cette reliure exigeait beaucoup
de soin, mais c'était un vrai progrès, puisqu'elle
donnait aux registres une très-grande solidité et une
ouverture plus complète.

« Plusieurs des manipulations nouvelles introduites par cette reliure sont restées dans la fabrica-

(1) Ces fentes rappellent celles des ressorts de Sastre.

tion, et l'encartage (1) de M. Sat est encore désigné dans plusieurs ateliers sous le nom de *reliure française*.

« Pendant que la France cherchait chaque jour à perfectionner la reliure des registres, l'Angleterre, de son côté, n'était pas demeurée oisive. Entrés les premiers dans la voie des améliorations par l'invention des dos métalliques de Williams, brevetée dès 1799, les Anglais ont fait moins de tentatives peut-être que les Français, si l'on s'en rapporte à la table de leurs patentes, mais les progrès n'ont pas été moins réels, et lorsqu'en 1832 un fabricant français, M. Willemsens, fit un voyage à Londres, il y trouva la reliure des registres non moins avancée que la nôtre, bien qu'un peu différente. Les registres qu'il en rapporta et qu'il démonta pour en étudier la fabrication, lui fournirent un nouveau perfectionnement qu'il s'empressa d'adopter. C'est une bande de carte, large à peu près comme le tiers de la couverture, et qui se colle entre celle-ci et les gardes après avoir reçu les rubans des nerfs qui s'y fixent, comme M. Sat les fixait sur son carton mince. Est-ce le double carton du fabricant français qui a donné l'idée aux Anglais de leur encartage ? Nous manquons de documents pour répondre à cette question.

« Mais ce n'était pas dans cette carte elle-même que le perfectionnement consistait, c'était dans la manière de la poser, ainsi que le faux dos. Comme le carton mince de Sat, la carte anglaise dépasse du côté du dos le carton épais ; mais, tandis que le carton de Sat, en avançant sous le faux dos ne dépassait pas les bords du vrai dos, et ne faisait, en réalité, que

(1) On entend généralement par *encartage* la manière dont les cartons sont fixés au volume et au faux dos.

18

comprimer le registre auprès du dos et exigeait ainsi plus d'efforts pour ouvrir le volume ; la carte anglaise, au contraire, entre dans le faux dos un peu au delà de l'arête du vrai dos et forme une espèce de levier qui, soulevant les cahiers au moment de l'ouverture, aide le dos à passer de la forme convexe à la forme concave, et devient ainsi le principe d'une ouverture plus facile.

« C'est cette manière de fixer la carte et le faux dos que, par reconnaissance pour son origine, on nomme, en France, l'*encartage anglais*.

« La méthode anglaise offre encore un autre avantage, c'est la facilité de couvrir le volume d'un seul morceau de peau, ce qui épargne une partie des manipulations minutieuses et difficiles de la méthode à double carton.

« Aujourd'hui une grande partie des fabricants a su combiner heureusement les procédés anglais avec les perfectionnements français, et le double carton français se marie parfaitement avec la carte anglaise.

« N'oublions pas qu'une des conditions qui facilite l'emploi de cette carte, c'est qu'elle soit divisée en trois morceaux, celui du milieu ou le plus long se collant sur le carton et les deux autres dans l'intérieur de la garde.

« C'est de l'introduction de l'encartage anglais que date la supériorité de nos registres. Disons pourtant que cet encartage a un défaut : les bandes de toile que les Anglais placent à cheval sur l'intérieur des plats et sur la première feuille opèrent sur celle-ci, quand on ouvre le registre, une traction qui la fait lever ainsi que les feuillets suivants.

« Depuis M. Willemsens, les fabricants français ont cherché constamment à améliorer leur travail. La couture et l'endossure ont été rendues plus solides ;

mais le perfectionnement le plus utile, et que nos voisins ne nous paraissent pas avoir encore adopté, est certainement la méthode, aujourd'hui générale parmi nous, de donbler chaque cahier, tant à l'intérieur qu'à l'extérieur, par une bande de percaline très-fine qui soutient le fil de la couture et l'empêche d'élargir le trou de l'aiguille et de déchirer le papier.

« La rigidité des dos a paru aussi à quelques fabricants un obstacle à une ouverture facile. Et, vers 1852, M. Sy a pris un brevet pour des dos flexibles. Dans son système le faux dos est formé de deux feuilles de bois, dit de boissellerie, courbées au mandrin comme les dos de carton ; la feuille de dedans est fendue dans toute sa longueur et de toute son épaisseur, mais, comme cette solution de continuité, en donnant plus de flexibilité au dos lui donne aussi plus de fragilité, l'inventeur consolide son faux dos en le garnissant à l'intérieur de plusieurs bandes d'acier placées transversalement comme les ressorts de Sastre et dont l'élasticité se prête à la flexibilité qu'il veut obtenir.

« Les registres construits dans le système de M. Sy présentent, en effet, une ouverture très-facile.

« A ne considérer que les soins apportés partout maintenant, dans les bons ateliers, à la couture, à l'endossage et à tous les détails de la confection des registres, on pourrait regarder cette fabrication comme arrivée à sa perfection. Il reste pourtant encore un problème à résoudre, celui que l'on cherche depuis trente ans et qui, peut-être, est insoluble avec la méthode des dos rigides, quelque flexibles qu'on puisse les faire : c'est l'ouverture plane sur toutes les parties du volume. Sans doute aujourd'hui on semble l'avoir obtenue, mais ce n'est, en réalité, qu'à une seule place, le milieu juste du registre. Lorsque les feuilles ouvertes se trouvent en nombre égal, de chaque côté de l'ouverture, le plan des deux folios qui se regardent est parfaitement horizontal, et on peut y tracer une ligne à la règle sans y rencontrer de dépression ni de soubresauts ; mais tournez vingt feuillets de plus, et l'un des deux côtés bombera vers le fond des cahiers, la règle alors ne touchera plus. On peut, il est vrai, écrire dans le fond, mais alors il faut que la main change la direction de la plume et fasse un effort pour que l'écriture conserve la même pente et la même fermeté que sur la partie plane de la feuille.

« Un autre problème reste également à résoudre, bien qu'on soit déjà parvenu, il faut le reconnaître, bien près de la solution : c'est l'union de la solidité avec la facilité d'ouverture et de fermeture. Quelque bien cousu, quelque bien endossé que soit un registre, lorsqu'il est d'une certaine épaisseur, il finit toujours par se déformer par l'usage, non qu'il se brise tout à fait, mais le dos se déjette, la tranche devient irrégulière et il perd, par cela même, une partie de sa solidité.

« C'est vers ce point difficile dont l'importance n'a pas échappé aux bons ouvriers, que se sont dirigés les efforts de plusieurs des exposants. Bien que le Jury ne regarde pas le problème comme résolu, il a cru devoir encourager les recherches ultérieures, en récompensant les divers essais qu'il a distingués. »

Parmi ces innovations ou essais, nous croyons devoir signaler les suivants :

Médailles de première classe.

M. Bellangé, à Paris, confectionne ainsi ses registres : « La couture est faite sur tirant de bottes, doublé de ce cuir de vache blanc, très-souple, dont se servent les bourreliers; ses cahiers sont assemblés à la colle de caoutchouc et doublés à l'intérieur et à l'extérieur par une bande étroite de toile qui soutient la couture; ils sont ensuite satinés à la presse pour diminuer l'épaisseur du dos, et au moyen de l'encartage à l'anglaise, et du jeu laissé au dos des cahiers, en tenant la courbe du faux dos moins étranglée qu'on ne le fait d'ordinaire, M. Bellangé obtient une ouverture facile et complète. »

M. Dessaigne, à Paris. — Registre monstre exécuté pour l'établissement typographique de M. l'abbé Migne; ce volume, relié à l'italienne, ne contenait pas moins de 1,024 feuilles in-plano de papier grand-aigle; ses dimensions étaient : 1 mètre 30 de largeur, 0 mètre 78 de hauteur; le livre fermé avait une épaisseur de 40 centimètres, étant ouvert il mesurait 2 mètres 80. Les feuilles n'étaient pas surjetées, mais collées deux à deux par une de leurs extrémités, de plus elles étaient doublées de chaque côté d'un ruban destiné à supporter la couture; les 1,024 feuilles, assemblées par cahiers de 6, ont été cousues sur huit nerfs. Le poids de ce registre était de trois cents kilogrammes, il nécessita la construction d'une presse à rogner, qui fut exécutée d'après les dessins de M. Dessaigne.

M. Devillers, à Mulhouse, se faisait remarquer par plusieurs innovations, entre autres la suivante : Au lieu de coller le ruban intérieur des charnières moitié sur la garde, moitié sur la première feuille du cahier voisin, ainsi que cela se pratique habituellement, il colle le ruban d'un côté sur la garde, le passe par-dessous le premier cahier et va l'appliquer sur le recto du cahier suivant, en ayant soin de le tenir un peu moins serré, par là il évite le tirage qui, dans la

méthode ordinaire, s'opère toujours sur la première
feuille du premier cahier.

M. Gasté, à Paris, a exposé des registres à dos
métalliques apparents qui sont très-remarqués par le
Jury.

M. Marie, à Rouen. — Des registres, des carnets
et surtout des reliures mobiles qui se recommandent,
dit le rapporteur, par d'ingénieuses combinaisons.

Médailles de deuxième classe.

M. Bruyer, à Paris. — On remarque dans son
exposition ses essais de couture pour la reliure des
livres : « Au lieu de nerfs, soit en ficelle, soit en
ruban, sur lesquels les relieurs cousent leurs cahiers,
il coud les siens sur une toile de toute la longueur du
dos et parfaitement tendue au moyen d'un métier
vertical dont il est l'inventeur. Quand la couture est
terminée, il fend la toile en largeur entre chaque
couture, et il endosse et rabat ensuite la toile sur le
dos.

« Cette méthode donne de très-bons résultats; il
serait à désirer qu'elle fût mise à l'essai par les bons
relieurs, pour les dictionnaires et les autres ouvrages
qui ont besoin d'être faits à dos brisé. »

M. Dorville, à Paris, — « a fait usage du caoutchouc durci à l'un de ses registres; les plats, au lieu
d'être en carton, sont formés de cette matière nouvelle. A un autre toute la reliure, dos et plats, en est
composée. »

INDUSTRIES

AUXILIAIRES DE LA RELIURE

Ce supplément au rapport de la reliure est presque

entièrement dû à M. Merlin, sauf quelques renseignements que nous avons trouvés dans d'autres rapports dont nous avons signalé les auteurs. Pour le paragraphe relatif aux machines, nous avons eu sous les yeux les travaux de MM. Holm et Merlin ; mais c'est à ce dernier que nous avons fait le plus d'emprunts.

Enfin nous devons dire que nous nous sommes permis, vu le peu de place qui nous reste, de remanier quelques passages dans un sens plus laconique et d'en supprimer quelques autres, qui ne nous paraissaient pas indispensables.

MAROQUINS. — Cette industrie est signalée pour les notables perfectionnements apportés dans la fabrication des peaux à grains du Levant et chagrinés (1).

TISSUS UNIS OU ORNÉS. — MM. Cronier père et fils, à Rouen. — « Ces messieurs ont entrepris cette spécialité depuis moins de deux ans. Au lieu des tissus imparfaits, produit des premières tentatives françaises, et qui, secs, cassants, grossièrement enduits à la main de couches d'empois colorés, déteignaient au travail et ne pouvaient soutenir l'action de la lumière, MM. Cronier ont exposé des toiles d'un tissu fabriqué exprès, teint et gaufré par les meilleurs procédés. En même temps que le public y admire l'apparence et le grain des plus belles peaux chagrinés, le relieur y trouve toutes les conditions qu'il recherche ; à la fois souples et solides, élastiques et imperméables, ces tissus conservent parfaitement l'estampage et prennent facilement la dorure sans glairage. Autre avantage d'une sérieuse importance pour l'industrie : malgré leur supériorité, ils se livrent

(1) M. Fauler, rapporteur.

au commerce au prix de quarante-cinq à quatre-vingt-quinze centimes le mètre, tandis que les premières toiles de ce genre, fabriquées en France, coûtaient un franc cinquante à un franc soixante centimes. » — Médaille de deuxième classe.

M. Wilson, à Londres, obtient la même récompense pour ses toiles de coton gaufrées.

M. Poussin, imprimeur-lithographe à Paris, « est parvenu à étirer la gutta-percha à l'épaisseur d'une feuille de papier. Il en forme aussi un enduit liquide avec lequel il prépare des tissus, qu'il livre au commerce, tout estampés et imprimés, en or et en couleur, à des prix modérés. » — Mention honorable.

M. Omer (Henry), imprimeur-lithographe à Paris, « des couvertures de livres en papier et en tissus vernis imitant la basane. Ses tissus proviennent de la fabrique de MM. Cronier, de Rouen... Les formats in-12 sur papier, imprimés par la chromo-lithographie et estampés, se livrent à six francs le cent; les toiles basanes, dorées et estampées, sont vendues à huit centimes le format in-32, et progressivement jusqu'à quarante centimes pour les in-12. » — Mention honorable (1).

Cartons. — M. Arnoult, à Paris. — Cartons en pâte et cartons collés, d'une remarquable solidité et dureté. Epaisseurs diverses jusqu'à vingt-cinq millimètres la feuille. Les prix de ses cartons varient de

(1) M. Persoz, rapporteur de la deuxième classe qui avait dans ses attributions l'examen des imitations de maroquins chagrinés, cuirs vernis, etc., s'exprime ainsi en parlant de ces essais : « ..... peut-être est-il fâcheux cependant que les fabricants, s'attachant trop à imiter les uns les cuirs vernis, les autres des maroquins chagrinés, jettent ainsi dans le commerce, et cela toujours au préjudice du consommateur des espèces de peaux pour la chaussure et pour la reliure manquant de la solidité désirable. »

trente à cent francs les cent kilogr. — Médaille de deuxième classe, obtenue également dans la vingt-sixième classe. (Cartes à jouer.)

M. Rollet-Pinchon a exposé des cartons faits de rognures de cuirs. — Mention honorable.

M. Grosse, à Geiersdorf (Silésie.) — Le Jury a constaté la bonne qualité des cartons pour la reliure, annoncés comme étant entièrement en bois. Cartons blancs, gris, jaunes et bleus, de différentes épaisseurs. — Mention honorable (1).

Papiers de fantaisie.— MM. Thomas de la Rüe et C°, fabricants de papiers de fantaisie, d'albums reliés, portefeuilles, maroquinerie, etc., à Londres. — C'est M. Th. de la Rüe qui, en 1829, après avoir étudié le moirage des soieries, découvrit le moyen de produire, par la gravure, le même effet sur le papier et la percaline. On lui doit aussi plusieurs autres perfectionnements. Cet établissement occupe plus de six cents ouvriers et il emploie cinquante chevaux de force motrice et de vapeur. — Médaille d'honneur.

MM. C. Knepper et C°, à Vienne (Autriche). — Toiles de couleurs et imprimées pour cartonnages et reliures. — Médaille de première classe (2).

Machines pour la reliure. — M. Pfeiffer, à Paris, « a présenté deux machines : l'une à rogner, l'autre destinée à différents usages, principalement à l'endossure.

« La construction de la première permet de rogner des surfaces concaves ou plates, suivant les besoins du travail.

« La rognure des gouttières ou surfaces concaves, s'opère de la façon suivante : les livres sont d'abord

_____

(1) M. E. de Canson, rapporteur.
(1) M. Natalis Rondot, rapporteur.

présentés horizontalement par un chariot, dont les
rebords formant équerre les retiennent dans des
conditions invariables de régularité que leur conserve
la pression puissante de deux plateaux parallèles ;
puis, divers engrenages impriment à une longue
lame concave, disposée verticalement, un mouvement simultané de progression circulaire dans le
sens de sa courbe, et de marche alternative dans le
sens de sa longueur ; la rognure est faite à la faveur
de ce double mouvement.

« Les surfaces planes se rognent avec un appareil
à lames plates, disposées verticalement, et par un
mouvement de va-et-vient dans le sens de la longueur de la machine.

« La monture de ces couteaux consiste dans une
longue et forte règle de fer taillée en biseau et creusée, dans son épaisseur, d'une profonde rainure dans
laquelle s'enchâsse une lame d'acier, longue et étroite,
que des vis y maintiennent solidement fixée. Pour le
couteau concave, la pensée est la même, sauf ce
qu'exige comme disposition la forme concave. Avec
cette machine, la rognure plane peut se faire à la fois
sur plusieurs volumes superposés ; la rognure concave
ne peut s'opérer que sur des volumes d'égale épaisseur pouvant être contenus dans la longueur de la
presse ; ils ne peuvent être superposés.

« La deuxième machine, exposée par M. Pfeiffer,
est une longue presse à pression latérale où les livres
doivent être placés de champ, l'espace compris entre
les deux mâchoires est d'environ deux mètres, mais
il est séparé dans sa longueur par une forte traverse
ou mâchoire immobile de laquelle se rapproche chaque mâchoire extérieure, au moyen d'une vis tournant dans une traverse à écrou, dans chaque extré-
mité de la mâchoire. Les volumes mis en presse sont

séparés par des ais en bois, ferrés sur une de leurs tranches.

« Cette machine peut servir pour la pression ordinaire, pour celle de la dorure sur tranche et enfin pour l'endossure. Pour cette dernière opération, M. Pfeiffer a imaginé un outil qui, dit le Rapport, en abrége et en régularise l'exécution. C'est une grande mollette à double poignée dont la tranche est creusée en une portion de cercle intérieurement striée de cannelures un peu aiguës, mais non tranchantes. Les dos passés en colle sont placés dans la presse ; ils dépassent des ais de façon à permettre la confection du mors. Alors l'ouvrier, tenant la mollette par les deux poignées, la passe plusieurs fois sur les volumes et toujours dans le sens de la longueur du dos qui, par cette opération répétée, se trouve arrondi, labouré de stries parallèles aux cahiers et propres à recevoir la colle ; de plus, les bords, se trouvant écrasés contre les ais, forment ainsi des mors réguliers (?). Il faut au moins deux mollettes pour obtenir ce résultat : la première moins profonde, la seconde davantage.

« Après cette opération, les dos sont encollés et une roue d'engrenage fait retourner toute la presse, les dos des volumes en dessous ; un fond de fer, placé au bas de la presse et qui en fait partie, peut recevoir des charbons allumés pour sécher les volumes, s'il en est besoin.

« Par un autre mécanisme, assez simple, le fond de fer peut s'enlever à volonté pour servir de point d'appui aux volumes, quand on les dispose pour la pression.

« Malheureusement, dit M. Merlin, le prix de ces machines compliquées en interdit l'usage aux petits ateliers ; le Jury engage M. Pfeiffer à les simplifier

et à les diviser même en plusieurs instruments spéciaux d'un prix modéré.

« Ces diverses inventions ont valu à leur auteur
une médaille de première classe dans la section de
mécanique spéciale et matériel des ateliers industriels. M. Holm en était le rapporteur. Dans la vingt-
sixième classe — industries auxiliaires de la reliure —
cet exposant n'a obtenu qu'une médaille de deuxième
classe.

« MM. Sauborn et Carter, à Boston (Etats-Unis),
exposent une machine pour faire les mors des livres.
Sa construction n'est autre chose qu'un étau à longues mâchoires soutenu par quatre pieds; l'écarte-
ment des mâchoires a lieu à volonté, suivant la
grosseur des volumes.

« La machine est complétée par un cylindre de fer
placé au-dessus de l'étau, il s'en rapproche ou s'en
éloigne au moyen de vis. Un mouvement de va-et-
vient, répété deux ou trois fois, a lieu au moyen de
leviers qui se meuvent autour d'un centre correspondant à la courbe produite par la courbe du livre; ce
mouvement est donné au cylindre par une poignée
verticale, la pression qu'il opère sur le dos du livre
finit de l'arrondir (1) et en écrase suffisamment les
bords sur les arêtes des machines pour former des
mors bien prononcés.

« Le prix de cette machine est de quinze cents
francs. Le travail obtenu est régulier, égal et rapide.
Un ouvrier peut faire l'ouvrage de deux ou trois dans
le même laps de temps. — Médaille de deuxième
classe, obtenue également dans la sixième classe.

---

(1) Cet outil-machine ne pouvant faire que les mors, le
relieur ne peut donc se dispenser d'arrondir, avant de les
mettre en presse, les dos de ses volumes.

(matériel des ateliers industriels). **M. Holm**, rapporteur.

« M. Richard, libraire et horloger, à Châlons-sur-Saône, a cherché à faciliter la rognure des gouttières tout en la perfectionnant.

« Il s'était posé pour problème de substituer une coupe concave à une coupe plane, en conservant le plus possible la forme et le maniement de l'outil en usage.

« Le changement apporté au fût de la presse à rogner consiste dans le remplacement de la lame plate par deux lames courbes, dont les pointes se regardent et se rapprochent graduellement l'une de l'autre, à mesure que le papier se rogne. C'est un double mouvement de haut en bas, et du dehors au dedans, opéré au moyen d'une pression verticale sur les lames, pression qui ne peut avoir lieu qu'à l'aide d'engrenages, puisque la puissance qui la crée doit toujours être une poignée à vis tournée graduellement par la main du relieur.

« Malgré cette complication, les difficultés paraissent au Jury assez heureusement vaincues. Que l'inventeur simplifie l'outil autant qu'il lui sera possible, afin de pouvoir en abaisser son prix ; il en rendra, par là, l'usage plus général et plus accessible aux petits établissements. »

GRAVURE. — MM. Haarhaus et M. Tambon, à Paris, médailles de deuxième classe, pour des plaques et des fers de bon goût et d'une exécution très-soignée.

M. Schubert, à Berlin, plaques pour le cartonnage et la reliure, dessins moins purs que celui des artistes précédents. — Mention honorable.

GARNITURES MÉTALLIQUES. — Trois médailles de

deuxième classe à MM. Lalande, Blanvillain aîné, et J. Poullain, tous trois à Paris.

M. Lalande est distingué pour ses garnitures *biblio- zones*, sans aucune soudure ; elles sont découpées dans une plaque de métal dont les bords sont rabattus suivant la destination de la garniture.

M. Poullain a exposé des fermoirs bien dorés, qu'il vend trente centimes aux commissionnaires ; un entourage filet jonc doré, avec titre, chapiteaux et dos, est vendu par lui quatre-vingts centimes.

Sculpture sur ivoire. — M. Léfort jeune, à Paris. — « Plusieurs jolies couvertures de livres, finement sculptées, et un beau missel in-folio de quarante centimètres de haut sur vingt-cinq de large, dont les panneaux, sculptés avec talent, tenaient au dos, également en ivoire, par une charnière taillée dans l'ivoire même et dont la précision des axes n'était pas la moindre difficulté vaincue dans ce travail remarquable. » — Médaille de deuxième classe.

M. Knopf, de Munich, mention honorable, pour des ornements en ivoire qui décoraient une boîte-reliure exposée par M. Escherich.

Restauration des estampes et des livres. — Mention honorable à M. Goût, de Montpellier, « qui a trouvé des procédés qui rendent au papier sa blancheur primitive, sans en altérer la substance. »

M. Pilleron, à Dijon, avait exposé de la ciselure sur tranche ; il n'est pas mentionné au Rapport officiel.

Cette Exposition fut close le 30 novembre ; la distribution des récompenses avait eu lieu le 15 du même mois.

Le nombre des exposants s'éleva à 23,954, dont 2,175 pour les Beaux-Arts. 11,986 appartenaient à la

France et à ses colonies; l'étranger en comptait 11,968.

D'après le Rapport officiel, 11,033 récompenses furent décernées : 10,564 pour l'industrie, 469 pour les Beaux-Arts; 144 décorations furent également distribuées à divers exposants ou coopérateurs; dans ce nombre figurent quatorze ouvriers de l'agriculture ou de l'industrie. De plus, six pensions ou gratifications furent accordées à divers exposants.

XIV

Exposition internationale de 1862.

Lorsque l'Angleterre se décida à organiser l'Exposition de 1862, le Palais de Cristal, où s'était tenue celle de 1851, avait reçu une autre destination (1) ; il fallut donc construire un nouveau bâtiment pour le remplacer. Les travaux qui furent commencés le 9 mars 1861 étaient achevés avant le 1er mai de l'année suivante, date fixée pour l'ouverture qui fut faite par le duc de Cambridge.

Cette immense construction s'étendait, avec ses annexes, sur une superficie de plus de trois hectares: les surfaces couvertes, en y comprenant celles du premier étage, formaient un total de 125,393 mètres carrés. La dépense pour la construction de l'édifice s'éleva à huit millions deux cent vingt-cinq mille

(1) Il fut transporté ou plutôt réédifié dans le parc de Sydenham, près de Londres. Sa destination actuelle est celle d'un musée permanent pour les arts et l'industrie.

francs. Le chiffre total des recettes monta à onze millions quatre cent quatre-vingt-dix mille sept cent quatre-vingt-dix francs, il dépassa d'environ vingt mille celui des dépenses.

Au début de ses travaux la Commission anglaise, chargée d'organiser l'Exposition, semblait disposée à laisser l'opinion publique juger seule les produits exposés, mais cette idée ne prévalut pas chez les autres nations, dont l'avis général fut qu'une telle mesure, en supprimant les récompenses, éloignerait certainement bien des exposants. La nomination d'un Jury international fut donc décidé ; il était composé de cinq cent soixante - sept membres ; le Royaume-Uni et les colonies anglaises en comptaient deux cent quatre-vingt-seize, et la France soixante-cinq, avec un nombre égal de suppléants.

À côté de ce Jury officiel il en fonctionna un autre nommé à l'élection par les ouvriers des différents corps de métiers dont les produits figuraient à cette Exposition. Chaque groupe publia son rapport qui, plus tard, réuni à celui des autres groupes, aida à former un livre curieux à plus d'un titre.

Ajoutons que cette publication sans précédents a été féconde en résultats ; de cette époque date le réveil de la classe ouvrière, endormie violemment depuis dix ans. Nous nous réservons, à la suite du rapport sur la reliure, de revenir sur ce sujet, d'un intérêt capital pour la classe ouvrière.

La direction de l'Exposition française fut confiée à une Commission nommée par le gouvernement français, le prince Napoléon en était le président, M. Le Play le secrétaire et commissaire général ; sur les douze cent mille francs qui lui furent alloués pour ses dépenses, elle réalisa une économie de vingt-cinq mille francs.

RELIURE

La reliure, placée dans la troisième section, vingt-huitième classe, avait pour rapporteur M. Wolowski, professeur au Conservatoire des Arts et Métiers, membre de l'Institut. Son travail, qui n'est pas sans mérite et sans intérêt, diffère quant à la forme de celui de ses prédécesseurs : en effet, au lieu de mentionner les exposants suivant leur ordre de récompenses, ainsi qu'il était d'usage, M. Wolowski les a classés par genre de travail (reliure de bibliophile, de luxe, de bibliothèque et à bon marché). Cette méthode, qui peut offrir certains avantages, à un point de vue général, nous paraît présenter un assez grave inconvénient, lorsqu'il s'agit de rendre compte d'un concours, où, parmi les exposants, il s'en rencontre un assez grand nombre dont les travaux embrassent différentes spécialités ; ainsi, par exemple, la reliure de bibliothèque n'est-elle pas entreprise par presque tous les relieurs ? ce qui ne les empêche pas de se livrer à d'autres genres suivant leurs aptitudes ou leur clientèle. On est donc forcé, avec le système de M. Wolowski, de les mentionner plusieurs fois, d'où certaines redites inévitables, certaines omissions involontaires et surtout une appréciation trop superficielle des ouvrages exposés.

Tel est, selon nous, le côté faible du travail de M. Wolowski; hâtons-nous de dire que ces quelques défauts sont brillamment rachetés par des considérations générales de l'ordre le plus élevé, dictées par une conviction éclairée.

Leur lecture ne sera inutile à aucun : certains y trouveront des encouragements à persévérer dans le culte du beau, dans la pratique des bonnes traditions, et dans l'application raisonnée des découvertes et procédés nouveaux ; d'autres y apprendront que leur métier, dans quelque condition qu'il soit exercé, est non-seulement susceptible de progrès, mais encore digne d'occuper leur intelligence, et que plus une reliure s'adresse au grand nombre par la modicité de son prix, plus il y a de mérite à la rendre à la fois élégante et solide ; enfin, les amis des livres, en pouvant juger plus sûrement le travail qu'ils auront commandé, en apprécieront d'autant mieux le mérite et les difficultés : il en résultera, espérons-le, de la part de quelques-uns, plus de justice envers l'ouvrier dont l'intelligence et les capacités auront satisfait leur goût et contenté leurs exigences.

Ce dernier point est peut-être le plus difficile à atteindre, mais les pages de notre rapporteur sont si éloquentes que nous voulons espérer quelques conversions. En les attendant, et quoi qu'il arrive, remercions-le de son travail et constatons que, s'il n'émane pas d'un expert, il dénote au moins un amateur intelligent, partisan du bon goût et des saines doctrines de l'art industriel.

A côté du travail de M. Wolowski, il s'en place un autre dont l'intérêt n'est pas moindre à nos yeux : nous voulons parler du *Rapport des Ouvriers Relieurs* délégués à cette Exposition, qui, au nombre de trois, devaient représenter les spécialités suivantes : reliure de bibliophile, reliure de commerce et dorure sur cuir ; de plus, ils devaient étendre leurs appréciations sur la dorure sur tranche, la marbrure et tout particulièrement sur la situation économique.

Leur élection eut lieu le dimanche 25 mai 1862 ; furent nommés délégués :

Pour la reliure de bibliophile, M. ROBILLARD ; délégué suppléant, M. MOTTE.

Pour la reliure de commerce, M. Vavasseur ; délégué suppléant, M. Grandjean.

Pour la dorure sur cuir, M. Dubus ; délégué suppléant, M. Wampflug.

Par suite de divers incidents, il n'y eut que deux délégués, MM. Motte et Dubus, qui firent le voyage à Londres. Ils étaient accompagnés par M. Alphonse Coquard, relieur, membre de la Commission ouvrière. M. Coquard collabora au travail des délégués.

Leur Rapport parut en novembre 1863, et fut imprimé aux frais de la Société de Secours mutuels des *Ouvriers Relieurs de Paris* (1). La critique peut lui reprocher son peu d'étendue et son extrême brièveté, mais ce reproche qui, soit dit en passant, pourrait s'adresser à tous ceux qui ont paru à cette époque, ne saurait atteindre les délégués relieurs ; le timbre est le seul coupable ; c'est lui qui les obligea à supprimer certaines parties de leur travail et à en écourter d'autres. Pour juger un impôt qui produit de tels résultats, quand il ne réussit pas à étouffer complétement la voix qui veut se faire entendre, une plus longue digression nous paraît inutile ; contentons-nous d'exprimer l'espoir que ces figures fiscales, abhorrées par tout vrai bibliophile, ne tarderont pas à disparaître.

Le Rapport des délégués relieurs est précédé d'un court aperçu sur l'ancienne corporation des Maîtres Relieurs et Doreurs de Paris ; vient ensuite l'appréciation par ordre de nationalité des reliures exposées; puis un résumé sur l'ensemble de la reliure de biblio-

___

(1) Ce rapport ne figure pas dans la collection publiée par la Commission ouvrière. Il a été édité en trois formats : in-18 jésus ; petit in-8 (100 exemplaires) ; grand in-8 (100 exemplaires).

phile, de luxe, de commerce et de l'album photographique, ainsi que sur la dorure sur tranche, la marbrure, l'outillage et les matières premières nécessaires à la profession ; enfin, il est terminé par un exposé de la situation économique et des réformes nécessaires à son amélioration.

RELIURE DES LIVRES ET ALBUMS PHOTOGRAPHIQUES

CONSIDÉRATIONS GÉNÉRALES.

Rapport de M. Wolowski.

« Ceux qui s'en tiennent aux apparences, sans pénétrer les secrets de l'industrie et sans en apprécier les difficultés, ne sont que trop disposés à méconnaître le caractère de certaines branches du travail humain, et à les traiter avec une singulière hauteur. A leurs yeux, la reliure est un métier de mince importance ; il mérite à peine de fixer l'attention des esprits sérieux. Cependant, l'art du relieur (et nous ne craignons nullement d'être accusé de nous servir d'un terme impropre ni d'être taxé d'exagération en employant cette forme de langage) est digne à tous les égards d'échapper à cet injuste dédain. Il s'applique à conserver les manifestations les plus brillantes et les plus fécondes de la pensée ; il est le complément naturel de ces merveilleuses inventions qui relient dans un magnifique ensemble les efforts des générations, et qui nous rendent, pour ainsi dire, habitants de tous les pays et contemporains de tous les âges. Ce n'est point assez que l'écriture parvienne à fixer les résultats des méditations ou des caprices de l'esprit, que le papier les recueille, que l'imprimerie les multiplie, il faut encore que les manuscrits et puis les

livres échappent à la destructive atteinte du temps ;
pour que, suivant la sublime expression de Pascal,
l'humanité soit comme un seul homme qui vit et qui
apprend toujours. Grâce aux feuilles où se reflète et
se conserve le travail intellectuel, la meilleure partie de notre être ne meurt pas alors que disparaît
l'enveloppe matérielle, destinée à une existence
éphémère. Les rayons d'une bibliothèque renferment
la manifestation la plus élevée et la plus pure de
l'âme immortelle ; ils nous permettent de nous entretenir avec ceux dont la pensée, toujours active,
nous charme et nous instruit, nous améliore et nous
console ; avec ces amis inconnus et fidèles qui sont
toujours prêts à nous guider et à nous grandir.

« Est-ce donc une faiblesse que de s'appliquer à conserver avec un soin délicat, non-seulement le souvenir, mais la réalité même des plus nobles et des plus
agréables sentiments? Rien de plus simple que de se
plaire à garder et à parer les objets de notre affection. En est-il une plus pure et plus légitime que
celle qui nous met en communication constante avec
le rayonnement de la pensée humaine?

« L'art du relieur répond donc à un de nos besoins
les plus vrais ; il est aussi un de ceux qui exigent le
plus d'habileté et d'intelligence. Pour se rendre
compte de tout ce qu'il a fallu de labeur et d'adresse,
de patience et de goût afin d'arriver à un résultat,
simple en apparence, mais produit par des manifestations variées et compliquées, il est nécessaire de dé-
composer cette œuvre par la pensée, quand on ne
veut pas la détruire en la disséquant. Alors on est
surpris de rencontrer dans la reliure la plus modeste,
lorsqu'elle est appropriée au but indiqué, une création véritable. Il faut qu'un livre, bien relié, unisse
la solidité à l'élégance, qu'il témoigne par la bonne

disposition des feuilles, par l'attache qui les réunit, par la régularité de la disposition et la commodité de l'usage, d'une entente exacte des conditions variées auxquelles il importe de satisfaire. Ici, la qualité essentielle est d'arriver à faire disparaître, sous une forme exempte des contraintes matérielles, les éléments divers de l'effort accompli. L'art du relieur est d'autant plus parfait, qu'il parvient mieux à déguiser les opérations successives qu'il exige. Il doit aussi répondre à la nature des œuvres auxquelles il fournit l'enveloppe destinée à les protéger et à l'emploi qui leur est assigné. Loin d'être uniforme dans les procédés et dans les résultats, il faut qu'il se plie aux exigences diverses des temps et des productions. Rien de plus commun dans cette industrie que les dissonnances et les anachronismes ; aucune autre n'exige plus de sens et de jugement.

« Combien d'hommes, habiles d'ailleurs, sont tombés dans ces méprises choquantes, parce qu'ils n'ont pas compris ces vérités élémentaires. Nous ne parlons pas uniquement de ceux qui ont été à la dérive d'une imitation servile, et qui ont dépensé, en pure perte, des efforts ingénieux. On pourrait citer plus d'un exemple, pris à l'Exposition de 1862 : d'artistes habiles qui ont appliqué des formes de reliure peu en harmonie avec la nature actuelle des livres et la place que ceux-ci sont appelés à occuper. Ils ont voulu reproduire, sans les calquer, des dispositions qui répondaient à merveille aux exigences de manuscrits précieux, ou de feuilles de vélin exposées à être gonflées sous l'influence de l'atmosphère, et ils ne se sont pas demandé si le livre imprimé à prix réduit, sur du papier plus ou moins solide, mais toujours identique, appelé non à figurer sur des pupitres, mais à rencontrer le contact immédiat d'autres livres rangés à côté les uns des autres, se prêtait à de pareilles fantaisies d'ornementation et demandait le même appareil de cadres et de fermoirs. Il est des ouvrages dont l'aspect extérieur nous faisait involontairement songer aux armures de chevalerie, dont l'invention de la poudre a fait disparaître le massif et brillant attirail.

« Chaque forme a eu sa raison d'être ; il ne s'agit que de la découvrir pour se mettre à l'abri d'erreurs regrettables. Quand les manuscrits étaient rares et que les livres étaient fort chers, on les traitait comme une espèce de relique ; rien ne paraissait trop dispendieux pour enchâsser ces précieux exemplaires, aucun soin ne semblait superflu pour les conserver. Si les yeux étaient satisfaits par l'éclat de l'enveloppe extérieure, la solidité minutieuse du travail répondait à toutes les prévisions. Un manuscrit, un livre était un des plus magnifiques ornements des somptueuses demeures ; il ne se bornait pas à donner une noble satisfaction à l'esprit ; mais, exposé aux regards sur des pupitres, il assurait à son heureux possesseur une jouissance d'orgueil et de généreuse vanité, qui marchait de pair avec celle que procure la possession d'une œuvre d'art, d'un tableau, d'une statue. Si l'on en croit l'humeur satirique de Sénèque, pour beaucoup de ses contemporains, les ouvrages servaient bien plus à la décoration des édifices qu'aux charmes de l'étude. Cette tradition est-elle entièrement perdue de nos jours ?

« Mais les besoins généraux de notre époque sont différents. La multiplication des livres, leur bon marché relatif, la tendance vers l'utile imposent d'autres conditions. Il faut que le relieur arrive à une production courante, qui soit au niveau des fortunes plus divisées ; il faut qu'il sache donner aux exemplaires qui lui sont confiés, une forme simple, qui soit aussi élégante et durable. Il faut que, sans cesser d'être un art, la reliure prenne les allures et crée les procédés d'une grande industrie. Le livre est aujourd'hui l'affaire de tout le monde. Ici encore, l'intelligence de l'esprit nouveau qui pénètre la société doit se révéler dans toutes les directions. A côté des œuvres appelées à durer, de celles qu'il est naturel d'entourer de respect et d'éclat, se rencontrent les *éphémères*, dont la destinée s'accommode à merveille, d'une parure élégante, mais fragile ; à côté des *livres de bibliothèque*, se trouvent, en quantité innombrable, les instruments de distraction ou de travail, ainsi que les moyens de propager les enseignements de la foi, les préceptes de *la bonne parole* et les consolations de la prière.

« La reliure intervient partout, tantôt riche et sévère, ou capricieuse et tourmentée, tantôt élégante et gracieuse, tantôt enfin simple, populaire, accessible à tous.

RELIURE DE BIBLIOPHILE

« Il serait facile de diviser en quatre groupes principaux les diverses créations de cette industrie :

« Reliure d'amateur et de bibliophile, riche sans ostentation, sobre de moyens employés, mais visant à la perfection dans le résultat, solide sans lourdeur, toujours en harmonie avec l'ouvrage qu'elle recouvre ; d'un grand fini de travail, d'une exacte exécution des plus menus détails, à lignes nettes, à dessins fermement conçus, telle que la conservent à l'admiration du temps présent, les admirables bibliothèques des temps passés, telle que la présentait l'exposition du musée de Kensington, placé à côté de l'Exposition universelle, comme pour nous fournir à la fois l'enseignement de l'exemple et une leçon de modestie, Enivré de ses conquêtes, l'esprit moderne est trop disposé à dédaigner les siècles écoulés, à supposer qu'il a tout fait pour sortir du néant. Il est bon de l'arrêter sur cette pente, de montrer combien l'art et l'industrie avaient eu de séve à des époques trop dédaignées par la légèreté et l'ignorance. Nous n'hésitons pas à le dire, l'exposition de Kensington, reunion admirable des richesses dispersées d'ordinaire dans les cabinets des amateurs anglais, offrait un sujet d'étude non moins fécond que le vaste édifice élevé à côté pour glorifier l'esprit moderne. En ce qui concerne l'objet spécial de ce travail, les deux vitrines où se trouvaient les belles reliures des temps reculés n'avaient certes rien à envier à l'étalage de l'Exposition universelle. Quelle étude pourrait remplacer celle de ces modèles si variés, si corrects, si parfaits !

« Dans la section consacrée aux reliures (*décorative bock, binding*), rien ne manquait pour exciter l'admiration et faire le désespoir des bibliophiles. Les plus célèbres bibliothèques des temps passés avaient été mises à contribution pour présenter les objets les plus rares et les plus précieux, les exemplaires les mieux finis, les plus corrects et les plus gracieux. Les Spencer, les Turner, les Gosford, les Slade, et tant d'autres avaient prêté les joyaux de leurs collections, véritables chefs-d'œuvre de reliure.

« On ne pouvait assez s'émerveiller du goût, de la précision des détails, de la pureté d'exécution, de la fermeté des lignes que présentaient ces livres, rares par leur contenu, exquis par leur enveloppe extérieure. Il faudrait, pour en donner une idée, entrer dans des développements que ne comporte par ce rapport ; mais si, pour comprendre le beau, il faut suivre les préceptes d'Horace, pour les chefs-d'œuvre du génie ancien :

Nocturna versate manu, versate diurna.

le même conseil peut s'adresser à l'étude des modèles de reliure, qui nous ont été légués par la Renaissance et les siècles suivants : la précieuse collection du musée de Kensington en fait foi. Comment s'en étonner quand on reconnaît des inscriptions telles que ces simples et touchantes paroles : *In Groleris et amicorum. — Thom Wattoniæ et amicorum. — W. Lavrine et amicorum.* — Ou bien des noms tels que : *Carolus IX, d. g. rex francorum. — Mary queen of scots. — Queen mary of england. — François Ier. — De Thou. — Colbert. — Mme de Pompadour,* etc.?

« Nous devons le dire à regret, un bien petit nombre d'exposants ont marché sur les traces de ces nobles modèles ; il est vrai que les maîtres de cet art, en France, ne figuraient pas à l'Exposition. On n'y voyait ni Trautz, ni Capé, ni Niédrée, ni Lortic. Quelques productions de Gruel-Engelmann (dont nous retrouverons le nom avec plus d'éclat encore tout à l'heure, quand nous parlerons de la reliure de luxe, avec ornementation empruntée à d'autres arts) et de Mame, qui a eu la noble ambition d'unir, dans un ensemble des plus remarquables, les splendeurs de l'art le plus élevé, au prodige du bon marché le plus étonnant ; et quelques volumes de l'Imprimerie Impériale sont tout ce que nous avons pu placer, sans trop de désavantage, en face des merveilles du *Kensington Museum.*

« L'Angleterre comptait trois relieurs dignes de marcher à côté de nos meilleurs artistes : Bedford, Rivière et Chatelin. Les bonnes traditions se conservent parmi eux. On pouvait admirer l'exécution irréprochable de plusieurs exemplaires du Dante et de Virgile. M. Chatelin, français, établi depuis dix ans en Angleterre, habile ouvrier, mettant lui-même la main à la besogne, a exécuté pour la bibliothèque du duc d'Aumale, plusieurs volumes d'un goût exquis et d'une ornementation délicate. M. Bedford marche en première ligne. Le Jury a été unanime pour exprimer le regret que les règlements de l'Exposition n'aient point permis d'attribuer à cet exposant, ainsi qu'à M. Mame, une récompense exceptionnelle, digne d'un mérite hors ligne. On comprend le luxe de la reliure quand il se traduit de cette manière ; au lieu d'une imitation maladroite des anciens exemplaires, dont beaucoup n'ont retenu que le côté le moins méritoire, en exagérant les défauts d'ormentation, le Jury a eu le plaisir de constater, dans les cases des exposants que nous venons de citer, ainsi que dans celle de M. Gruel-Engelmann, un goût éclairé et un travail excellent.»

Les délégués relieurs diffèrent, sur quelques points, d'opinion avec M. Wolowski ; il est probable que peu de nos lecteurs en seront surpris, car la compétence des Jurys officiels est généralement contestée, surtout depuis l'Exposition de 1867 ; nous croyons donc que citer quelques extraits de leur Rapport sera non-seulement utile comme enseignement, mais encore nécessaire pour réparer certaines omissions du rapporteur officiel.

L'exposition de M. Bedford offrait de particulièrement remarquable « un in-folio, *Cronica de Nuremberg*, relié en peau de truie brune d'une très-jolie teinte, avec ornements à froid, genre manuscrit; l'exécution en était bonne et les fleurons d'une égale nuance. »

Les reliures de cet exposant avaient les défauts reprochés à presque toutes les reliures anglaises : « cartons trop épais et châsses trop larges ; » ses dorures, comme dessin et comme exécution, « n'étaient pas supérieures à celles exposées par plusieurs de ses confrères. »

M. Chatelin a présenté des reliures remarquables ; « très-bien exécutées, » plusieurs avaient le mérite assez rare de n'avoir pas été faites en vue de l'Exposition.

M. Rivière, exposant anglais d'origine française, s'est fait remarquer des délégués par le soin apporté au corps d'ouvrage de ses reliures, « mieux réussi que partout ailleurs ; » pourtant, leur critique a encore trouvé à s'exercer sur l'épaisseur un peu exagérée des cartons. Par exception au système anglais, quelques reliures étaient cousues sur de petits nerfs. « La couvrure était bien faite, et la dorure, composée de mosaïque de très-bon goût, d'entrelacements de filets, était d'une exécution parfaite. »

« M. J. Schavye, à Bruxelles, disent les délégués, a exposé des reliures en veau brun clair et lavallière, ornements à froid, genre manuscrit, avec de vieilles garnitures en cuivre ; le tout très-bien entendu et bien exécuté.

« Un fort volume in-folio relié en peau de truie, avec ornements à froid d'une exécution irréprochable.

« Ces reliures, et les délégués insistent sur cette remarque, avaient le mérite incontestable d'être cousues sur nerfs.

« Mais, ajoutent-ils, nous devons constater qu'en s'appliquant à imiter les anciennes reliures, M. Schavye a été plus heureux que dans le genre moderne ; quelques demi-reliures exposées laissaient à désirer pour la rognure. »

Dans le résumé que les délégués ont fait de ce genre

de reliure ils constatent que la rivalité ne peut réellement exister qu'entre l'Angleterre, la Belgique et la France.

« Les reliures belges et françaises, disent-ils, étaient cousues sur nerfs ; le corps d'ouvrage, les tranches, la couvrure et la dorure ont été exécutés avec beaucoup de soin et disposés selon le genre de chaque époque que l'ouvrier s'est proposé d'imiter, et, nous pouvons affirmer, sans être taxés de prévention, que ces reliures avaient une supériorité notable, comme solidité, sur les reliures anglaises...

« A l'exception de quelques volumes, toutes les reliures anglaises étaient cousues à la grecque... Généralement l'endossure était faible et laissait beaucoup à désirer sous le rapport de l'exécution... L'épaisseur souvent outrée des cartons, ainsi que l'excès de largeur des châsses, était cause que leurs reliures manquaient de grâce ; la rognure et la couvrure en étaient bien faites ; les tranchefiles rubans à trois ou quatre couleurs étaient très-bien exécutées ; la dorure sur tranche, dont l'or a un ton rouge, manquait de brillant ; en exceptant quelques gouttières creuses faites à Paris, toutes les autres avaient été dorées plates. L'exécution des dessins pour la dorure sur cuir est supérieure à la dorure française, et, quoique bien exécutés, les dessins d'origine anglaise n'ont rien de séduisant, mais le nombre en est restreint ; tout au contraire, les dessins d'origine française ont été généralement adoptés et sont exécutés avec une rare perfection.

« M. Schavye, de Bruxelles, et madame Gruel-Engelmann sont les seuls dont les reliures aient obtenu quelques succès sur celles des Anglais ; car la reliure d'amateur a déjà trop de tendance à dégénérer pour que, contrairement à sa bonne exécution, nous consentions, en connaissance de cause, à reculer les limites de son perfectionnement jusqu'à la maison Mame, qui n'a en réalité exposé que de la reliure de commerce. »

RELIURE DE LUXE.

(Suite du rapport de M. Wolowski.)

« Le nom de M. Gruel-Engelmann nous amène naturellement à parler de la seconde catégorie de livres, de ceux qui, recouverts de pierreries et d'émaux, se rapprochent des objets d'orfévrerie, ou bien s'allient au travail le plus exquis de l'acier, du fer, de l'ivoire et du bois. Nous ne partageons pas la sévérité de ceux qui condamnent, d'une manière trop absolue, ces gracieuses créations, mais elles doivent être renfermées dans des limites étroites, car elles ne s'appliquent avec succès qu'à des productions exceptionnelles. On peut les admirer quand elles brillent, comme à l'exposition des États-Romains, sur des Missels ou des Antiphonaires, décorés par Bertinelli et Olivieri ou bien quand elles font revivre, sous l'habile main de Gruel-Engelmann, les nobles spécimens des siècles écoulés. La maison Gruel-Engelmann a la spécialité de la reliure des livres religieux, tels que Missels, Paroissiens, Imitations, Bibles, Évangiles, Livres de mariage, etc. Tous les dessins, toujours d'un goût distingué, sont exécutés par M. Engelmann, qui met en œuvre d'habiles artistes peintres, calligraphes, émailleurs, ciseleurs, etc. Les décorations de style sont fidèlement maintenues en harmonie avec les époques et les sujets traités. Cette maison exécute également bien les demi-reliures à deux francs cinquante centimes, et les dorures et les mosaïques les plus compliquées de plusieurs milliers de francs, depuis le simple paroissien de cinq et six francs, jusqu'à des livres de mariage de cinq et six mille francs. Elle a la première abordé les reliefs à froid des treizième, quatorzième et quinzième siècles, et formé les graveurs pour ce genre de fers, dont l'emploi avait disparu. Cette tentative a été couronnée d'un succès complet. M. Gruel-Engelmann a évité de tomber dans les extravagances du *rococo*; il fait preuve d'un soin bien entendu pour échapper aux amplifications d'une recherche vulgaire. Sans doute, il appelle le concours du sculpteur en bois, en ivoire, et en métaux, de l'estampeur, et quelquefois du joaillier et du bijoutier, mais il ne se laisse point absorber par eux; il les plie, au contraire, aux besoins spéciaux de l'œuvre, dont ils deviennent les auxiliaires. De cette manière, la reliure ne risque plus d'être envahie par cette luxuriante exubérance des accessoires, qui est un signe de décadence, et qui menace trop souvent les bonnes et saines traditions. Sachons maintenir la reliure-bijou dans l'étroit domaine qui lui appartient. Qu'elle ajoute du charme à la religion des souvenirs, qu'elle prête son concours à des œuvres d'art, ou qu'elle consacre, dans un style sévère, les aspirations religieuses, nous le comprenons; mais, en dehors de ces limites, elle détruirait l'art véritable; elle se perdrait dans une recherche futile et une manière prétentieuse; elle tomberait dans le puéril ou le monstrueux, dont nous n'avons rencontré que trop d'exemples, même à l'Exposition de 1862. »

Nous trouvons dans le Rapport des délégués deux ou trois noms qui nous paraissent devoir être placés à la suite de celui de madame Gruel qui, nous ne savons pourquoi, est seule à représenter la reliure de luxe dans le Rapport de M. Wolowski.

Voici d'abord MM. Potts, Watson et Bolton qui exposent des reliures artistiques. Les délégués en citent une « en vélin, avec plaques d'ivoire sculpté représentant le *Christ* et la *Résurrection*; la tranche, blanche, est ornée de miniatures. C'est une riche et belle reliure dont l'ensemble serait parfait sans les deux fermoirs, dont la forme, droite et unie, produit un fâcheux contraste avec la sculpture de l'ivoire. »

MM. Rollinger frères, à Vienne. — « Album de 1 mètre 50 sur 1 mètre de hauteur environ, avec mosaïque représentant une guirlande de fleurs tout alentour; elle était formée de morceaux de maroquin de 3 millimètres carrés si bien rapprochés, qu'à première vue on l'eût prise pour de la tapisserie... **Un** biseau trop haut et trop étroit formait l'encadrement pour protéger ce minutieux travail, où le goût et les soins ne manquent pas, car aucun filet à froid ou en or ne venait cacher les jonctions. »

Le surplus du travail laissait malheureusement trop de prise à la critique.

MM. Breul et Rosemberg, à Vienne. — « Le plus remarquable de cette exposition était une grosse bible in-quarto richement garnie en argent; sur le premier plat, le *Christ* en or, sur émail bleu clair; sur le second plat, *Adam et Ève*, émail bleu foncé sur un fond bleu clair; aux angles, huit cabochons de pierres vertes entourées de quatre perles rouges, et autour du milieu, les quatre évangélistes émaillés. Malheureusement, la tranche de ce magnifique volume ne répondait pas à la richesse des ornements; elle était d'une couleur rouge passée et pas unie. Une tranche bien ciselée ou dorée aurait complété cette riche reliure. »

Voici la maison Gruel; cette fois, les rapporteurs délégués sont d'accord avec le rapporteur officiel; le cas est assez rare pour mériter une mention spéciale. Toutefois, cet accord est nuancé, chez les premiers, de quelques légères critiques, ainsi, par exemple, à la tranchefile unie exécutée sur la plupart des reliures exposées par cette maison, les délégués eussent préféré une tranchefile-ruban de trois ou quatre couleurs. Un volume, *Statuts de l'ordre du Saint-Esprit*, « in-folio sur vélin, relié en maroquin du Levant rouge brillant, ayant au milieu un ovale creux rempli par une peinture représentant le *Christ*; le mille-points qui entourait cette miniature était d'un bel effet, mais le dessin, quoique d'une heureuse composition, laissait un peu à désirer dans son exécution. »

Cette maison réussit également bien dans le genre bibliophile, la moitié de sa vitrine renfermait des reliures dignes de ce nom. « Elles sont bien établies, disent les délégués, et ne laissent rien à désirer, à en juger par les détails extérieurs; les châsses sont petites et d'égales dimensions aux extrémités et sur la gouttière; les dos sont d'une bonne rondeur, les cartons bien proportionnés à l'épaisseur et au format des volumes. La couvrure est également bien faite, et plusieurs volumes, dont le maroquin était écrasé par la pression, nous ont prouvé que la peau était bien parée. Tous ces détails, qui demandent du soin et du goût, n'échappent pas à l'œil du connaisseur, parce qu'ils sont inséparables d'une reliure bien faite. »

« Les tranches ciselées, faites par M. Mutel, avaient la supériorité sur toutes celles des reliures qui étaient exposées. »

En ce qui concerne la comparaison que l'on serait tenté d'établir entre l'Angleterre et la France, les délégués font observer avec raison que les reliures de luxe ne se faisant ordinairement que sur des livres de piété, la France est par ce fait de beaucoup supérieure à l'Angleterre, où les bibles sont reliées avec la plus grande simplicité. Quant aux reliures de luxe exposées par l'Autriche, elles sont d'un goût matériel, quoique établies avec beaucoup de frais.

RELIURE DE BIBLIOTHÈQUE

(Suite du rapport de M. Wolowski.)

« La véritable reliure de bibliothèque, élégante sans prétention, d'une structure commode et attrayante, d'un effet simple, approuvé par le bon goût, à lignes fermes sans raideur, à couture solide sans lourdeur, avec laquelle le livre s'ouvre bien et ne risque jamais de voir les pages se détacher, qui respecte les exemplaires qui lui sont confiés pour les conserver et non pour les détruire, dont le prix ne fait pas reculer les fortunes souvent modestes des hommes qui aiment les livres, voilà ce qui est le plus désirable et malheureusement le plus rare : on ne le rencontre guère en dehors de l'Angleterre et de la France. Ici encore il est de notre devoir de rendre un légitime hommage à M. Mame : à côté de son superbe volume *la Touraine*, véritable monument élevé à la gloire de la typographie française, et dont la reliure est digne de l'œuvre qu'elle accompagne, il a su élever la reliure courante à la hauteur de l'industrie manufacturière. Il avait résolu le problème du livre réduit à sa moindre valeur vénale ; il vient d'aborder avec un égal succès le complément indispensable de son œuvre, la reliure qui rend le livre maniable, en lui donnant la solidité et la durée. Sa grande manufacture aborde tous les genres de reliures, depuis la basane jusqu'au chagrin, au maroquin du Levant, au cuir de Russie, au velours, à l'écaille et à l'ivoire. Cette branche de la production qui comprend environ quatre-vingts manipulations différentes, par suite d'une intelligente division du travail, occupe trois immenses ateliers : l'un est consacré à la pliure et à la couture des volumes : les femmes seules y travaillent; dans les autres s'exécutent les diverses opérations destinées à terminer l'œuvre : l'endossure, la rognure, la marbrure, la dorure sur tranche, la parure des peaux, la coupure, la dorure sur cuir, la guipure, etc. Des outils et des auxiliaires perfectionnés apportent aux opérations de toute nature non-seulement la célérité et l'économie, mais encore la régularité et la perfection. Les ouvriers, au nombre de sept cents, tous recrutés à Tours, ont fait chez M. Mame un apprentissage complet, et sont arrivés à constituer une spécialité remarquable.

« A côté d'eux, des artistes habiles s'inspirent des meilleures époques de l'art, et varient les dessins; ils progressent incessamment aussi bien pour le fini de l'exécution que pour les procédés et les résultats économiques.

« C'est par suite de ces infatigables efforts que M. Mame est arrivé à un des plus beaux résultats que l'Exposition nous ait permis de constater : il a obtenu l'approbation unanime du Jury, qui a reconnu, dans le compartiment réservé à cet habile fabricant, un véritable modèle de perfection et de bon marché. Comment s'expliquerait-on autrement, que par l'emploi des procédés les plus perfectionnés, la production de cette *Imitation du Christ*, bien imprimée sur beau papier, dorée sur tranche, en maroquin, et vendue deux francs quinze centimes, et ce paroissien de Paris, bien relié, également doré sur tranche, marqué soixante centimes?

« L'Angleterre nous offre, dans la catégorie de la reliure de bibliothèque, d'excellents spécimens, mais à des prix élevés. Ici encore marche en tête M. Bedfort; après lui viennent Rivière, Chatelin, Bone,

Leighton, Wright, Ramage, d'Édimbourg, etc. Les autres pays offrent peu de produits remarquables ; il est juste cependant de citer ceux de M. Schavye, de Bruxelles ; Kantor, de Varsovie ; Ferni, de Lisbonne ; Kugler, de Bavière ; Muller, de Wurtemberg ; Posner, de Pesth ; et surtout Girardet, de Vienne. L'Autriche est certainement le pays qui, pour les travaux de reliure et de maroquinerie en général, tient le premier rang avec la France et l'Angleterre.

« Nous avons été très-surpris de recevoir, à la fin de nos travaux, la réclamation de quelques États que nous avions omis d'examiner ; peut-être nous trouvera-t-on excusable quand nous dirons que ces réclamations venaient des terres de la Nouvelle-Galles du Sud, de Victoria, de la Tasmanie, de la Nouvelle-Écosse... Qui se serait douté qu'il y aurait à examiner des reliures de Melbourne et de Sidney ?... Pourtant cette industrie commence à s'établir dans ces contrées ; étant l'indispensable auxiliaire de l'école, du commerce et de l'église ; où fleurissent ces branches de l'activité humaine, on est sûr de la rencontrer.

« Beaucoup de reliures étrangères à la France pèchent par le goût. On avait proposé de mettre les couleurs des peaux employées pour la reliure en harmonie avec la nature de l'ouvrage. Ce conseil a été singulièrement compris par un relieur anglais, qui a exhibé une histoire de Napoléon *tricolore*, divisée par tiers entre le rouge, le blanc et le bleu ! Ailleurs nous avons vu des constructions qui nous ont fait songer au pays des Géants visité par Gulliver ; les simples mortels du dix-neuvième siècle sont incapables de manier ces masses colossales et même de les soulever !

« Quelques fabricants anglais ont exposé des reliures flexibles, d'une souplesse très-remarquable : il est à craindre seulement qu'elles ne nuisent à la solidité. D'un autre côté le jeu de beaucoup de leurs meilleurs livres laisse à désirer : ils ne se servent pas du couteau à parer qui diminue l'épaisseur de la peau et facilite l'ouverture du *mors*. »

M. Wolowski a placé dans cette partie de son Rapport certains relieurs dont il a été question précédemment, nous n'avons pas à y revenir; il en a aussi mentionné d'autres dont la place nous paraît toute désignée soit dans le paragraphe suivant qui traite de la reliure de commerce, soit dans celui de l'album. Nous y renvoyons le lecteur et ne donnons ici que les appréciations faites par les délégués sur les exposants dont le genre nous paraît tenir le milieu entre la reliure de bibliophile et celle de commerce.

M. Ramage, à Edimbourg. — Cet exposant a mérité les éloges des délégués pour ses reliures dont les apparences sont supérieures à celles de certaines maisons de Londres.

MM. Seton et Mackenzie, à Édimbourg. — Leurs reliures sont jugées sévèrement; toutefois les reproches s'adoucissent pour leur dorure qui « quoique bien exécutée, avait, dans la disposition de ses lourds ornements conservé toute la pureté du style anglais. »

M. Zahnsdorf, à Londres. — Nous ne savons pourquoi cet exposant a été oublié dans le Rapport officiel, car sans vouloir faire de personnalité, nous pouvons affirmer que de moins dignes y figurent. Heureusement que cet oubli a été réparé par nos délégués dont voici en substance l'appréciation :

Les reliures de M. Zahnsdorf, quoique bien faites, reproduisent les défauts reprochés à presque toutes les reliures anglaises, c'est-à-dire des châsses trop larges et des cartons trop épais. Son volume le plus remarquable était un in-folio (*l'Enfer*, de Dante, publié par Hachette); la reliure en maroquin rouge, avec gardes en maroquin, avait l'impardonnable défaut, disent avec raison les délégués, d'être à dos brisé; le format et la force du papier réclamaient une couture sur nerfs. La dorure et la mosaïque de l'intérieur du volume étaient supérieures comme dessin et comme exécution à celle de l'extérieur; de plus le balancier, intervenu pour combler les vides laissés par la dorure à la main, avait par un excès de pression sur du maroquin trop épais rendu la dorure baveuse et endommagé la délicatesse des lignes.

Deux exposants de Lille, madame veuve Arnold et fils, ainsi que M. Couttenier-Pringuet, n'offrent rien de remarquable à l'attention des délégués (1).

(1) M. Couttenier, qui s'occupe de la reliure et de la fabrication des registres, a pris un brevet d'invention pour un système de couture qu'il nomme *polyrhaptique*, dans lequel le fond de chaque cahier est cousu à points croisés répétés de cinq en cinq millimètres dans toute la longueur du dos. Tous les cahiers d'un livre ou d'un registre ayant subi cette opération sont ensuite réunis comme par le passé au moyen d'une couture à deux, trois ou quatre nerfs. Ce procédé consolide la reliure en ce sens que si le fil qui assemble les cahiers venait à se rompre, les feuillets de chaque cahier seraient encore maintenus par la couture *polyrhaptique*, dont tous les points sont retenus par la colle forte dont le dos du livre ou registre est enduit.

Ce système de couture ne nous paraît pas applicable à la reliure des livres; car, lorsque les cahiers atteignent un certain nombre, il doit en résulter un *mors* trop considérable produit par l'épaisseur de tous ces fils superposés les uns sur les autres; de plus, le fond des cahiers doit se trouver endommagé par les nombreux trous d'aiguille qui y sont faits, ce qui offrirait de sérieux inconvénients si l'on voulait relier de nouveau des livres cousus d'après cette méthode.

L'application de cette couture à la reliure des registres ne

RELIURE A BON MARCHÉ.

(Suite du rapport de M. Wolowski.)

«L'inépuisable fécondité de la maison Mame nous a fait déjà parler de la reliure populaire dans laquelle se reflète la constitution démocratique de l'époque, ce besoin de lecture qui pénètre toutes les couches de la société. A la suite de M. Mame viennent se placer honorablement dans cette voie M. Cornillac, de Châtillon-sur-Seine, ainsi que M. Arnold, de Lille. Un autre relieur de cette dernière ville, M. Couttenier-Pringuet, réussit même dans un genre plus élevé. Ils font de la reliure de luxe à bon marché, et de la reliure courante à des prix surprenants par leur modicité. Rien de pareil n'existe dans aucun autre pays, où, quand elle n'est pas chère, la reliure descend au-dessous du médiocre! Nous devons excepter l'Angleterre, pour les cartonnages qu'elle exécute à merveille, à des prix très-bas : elle sait les façonner, les estamper, les endosser, les dorer, etc., de manière à produire un effet agréable! On n'y connaît presque pas le livre broché; toutes les publications y sont protégées par des cartonnages élégants, et souvent tellement solides, qu'ils ne se bornent pas à former l'enveloppe provisoire du livre. D'immenses ateliers, admirablement organisés, permettent d'accomplir avec une rapidité surprenante et avec un bon marché remarquable des travaux qui correspondent à l'énor-

doit pas, il nous semble, offrir les mêmes inconvénients; elle nous paraît même appelée à un certain succès. Quoi qu'il en soit, elle mérite d'être étudiée, et nous recommandons ce système à l'attention des hommes spéciaux, seuls compétents pour juger en dernier ressort le mérite de cette innovation. — A. C,

me consommation de livres dans le Royaume-Uni.
C'est peut-être de ce côté que la France aurait le plus
à apprendre et à imiter.

« Les progrès de la fabrication du papier et de l'imprimerie multiplient les exemplaires produits à bon
marché ; il faut que la reliure se mette au pas de ces
améliorations, et qu'elle ne vienne pas ajouter au
prix du livre une surcharge relativement trop lourde.
Les belles reliures de luxe conviennent parfaitement
aux cabinets d'amateurs, et nous ne sommes pas de
ceux qui se plaignent de voir de véritables artistes
consacrer un travail méritoire à se maintenir au niveau des anciennes créations, et à ne pas laisser perdre la tradition des maîtres. Il est bon que des encouragements intelligents, inspirés par un goût délicat,
entretiennent la production des modèles et empêchent
l'art de la reliure de décliner. Ces créations, toujours
réglées par le goût, c'est-à-dire par la raison dans sa
plus délicate expression, n'ont rien à voir avec les
étranges fantaisies des décorateurs, qui s'imaginent
qu'en mêlant tous les styles, en chargeant les ornements, en brouillant les lignes de dorure, en multi-
pliant des tableaux de fantaisie peints sur les tranches,
et les sujets historiés sur le dos et sur le plat des
reliures, ils arrivent à égaler les anciens chefs-
d'œuvre.

« Ils feraient bien mieux de s'appliquer à faire de la
reliure simple, et de renoncer à des effets bizarres,
pour donner au livre de la consistance et de la solidité. A part les ouvrages exceptionnels, ce n'est point
par le faux mirage d'un luxe de mauvais aloi ; c'est
par la solidité et la fermeté des détails que doivent se
recommander les bonnes reliures, celles qui méritent
l'accès des bibliothèques sérieuses. La confection irréprochable du corps du volume doit être complétée

par une ornementation de bon goût, qui révèle la pureté du dessin et la sûreté de la main. Pour les livres de choix, les recherches de l'art et de la dorure rencontrent une place discrète et convenable sur le maroquin dont l'intérieur des plats est doublé. Pour les livres courants, l'excellence de la façon et le choix de la matière constituent le vrai mérite, recherché des connaisseurs.

« Le problème véritable, qui n'a pas été résolu d'une manière complète, consiste à concilier l'élasticité parfaite du dos avec la solidité. Sous d'autres rapports, les reliures modernes présentent des mérites sérieux: les cartons sont fermes et solides, les bords sont nets et réguliers, et nous avons pu remarquer des filets mieux tirés et plus fermes. Pour les reliures nouvelles la France ne redoute aucune comparaison, grâce à des ateliers tels que ceux de MM. Cornillac, Arnold et surtout de M. Mame. Pour les reliures de luxe et de goût, M. Gruel-Engelmann marche dans une excellente voie. Quant aux cartonnages, il nous reste à faire un nouvel effort pour égaler les Anglais. Cela viendra avec la multiplication des exemplaires du même ouvrage, qui épargne la perte de temps employé à recouvrir des livres de format et de nature divers.

« Mais n'oublions pas que, pour que l'industrie puisse grandir sans que le goût décline, il faut entretenir l'étude des modèles, et prêter l'appui d'une noble magnificence à ceux qui se consacrent à un labeur pénible et ingrat. L'exposition du *Kensington Museum*, en rapprochant les chefs-d'œuvre des temps passés, nous montre à quelle hauteur l'art s'est élevé. Sans doute il ne profitait alors qu'au petit nombre, et ses jouissances délicates se renfermaient dans un cercle d'élite. Aujourd'hui tout le monde a sa part des

21.

conquêtes de l'imprimerie ; mais il ne faut pas qu'en élargissant la base de la production, on abandonne ce qui en fait la grandeur et ce qui en constitue l'âme; le métier lui-même, pour ne pas dégénérer, a besoin de se retremper sans cesse aux sources de l'art. L'Angleterre est pénétrée de cette vérité. Que la France ne la néglige pas; qu'elle en maintienne l'application dans toutes les branches de l'activité humaine, qu'elle n'oublie jamais que pour elle, comme le disait Colbert, l'Art est le plus adroit de tous les commerces. »

Voici les quelques noms qui nous semblent devoir se ranger dans la catégorie des reliures à bon marché. Comme précédemment nos renseignements sont tirés du rapport des ouvriers relieurs :

MM. Bone et fils, à Londres : « Cartonnages en toile gaufrée, très-bien faits ; ornements riches, légers, gracieux, bien exécutés au balancier. »

MM. J. et J. Leighton, à Londres : « Spécimens de dorure à la main et au balancier, qui sont d'une bonne exécution, mais qui manquent généralement de grâce et de goût dans leur composition. »

MM. Leighton fils et Hodge, à Londres : « Cartonnages en toile gaufrée très-bien établis; ornements de bon goût, gracieux, remarquables par leur heureuse composition et le fini de l'exécution. »

Cette maison occupe un personnel de cinq cents ouvriers des deux sexes dont la production est augmentée par un outillage vraiment remarquable. La vapeur donne l'impulsion aux massiquots, aux meules, à la machine à grecquer et aux balanciers à dorer dont le plus grand tire cinquante plats en or, à l'heure, avec une plaque ayant soixante-dix centimètres de longueur sur cinquante-cinq de largeur.

MM. Westleys et C°, à Londres : « Cartonnages

en toile gaufrée, de teintes variées introuvables à
Paris. Deux spécimens en toile verte, avec plaque
or, dont le milieu, rempli par une photographie, produisait un heureux effet. La mosaïque était en mouton, les ornements riches, gracieux et bien exécutés. »

M. Lenègre, à Paris. — Son exposition qui renfermait des albums photographiques aux apparences
luxueuses et quelques cartonnages, est critiquée par
les délégués, qui attribuent les imperfections du travail à leur excessif bon marché.

MM. Cornillac et Cᵉ, à Châtillon-sur-Seine, exposent une variété infinie de reliures de paroissiens
« qui, pour le commerce, étaient assez bien établis. »
Des dos trop ronds ; une rognure et une couvrure
bien exécutées ; des tranches de couleur avec semis
en or généralement bien faites ; des reliefs gaufrés
d'un genre nouveau et d'une légèreté remarquable ;
des reliures en basane gaufrée bien traitées ; tel est
en peu de mots l'ensemble de cette exposition.

MM. Mame et Cᵉ, à Tours : « Cette maison, qui
ne relie ordinairement que des livres de piété à bon
marché, a voulu s'essayer dans les genres artistique
et d'amateur, et, contre son habitude, il lui a fallu,
pour obtenir quelques résultats apparents, faire d'é-
normes sacrifices. Les volumes à citer étaient :

« Une *Touraine*, in-folio, maroquin jaune, bandes
mosaïque bleue, avec ornements Grolier d'un dessin
un peu de fantaisie ; l'exécution était assez bonne ;
mais ce que nous reprocherons particulièrement à ce
volume, c'est l'énorme titre placé au milieu du plat,
dont les lettres fleuronnées, beaucoup trop grandes,
faisaient un mauvais effet avec le reste de la dorure.

« Un livre d'Heures in-douze, maroquin lavallière, enlacements de deux filets d'or dont les courbes

étaient mauvaises. Ce dessin embrouillé était parsemé de fleurons or.

« *Histoire de Jésus-Christ*, maroquin lavallière,
mosaïque magenta et verte, irrégularités dans l'espace et la grosseur des filets, cassures dans les
courbes.

« Un in-douze dont les gardes en parchemin étaient
d'une blancheur remarquable ; le dessin, de bon goût,
se trouvait un peu alourdi par une galerie de fers
dix-septième siècle. Nous regrettons que les filets
n'aient pu être plus réguliers ; nous tiendrons cependant compte de la difficulté du travail à faire sur ce
genre de peau, qu'aucun filet ou ornement n'avait
coupée.

« Pour la reliure de paroissiens, ceux avec plaques
d'ivoire avaient le dos beaucoup trop rond, et l'ivoire
qui le couvrait semblait ne tenir que par les extrémités.

« Les reliefs ne paraissaient pas dans cette exposition.

« Nous y avons vu des emboîtages signés : *Liger,
relieur ;* nous ignorons si c'est là un collaborateur,
mais ce que nous pouvons affirmer, c'est que ces
emboîtages laissaient tout à désirer.

« Au point de vue général, les dos étaient d'une
rondeur outrée, les mors saillants, la couvrure du
plus grand nombre était médiocre, les coiffes recouvraient trop les tranchefiles ; les tranches ciselées et
peintes, sans exception, sont mal exécutées et de
mauvais goût ; les ornements sont beaucoup trop
grands pour le format et l'épaisseur des volumes. »

Le lecteur pourra comparer cette appréciation, que
nous donnons *in extenso*, avec celle de M. Wolowski :
de ce rapprochement il en tirera peut-être pour con-

clusion que tout n'est pas pour le mieux dans l'organisation actuelle des jurys officiels.

En terminant, nous croyons devoir rectifier une erreur échappée à M. Wolowski et dont il n'est pas responsable, car nous la trouvons reproduite dans un volume in-folio publié par la maison Mame. Ce volume, qui renferme différents spécimens de ses publications, est précédé d'une notice sur son origine et ses accroissements. Il y est dit : «'... Relatons encore une particularité qui mérite de n'être pas omise : c'est que l'atelier de Tours s'est exclusivement recruté d'ouvriers du pays, qui y font un apprentissage complet, et dont quelques-uns y sont parvenus, sans sortir de la maison, à un haut degré d'habileté. » C'est probablement sur la foi d'un tel renseignement que M. Wolowski a ajouté dans son Rapport : «...Les ouvriers, au nombre de sept cents, tous recrutés à Tours, ont fait chez M. Mame un apprentissage complet et sont parvenus à constituer une spécialité remarquable.»

A ces affirmations, nous répondrons : que les ouvriers relieurs chez M. Mame ne font nullement un apprentissage complet; bien au contraire, on les parque, non sans intention, dans une des nombreuses spécialités de la reliure. Les uns sont metteurs en presse, ou grecqueurs, ou passeurs en colle, ou coupeurs de cartons; d'autres sont endosseurs ou rogneurs; quelques-uns sont coupeurs de peaux, ou pareurs, ou bien confectionnent les couvertures de livres destinés aux emboîteurs; certains sont employés à la couvrure des livres : tel prépare les volumes, tel commence à appliquer la couverture, tel autre finit l'opération et passe le volume aux colleurs de gardes qui n'y mettront pas encore la dernière main. Voilà quelques-uns des métiers qui se pratiquent dans l'atelier de reliure de M. Mame, mais où donc sont les relieurs ?...

De cette organisation, il résulte que l'ouvrier ne tarde pas à acquérir dans sa spécialité une habileté remarquable, nous sommes loin de le contester : mais ce que nous ne pouvons admettre, c'est que, pour arriver à un tel résultat, on ne puisse procéder différemment. Ne pourrait-on apprendre à l'apprenti toutes les spécialités du métier, afin qu'étant ouvrier, il puisse indifféremment faire celle qui se présenterait en ne prenant avis que de son goût ou des nécessités du travail ? Un tel état de choses pourrait très-facilement se réaliser; les résultats, quant à la production du travail, n'en seraient que meilleurs, de plus l'ouvrier y gagnerait une certaine indépendance qui lui manque totalement dans les ateliers organisés comme ceux de M. Mame qui, en choisissant son personnel dans le pays, le tient encore plus sûrement sous sa dépendance. En effet, qu'un ouvrier soit obligé pour un motif quelconque de quitter cette maison, il ne lui reste en perspective que d'abandonner le pays, ou faire un nouvel apprentissage à moins qu'il ne préfère subir ce que l'on voudra lui imposer. Est-ce là une situation digne d'envie? Est-ce là du progrès? Non, assurément; eh bien! voilà où nous mène la grande industrie !

Les délégués résument l'ensemble de la reliure à bon marché en une comparaison entre l'Angleterre et la France, qui sont les deux pays, où ce genre de reliure se pratique d'une façon sérieuse. Ils constatent la supériorité des emboîtages anglais sur les nôtres : A Londres, disent-ils, ce genre de reliure est l'objet de beaucoup de soin, les volumes au lieu d'être rognés, ainsi que cela se pratique à Paris, ne sont qu'ébarbés; la couture y est des plus soignées.

les forts volumes sont cousus sur lacets; de plus, on remarque dans ces reliures une élégance due à leur gracieuse ornementation et aussi aux toiles qui les recouvrent, dont les couleurs et les nuances varient à l'infini.

« La dorure au balancier, ajoutent les délégués, a acquis en Angleterre un développement qu'elle n'a pas encore atteint en France, non-seulement sous le rapport des dessins, mais aussi sous celui de la rapidité et de leur bonne exécution.

« Les bibles anglaises sont ordinairement reliées en chagrin, cousues sur de petits nerfs qui ne manquent pas de grâce et qui s'harmonisent très-bien avec la sévérité des ornements, qui se composent seulement de quelques rares filets à froid... Les cartons de ces reliures sont minces, la dorure sur tranche se fait gouttière plate. »

Cette reliure est supérieure pour la solidité à celle dès paroissiens français dont « les dessins varient à l'infini et démontrent, même pour les reliures les plus communes, le bon goût qui préside toujours à l'exécution. »

ALBUMS DE PHOTOGRAPHIE.

(Suite du rapport de M. Wolowski.)

« La pensée d'appliquer la photographie à la reproduction réduite des portraits pouvant servir de *carte de visite* est toute récente, du moins dans le domaine industriel. Nous nous rappelons avoir reçu pour la première fois, en 1856, un portrait-carte photographié. Cette manière si simple de retrouver les traits des personnes de connaissance plus ou moins intime, ne tarda pas à conquérir la vogue. Les portraits-cartes se multiplièrent à l'infini, il fallut trouver le moyen de les réunir, de les collectionner.

« On commença par se servir de cadres reliés les uns aux autres en peau, bois sculpté, cuivre doré, etc. On employa également à cet effet les albums ordinaires, en fixant les cartes de visite au moyen de la colle, ou en pratiquant dans la feuille des fentes obliques dans lesquelles on insérait les quatre coins de la carte.

« Ces procédés étaient fort imparfaits : les petits cadres n'admettaient qu'un nombre restreint de cartes; ils ne préservaient pas les images contre leurs deux plus grands ennemis, l'air et la poussière ; les albums ordinaires sur lesquels les cartes étaient collées, avaient le désavantage de les altérer, et de ne plus permettre leur déplacement sans déchirer la feuille. Les incisions obliques n'étaient guère commodes ; on détériorait souvent les photographies en les mettant en place ou en les retirant. Il fallait toujours commencer par gâter les feuilles de l'album, et cela pour arriver à un résultat tout à fait élémentaire.

« Une idée ingénieuse donna naissance à l'industrie nouvelle des albums photographiques, parfaitement appropriés à leur destination; elle ne date que de trois ans. Le premier inventeur, M. Marx, qui a depuis lors perfectionné ses procédés, et dont l'exposition est des plus remarquables, prit, en octobre 1859, un brevet pour un *album avec passe-partout à coulisse à l'intérieur*. Cette création rencontra un succès prodigieux; aussitôt une branche importante fut créée pour la fabrication. L'idée était à la fois simple et pratique : on put dès lors introduire sans effort, conserver sans danger, retirer et remplacer sans embarras les portraits que l'affection ou la curiosité faisait réunir, en les entourant d'un cadre, qui, sans rien cacher des parties essentielles du portrait, en rendait l'effet plus agréable.

« La voie ouverte par M. Marx ne tarda pas à être parcourue par d'autres fabricants ses émules, qui diversifièrent l'application de l'idée première. La France, où cette industrie est née, a conquis naturellement le privilége de fournir au monde entier ces gracieuses créations qui forment aujourd'hui un article important de nos exportations et qui fournissent du travail à des milliers d'ouvriers. Le chiffre des affaires de maisons nombreuses et considérables qui se consacrent à la fabrication et à la vente des albums photographiques varie de trois cents à quinze cent mille francs par an. Telle est la puissance de l'invention : la photographie a fait naître une foule d'industries d'une importance véritable et ce qu'on était d'abord disposé à regarder comme un jeu est devenu un élément sérieux de travail et de richesse. M. Marx a su se maintenir au premier rang dans l'industrie dont il a été le véritable promoteur. Il a triomphé heureusement des difficultés accessoires, de manière à produire des albums commodes, solides et élégants. Pour obtenir ce résultat, il fallait relier des cartons d'une épaisseur de deux à trois millimètres avec le même soin que les feuilles d'un livre ordinaire, sans qu'on aperçût au fond du volume un lourd paquet d'onglets : il a trouvé le moyen de cacher les onglets, et le fil même de la couture, dans l'épaisseur des feuilles. Il produit donc des albums élégants qui présentent le caractère de la meilleure reliure et la solidité du meilleur registre.

« Il est juste de reconnaître aussi l'excellence des produits nombreux et variés de la maison Grumel. Celle-ci a tout mis en œuvre pour faire entrer largement dans la consommation générale cet article nouveau. La reliure, la maroquinerie, l'écaille, l'ivoire, la nacre, la marqueterie, la sculpture, la bijouterie, etc., ont servi à décorer des albums vendus non-seulement en France, mais encore en Allemagne, en Angleterre, en Italie, en Belgique, en Espagne, en Amérique, partout. Le récent traité de commerce avec l'Angleterre, en supprimant le droit de dix pour cent qui grevait l'importation de cet article, a augmenté encore le débit. Sous des mains habiles, il présente à la fois l'avantage d'une excellente fabrication et du bon marché. M. Grumel a été plusieurs fois breveté pour d'utiles perfectionnements, dont le plus essentiel consiste à donner le moyen de doubler le nombre de photographies placées dans l'intérieur de l'album, sans faire bomber le couvercle et sans altérer la tranche. Tous ses produits sont remarquables par le goût et par le bon marché.

« A côté de lui se place M. Giraudon dont l'exposition se distingue autant par l'élégance que par la solidité. Ses albums sont d'un maniement commode ; ils sont décorés avec beaucoup de goût. Nous avons encore à citer plusieurs fabricants qui méritent des éloges, notamment M. Drouard, qui travaille bien et à bon compte ; Beaudoire-Leroux, dont le système à charnières donne une excellente ouverture à l'album ; Leruth, habile fabricant, dont les travaux de reliure sont parfaitement combinés ; Lenègre, qui joint la spécialité de l'album photographique à une industrie considérable de reliure et de cartonnage et qui réussit également dans tout ce qu'il entreprend : M. Schottlander, et enfin MM. Triefuss et Ettlinger, qui emploient l'ivoire sculpté et l'écaille avec une élégance irréprochable. Aucun genre de fabrication de cette espèce n'est étranger à la maison Schloss, dont la réputation légitimement conquise à la première Exposition universelle, n'a fait encore que grandir depuis cette époque. Cette maison de premier ordre, qui embrasse dans son travail toute la famille des ouvrages en maroquinerie, a réussi également dans l'album ; elle a également produit des enveloppes en papier destinées à l'envoi des portraits-cartes. »

Parmi les exposants d'albums photographiques, les délégués ont remarqué : M. G. Faginoli, à Naples, dont l'exposition renfermait « un album pour photographies ; in-folio, dos et plats gaufrés, carré, à angles poussés à la presse, l'un après l'autre, d'une mauvaise exécution ; au milieu du plat, un médaillon en relief repoussé, et au centre une mosaïque de Florence, représentant un bouquet de roses, et produisant un très-bon effet. »

« Cette maison exposait aussi des reliures dont une des plus remarquables était un in-4° (*Guerrino il Meschino*); couverture avec bandes en relief, dorure à la presse, mosaïque en toile peinte, blanc, vert et rouge, séparés par des filets d'or, style oriental, mais un peu lourd. »

M. A. Kantor, à Varsovie (en Pologne). — Albums photographiques dont l'exécution ne laisse malheureusement que trop de prise à la critique des délégués.

M. Kullrich, à Berlin : « Un album in-4° en veau brun cannelé, avec fermoirs dorés à bandes, imitant des rubans à boucles dorées.

« Un autre album en maroquin blanc, ayant deux ferrures dorées, avec ornements grecs niellés et répétés dans toute leur longueur, était admirable comme goût et comme exécution. »

MM. Muller et Richter, à Stuttgard : « Albums photographiques avec reliefs assez bien exécutés, beaux maroquins, ornements en cuivre de mauvais goût.

« La Prusse, le Wurtemberg et la France, disent les délégués en résumant l'ensemble de ce genre de travail, étaient les pays dont l'exposition d'albums photographiques avait quelque mérite.

« Pour la confection du travail et pour l'ornementation, les albums de M. Kullrich étaient incontestablement les mieux établis ; ceux de MM. Muller et Richter, et ceux de la France occupaient le second rang. Paris, à lui seul, a exposé plus d'albums que les autres pays réunis ; aussi est-ce là où il y avait le plus de pacotille. »

DORURE SUR TRANCHE

« En France, disent les délégués, cette partie de la reliure a une supériorité incontestable sur celle des autres pays, même sur l'Angleterre, où la dorure manque de ton et de brillant ; les gouttières creuses, les tranches marbrées et dorées par-dessus y paraissent inconnues, quoiqu'elles soient inséparables des reliures genre amateur. Ce n'est qu'en les faisant faire à Paris que M. Zahnsdorf a pu avoir des tranches qui différaient de celles de ses confrères...

« La ciselure de nos tranches est aussi supérieure à celle des Anglais, qui emploient pour ce travail des fers mille-points poussés à la main.

« Les tranches rouges et bleues avec semis d'or qui ornent si gracieusement les tranches de nos paroissiens ne se font pas à Londres ; cependant nous devons en mentionner qui, quadrillées par des filets noirs, étaient d'assez bon goût.

« Le rouge des tranches des reliures anglaises adhère mieux au papier que celui que nous employons ; il est plus foncé et convient mieux à la reliure de bibliothèque.

« Les prix de la dorure sur tranche sont les mêmes à Londres qu'à Paris. »

MARBRURE

M. Motte, délégué de la reliure, a bien voulu nous communiquer quelques notes (non insérées dans le Rapport, faute de place), sur les papiers marbrés et les percalines gaufrées ; nous le remercions vivement de son obligeance, et les résumons comme il suit :

MM. J. Corfield et fils, à Londres. — Papier peigne droit, d'une grande beauté ; les couleurs bien disposées sont vives, nettes et ne laissent rien à désirer, si ce n'est quelques modèles où le rouge domine un peu trop.

Les papiers tourniquet peigne sont très-bien faits, le ton des couleurs, un peu pâle, imite assez bien le papier du même genre que l'on fabriquait aux seizième et dix-septième siècles.

Les papiers ombrés sont d'une grande netteté, les plis produits par les ombres sont très-réguliers, et se dessinent parfaitement ; le fond du marbre, comme les autres couleurs sont d'une pureté remarquable, et attestent, de la part de l'ouvrier, des soins assidus pour entretenir constamment ses eaux dans le plus grand état de propreté.

La matière première est d'une très-bonne qualité.

M. A. Dessauer, à Ascheffenbourg (Bavière). — Son papier marbré ordinaire et scrœtel est bien fait, mais l'ombré laisse à désirer ; l'annonay et l'agathe sont très-brillants, les couleurs sont belles, mais manquent de solidité. Le papier annonay est trop mince, et n'a du papier français que le nom ; la gélatine employée dans la fabrication du papier agathe lui donne de l'apparence, mais le rend cassant et en élève le prix d'achat.

MM. Glenisson et fils, à Turnhout (Belgique). —

Papier annonay dont quelques échantillons sont assez bien faits, le reste laisse beaucoup à désirer ;
mêmes remarques pour les papiers agathe et ombré.
Le papier peigne se fait remarquer par sa régularité,
mais les couleurs sont trop pâles. Trente-deux échantillons de papier racine, de nuances différentes, sont
assez bien faits.

Il est à regretter que la pâte de ces papiers soit de
qualité inférieure, leur emploi réclame des précautions sans fin et leur excessif bon marché est souvent
annulé par les pertes qui proviennent de leur mauvaise qualité.

M. Vangenechten, à Turnhout (Belgique). —
Papiers peigne et agathe assez bien faits.

M. Martelli, à Florence. — Son papier agathe laisse
à désirer ; l'ombré est inférieur au papier agathe, et
le marbré ordinaire laisse tout à désirer.

La supériorité pour les papiers peigne et ombré,
ajoute le Rapport des délégués, appartient à l'Angleterre, où les relieurs emploient peu de papiers marbrés pour gardes, mais ils s'en servent pour les plats
des demi-reliures ; il leur tient lieu de papier d'annonay, dont ils sont privés ; leurs gardes sont en
papier blanc ou en papier de couleur unie.

PERCALINES GAUFRÉES

M. J. L Wilson, à Londres. — Percalines gaufrées,
grain, façon maroquin du Levant, de toutes couleurs
et de toutes nuances très-bien faites.

Percalines quadrillées, chagrinées et autres, ne
laissant rien à désirer pour la beauté des nuances et
le gaufrage.

Percalines marbrées, en pièces de toutes couleurs,
très-bien réussies, et pouvant remplacer avantageuse-

ment, comme solidité, les papiers annonay, agathe et autres pour la demi-reliure et le cartonnage.

Tous ces différents échantillons sont doués d'une souplesse qui permet de les employer facilement, et à laquelle nous ne sommes pas habitués, disent les délégués, car nos percalines ont une raideur qui gêne pour le travail; de plus, quelques-unes des nuances ou qualités exposées nous sont inconnues en France.

MACHINES

Dans l'exposition des machines venant de Suisse, on en voyait une qui avait pour but de plier et piquer les feuilles imprimées. Elle pouvait marcher à bras, ou, mieux encore, être mise en mouvement par la vapeur, et plier, piquer et satiner au moins mille feuilles à l'heure; pour la pliure des journaux, comme une marge régulière est moins nécessaire, la machine pouvait replier d'équerre, quatre ou cinq fois, suivant qu'il est nécessaire, 2,800 à 3,000 feuilles à l'heure.

L'idée première de cette invention appartient à un relieur nommé Sulzberg, qui s'associa, pour la mettre en pratique, avec un mécanicien nommé Graf. La première machine fut exposée à la foire de Leipzig, en 1859; elle ne marchait qu'imparfaitement, mais bientôt, avec le concours d'un habile mécanicien, nommé Tanner, d'importantes modifications furent réalisées, et la machine fut amenée à un haut degré de perfectionnement.

Nous renvoyons les lecteurs, désireux de plus de détails au *Dictionnaire des arts et manufactures* de M. Laboulaye, article : *Reliure*; ils y trouveront un détail assez complet, et de plus un dessin de cette remarquable machine.

Les délégués relieurs terminent leur Rapport par un aperçu sur la situation économique et sur les améliorations à y apporter. Ils blâment la division du travail, surtout comme elle est pratiquée à Tours, à Dijon, à Limoges et à Châtillon-sur-Seine. « Dans ces ateliers, disent-ils, un terrassier, un maçon ou un cordonnier est métamorphosé en relieur, sans avoir préalablement fait un apprentissage. Il y a donc là un danger réel pour la profession, qui, lancée dans cette voie, dégénère avec une rapidité affligeante, d'où il faut conclure qu'avec cette organisation, dans dix ans on ne trouvera plus un seul ouvrier sachant entièrement son métier. . . . .

« Par suite du manque d'organisation, les patrons se trouvent soumis aux injustes exigences des libraires et des commissionnaires en librairie, qui leur enlèvent jusqu'à cinquante pour cent de leur bénéfice. Ces industriels, qui ont été de tout temps les tyrans des relieurs, font à ces derniers les conditions les plus dures, c'est-à-dire des règlements de compte qui vont jusqu'à une année et plus d'échéance, avec cinq et six pour cent d'escompte, ce qui réduit encore les bénéfices du relieur, qui a rarement les moyens d'attendre les échéances et se trouve obligé de recourir aux escompteurs. Qu'on se fasse une idée des bénéfices qui peuvent lui rester ! »

Parmi les améliorations qui sont signalées comme nécessaires, nous remarquons le vœu de la création d'une caisse d'assurance contre le chômage. Grâce à l'énergie et à la persévérance de quelques ouvriers relieurs, cette caisse existe aujourd'hui : avec elle fonctionne une société de crédit mutuel. L'organisation de ces deux sociétés, qui en réalité n'en font qu'une, est vraiment remarquable, et mérite l'attention de ceux qui s'occupent de ces questions.

Les délégués émettent aussi le vœu « qu'il soit créé un cours ou enseignement professionnel où tous les ouvriers ou ouvrières pourraient compléter leur instruction manuelle, afin de détruire les mauvais effets de la division du travail, qui en a fait des spécialistes... »

Ils désirent aussi « que, dans les futures Expositions, un relieur soit appelé à juger les reliures, et non pas un libraire incompétent, qui, dans l'intérêt du commerce qu'il fait de la reliure, pourrait n'accorder la préférence qu'à des reliures indignes d'être exposées. Ce que nous avançons, disent-ils, est déjà malheureusement arrivé, et les principaux maîtres de la reliure, craignant de ne pas être récompensés selon leur mérite, n'exposent plus. »

Nous trouvons à la fin du Rapport de l'administration de la Commission impériale la liste des récompenses décernées aux exposants français; nous en détachons les noms qui peuvent intéresser la reliure.

Ont obtenu la médaille, pour les reliures: MM. Gruel-Engelmann, Mame et Lenègre; pour les albums photographiques, MM. Marx, Grumel, Schloss et neveu, Drouard frères, Giraudon, et Trieffus et Ettlinger.

La mention honorable a été décernée : à MM. Couttenier-Pringuet, Cornillac et Arnold, pour leurs reliures ; et à MM. Beaudoire-Leroux et Cᵉ, Leruth et Schottlanger, pour leurs albums photographiques.

L'Exposition, dont la clôture avait été annoncée pour le 1ᵉʳ octobre, fut prorogée jusqu'au 1ᵉʳ novembre; puis, afin de faciliter aux exposants la vente des objets exposés, il fut accordé un dernier délai de quinze jours.

Le Rapport d'administration publié par la Commission impériale nous apprend que 7,002 médailles et 5,303 mentions honorables furent décernées aux exposants, dont le nombre s'élevait à 27,466 (1), dont 8,142 pour le Royaume-Uni et ses colonies, qui, sur ce chiffre, obtint 2,398 médailles et 1,743 mentions honorables; et 5,521 (2) pour la France et ses colonies qui, réunies, obtinrent 1,611 médailles et 1,047 mentions honorables (3).

Le 11 juillet 1862, la proclamation des récompenses eut lieu à Londres dans le palais de l'Exposition. Le 25 janvier de l'année suivante, dans la salle des États, au Louvre, l'empereur distribua des récompenses aux exposants qui lui avaient été signalés par la Commission impériale.

Dans cette cérémonie, le prince Napoléon prononça un discours, dont nous détachons le passage suivant :

« .....Grâce à la libéralité de la Commission impériale, disait-il, et de l'administration de la ville de Paris, une somme de quarante mille francs a été employée aux subventions à donner à des voyages de simples ouvriers. Nous avons voulu laisser le choix des délégués aux ouvriers eux-mêmes. Malgré quelques appréhensions, que l'expérience est venue dissiper, et grâce à la confiance de Votre Majesté et à la volonté qu'elle a bien voulu m'exprimer, les élections se sont

(1) Dans ce chiffre, ne sont pas compris les exposants de la division des beaux-arts (classes 37 à 40), leur nombre s'élevait de 1,500 à 2,000.

(2) Le *Catalogue des produits de l'Empire français* dit que ce chiffre se réduit, en réalité, à 5,240, attendu qu'un certain nombre de producteurs exposaient à la fois dans plusieurs classes, avec des numéros distincts.

(3) L'*Almanach du Magasin pittoresque* (1863) ne compte que 6,884 médailles; il en attribue 2,408 au Royaume-Uni et à ses colonies, et 1,625 à la France et à ses colonies.

faites librement, sans aucune intervention de l'autorité, et le plus bel éloge à adresser aux ouvriers de Paris spécialement, c'est qu'un nombre considérable d'entre eux a pris part à ces élections avec un calme complet... Près de mille ouvriers délégués de toute la France ont été envoyés à Londres pour y étudier l'Exposition et y puiser des renseignements utiles, qu'ils ont consignés dans des rapports intéressants (1). »

Nous trouvons dans une brochure (2) quelques documents sur l'origine et l'esprit des délégations ; nous en résumons l'ensemble :

A Paris, l'initiative en est due à un groupe d'ouvriers de diverses professions qui, dès le mois de septembre 1861, avaient adressé au chef du gouvernement français une lettre dans laquelle ils demandaient qu'il fût accordé à un certain nombre d'ouvriers les facilités nécessaires pour visiter l'Exposition de Florence, celle de Londres, qui devait avoir lieu l'année suivante, etc., etc. A cette lettre était joint un projet indiquant les moyens pratiques de mettre cette idée à exécution ; elle était signée, au nom de beaucoup d'ouvriers, par MM. Coquard, relieur ; Coutant, typographe ; Barbier, tourneur ; Chabaud, ferblantier ; Wanschooten, charpentier ; Perrachon, monteur en bronze ; Vasseur, typographe ; Brunelle, fondeur en caractères ; Derouard, cordonnier ; Coquard, menuisier ; Corcelle, fabricant

(1) *Rapport de l'administration de la Commission impériale*, 1 vol. in-4, page 55.

(2) *Brochures ouvrières — Les délégations ouvrières à l'Exposition universelle de Londres en 1862*, in-18 de 36 pages publié en mars 1862.

d'instruments de chirurgie, et Eude Édouard, sculpteur-graveur sur ivoire.

M. Rouher répondit à cette lettre dans un sens négatif.

Ce qui précède fut peut-être inspiré par un article publié, le 29 septembre 1861, par un des rédacteurs du *Progrès de Lyon*, M. Martin Rey, qui, rendant compte d'une conversation qu'il avait eue avec M. Arlès-Dufour, appuyait et développait l'idée émise par cet honorable citoyen, qu'il y aurait tout avantage à ce que les populations ouvrières fissent en sorte, au moyen d'une cotisation spéciale, ainsi qu'il est pratiqué en Angleterre, de pouvoir subvenir aux frais de voyage d'un certain nombre d'ouvriers délégués par leurs pairs à l'Exposition de 1862.

Le *Temps* et surtout l'*Opinion nationale* appuyèrent cette proposition ; cette dernière feuille engageait vivement les ouvriers de Paris à ne pas rester dans une *sorte d'indifférence et d'inertie ;* il y a en eux, ajoutait-elle, *une puissance et une vitalité qu'ils ont tort de laisser sommeiller.*

Un ouvrier ciseleur, M. H. Tolain, dont le nom est intimement lié aux essais d'émancipation tentés depuis quelques années par la classe ouvrière, répondit à ce qui précède par une lettre insérée dans l'*Opinion nationale* du 17 octobre : *1861*

« ..... Si les ouvriers ne s'aident pas eux-mêmes, disait-il, c'est que, quand l'initiative vient d'en haut ou des patrons, elle ne leur inspire qu'une médiocre confiance. Ils se sentent ou se croient dirigés, conduits, absorbés, et les meilleures tentatives sont rarement couronnées de succès... Quand l'initiative vient d'en bas, elle rencontre alors des impossibilités matérielles auxquelles elle se heurte. Qu'un comité, exclusivement composé d'ouvriers, se forme en dehors

du patronage de l'autorité ou des fabricants, qu'il es-
saye de former un centre, de grouper autour de lui
des adhérents, de réunir des souscripteurs, si inof-
fensif que soit son but, soyez certain qu'on ne lui
permettra pas de l'atteindre... — Tenez, monsieur,
dans la question présente, je vous prédis (et je désire
de tout mon cœur être mauvais prophète) que toute
tentative faite par des ouvriers, dans les conditions
que j'ai indiquées plus haut, c'est-à-dire en dehors de
toute influence, ne pourra aboutir; on ne leur accor-
dera pas la permission de s'organiser et d'agir librement sous l'œil vigilant de l'autorité.

« Tout comité, toute réunion d'ouvriers sera iné-
vitablement absorbée ou dissoute par des moyens di-
rects ou indirects, et tous ceux qui auraient témoigné
énergiquement ne vouloir relever que d'eux-mêmes
pourraient le regretter plus tard... »

Quelques jours après la réponse de M. Rouher,
une nouvelle demande fut adressée au prince Napoléon qui reçut trois des signataires : MM. Chabaud,
Coutant et Tolain. Dans cette audience furent arrê-
tées les bases de la formation d'une Commission ouvrière, composée principalement de présidents de
sociétés de secours mutuels professionnelles, au lieu
de prud'hommes ouvriers, ainsi qu'il avait été d'abord
demandé. Il fut en outre décidé que cette Commission
aurait la responsabilité morale de l'œuvre et la mission d'organiser et de diriger les opérations pour
l'élection des délégués; que ceux-ci seraient choisis
par les suffrages des ouvriers de leur profession ; que
les fonds nécessaires seraient recueillis au moyen de
souscriptions volontaires dans les ateliers et que la
ville de Paris et la Commission impériale compléte-
raient la somme nécessaire.

Le 31 janvier 1862, le prince Napoléon annonça à

M. Chabaud, appelé pour ce sujet au palais de l'Industrie, l'adoption définitive du projet présenté par les ouvriers et la formation d'une Commission ouvrière composée de ceux qui en avaient pris l'initiative; que, de plus, elle pouvait commencer ses opérations, la Commission impériale et la préfecture de la Seine mettant chacune vingt mille francs à sa disposition, afin d'envoyer le plus de délégués possible à Londres. Toute liberté lui était laissée pour la répartition des fonds qui lui étaient accordés.

Le 2 février, la Commission ouvrière fut définitivement constituée. Elle était alors composée de MM. Chabaud, ferblantier; A. Coquard, relieur; Wanschooten, charpentier; E. Gauthier, typographe; H. Tolain, ciseleur; Coutant, typographe; Pailly, monteur en bronze; Grandpierre, fondeur en cuivre; Derouard, bottier; Rivière, charpentier; Dargent, menuisier.

Le 21 février, elle adressa un appel aux ouvriers de Paris, et elle rédigea le questionnaire suivant, auquel devaient répondre les candidats à la délégation :

Combien d'ouvriers à Paris, dans le corps de métier de... ?
Combien d'ateliers ?
Combien de spécialités dans le corps de métier et combien d'ouvriers et d'ateliers dans chaque spécialité ?
Combien de Sociétés de secours mutuels et combien de membres dans chacune ?
Quelle est dans cette industrie l'importance des produits exposés à Londres ?
Quel est l'intérêt spécial pour la profession d'être plus ou moins grandement représentée ?
Y a-t-il eu, en 1851, des délégués ouvriers de la profession à Londres ? Et comment cela s'est-il passé ?
Quels sont les besoins principaux et les vœux de la profession ?

A quel point de vue l'Exposition de Londres peut-elle être particulièrement étudiée dans l'intérêt de la profession, et sur quoi est-il utile que se porte surtout l'attention des délégués ?

Les débuts de la Commission ouvrière portèrent ombrage à la préfecture de police, qui lui envoya l'ordre de ne pas continuer ses travaux ; la Commission en appela au prince Napoléon, qui fit lever l'interdit.

Elle reprit dès lors ses travaux avec plus d'ardeur ; de leur côté, les ouvriers de Paris la secondèrent activement ; en peu de temps cinquante bureaux électoraux, composés chacun de quinze à vingt membres, furent constitués dans cinquante professions différentes ; ils représentaient environ cent cinquante spécialités, occupant plus de deux cent mille ouvriers, qui nommèrent deux cents délégués (1), dont les départs successifs commencèrent le 19 juillet et se terminèrent le 15 octobre 1862.

Chaque groupe avait dix jours pour remplir sa mission ; chaque délégué recevait, à son départ, cent quinze francs et un billet de deuxième classe, aller et retour, plus le logement et un repas, ainsi que les entrées à l'Exposition ; les interprètes et les frais accessoires étaient payés par le membre de la Commission ouvrière qui accompagnait chaque groupe.

La publication des rapports, commencée en 1862, était terminée en 1864 ; ils furent d'abord publiés séparément et par profession, dans le format in-18 ; puis, une nouvelle édition les réunit tous dans un volume grand in-8° de iv-888 pages.

(1) Trois cents, d'après le Rapport de la Commission impériale. Il nous a été affirmé que ce dernier chiffre était exagéré d'environ un tiers.

Indépendamment du nombre de délégués qui précède, cent cinquante ouvriers envoyés par leurs patrons, et quatre-vingt-dix envoyés par divers établissements d'instruction visitèrent l'Exposition.

A Lyon, une Commission ouvrière fonctionna en même temps et d'après les mêmes principes que celle de Paris. Ses frais, sauf l'impression des rapports, furent couverts par une subvention de dix mille francs accordée par la Commission impériale, et une de douze mille accordée moitié par le Conseil municipal, moitié par la Chambre de commerce de Lyon ; à ces chiffres, il convient d'ajouter trois mille quatre cent quatre-vingts francs provenant de souscriptions ouvertes dans différentes professions de la ville, ce qui porta le total général des recettes à vingt-cinq mille quatre-cent quatre-vingts francs (1). Les dépenses s'élevèrent à vingt-cinq mille deux cent treize francs ; l'excédant fut destiné à augmenter les fonds consacrés à l'impression des rapports qui furent publiés en 1862 par la Commission ouvrière au moyen d'une souscription générale (2).

Cette Commission envoya à Londres soixante et un délégués, parmi lesquels étaient cinq délégués de l'école La Martinière ; ils représentaient environ soixante professions. Il fut accordé à chaque délégué une indemnité de trois cent soixante francs, sur lesquels soixante-quinze francs ne leur étaient remis que lors du dépôt de leur rapport.

Une Commission ouvrière fonctionna également

(1) Les charpentiers s'étant présentés lorsque les fonds étaient épuisés, souscrivirent eux-mêmes la somme nécessaire à leur délégué. Néanmoins, cette somme figure parmi les recettes de la Commission.

(2) Un volume grand in-8 de xxii-218 pages.

dans le département de la Somme; elle envoya quarante ouvriers.

Dans le département du Nord, soixante-dix contre-maîtres et ouvriers furent envoyés par leurs patrons.

D'autres ouvriers visitèrent également l'Exposition : le Rapport de la Commission impériale en signale vingt dans le département de la Loire; quinze dans celui du Bas-Rhin, et cinq dans celui de la Haute-Vienne.

En résumé, il y eut environ sept cent cinquante ouvriers et deux cent quarante-sept industriels qui, pour visiter cette Exposition, se mirent en rapport avec la Commission impériale, dont la dépense, pour cet objet, s'éleva à trente-huit mille trois cent quarante-cinq francs, plus mille francs; qui furent versés comme à-compte pour la souscription aux rapports des délégués des ouvriers parisiens (1).

Les travailleurs anglais firent bon accueil aux délégués français; une fête de fraternisation internationale, qui rappelait celle de 1851, donnée en l'honneur des quinze délégués envoyés par une souscription publique, eut lieu en leur honneur le 5 août; elle fut organisée par les ouvriers anglais formant le comité du journal le *Travailleur* (*The Working man*); près de cinq cents personnes, parmi lesquelles on comptait environ soixante-dix délégués français, y

(1) En 1851, le Conseil municipal de la ville de Paris avait décidé que quatre-vingts ouvriers de diverses professions seraient désignés par le conseil des prud'hommes pour visiter l'Exposition de cette époque ; ils devaient déposer leurs rapports entre les mains de la Chambre de commerce. Malheureusement cette délégation ne produisit aucun résultat remarquable malgré les 40,588 fr. dont elle greva le budget de la Commission française.

23.

prirent part. Après le thé, il fut donné lecture de l'adresse suivante :

TRAVAILLEURS DE FRANCE,

Nous, ouvriers anglais, saisissons avec bonheur l'occasion de votre présence à Londres pour vous tendre une main fraternelle, et nous vous disons de tout cœur : soyez les bienvenus.

L'Exposition internationale, cette grande fête du travail, nous met en rapport d'amitié.

Dans des siècles d'ignorance et d'obscurantisme, nous n'avons su que nous haïr : c'était le règne de la force brutale. Aujourd'hui, sous l'égide de la science civilisatrice, nous nous rencontrons comme enfants du travail : le règne de la force morale est venu.

Nous sommes fiers des succès que nous pouvons constater dans la lutte pacifique qui nous réunit à nos frères de tous les pays, et nous nous résignons plus volontiers à notre tâche ardue, quand nous contemplons les merveilles de l'industrie humaine, ayant la conscience d'avoir dignement fait notre part.

Nous sentons que le temps n'est pas éloigné où nous pourrons prendre notre place légitime dans l'organisation des États et des Sociétés, quand les hommes comprendront que leurs intérêts sont identiques.

L'homme est à la recherche du bonheur : le travail l'y conduira.

Quoique l'avenir semble nous promettre la satisfaction de nos droits et de nos espérances, nous ne devons pas nous dissimuler que nous n'y arriverons pas sans des luttes sérieuses ; l'égoïsme rend trop souvent les hommes aveugles à leurs véritables intérêts, et produit la division et la haine là où il devrait n'y avoir qu'amour et solidarité.

De la même manière que nos dissensions nationales ont été ruineuses pour nos patries respectives, nos divisions sociales seront fatales à ceux que la concurrence entraînera contre leurs frères.

Aussi longtemps qu'il y aura des patrons et des ouvriers, qu'il y aura concurrence entre les patrons et des disputes sur les salaires, l'union des travailleurs entre eux sera leur seul moyen de salut.

La concorde entre nous et nos patrons est le seul moyen de diminuer les difficultés par lesquelles nous sommes entourés.

Le perfectionnement des machines, que nous voyons se multiplier de toutes parts, et la production gigantesque qui est la conséquence de l'application de la vapeur et de l'électricité, viennent tous les jours changer les conditions de la société. — Un problème immense est à résoudre, celui de la rémunération du travail. A mesure que la puissance des machines s'accroît, il devra y avoir moins de nécessité pour le travail humain. Que fera-t-on de ceux qui seront sans travail ? Devront-ils rester improductifs et comme éléments de concurrence ? Les laissera-t-on mourir de faim, ou les nourrira-t-on aux dépens de ceux qui travailleront ?

Nous ne prétendons pas résoudre ces questions, mais nous disons qu'elles doivent être résolues, et que pour cette tâche ce n'est pas trop de demander le concours de tous : des philosophes, des hommes d'État, des historiens, des patrons et des ouvriers de tous les pays. Il est du devoir de tout homme de prendre sa part de ce travail.

Bien des systèmes ont été proposés pour la solution de ce problème : la plupart ont été de magnifiques rêves; mais la preuve que la vérité n'a pas été trouvée, c'est que nous la cherchons encore.

Nous pensons qu'en échangeant nos pensées et nos observations avec les ouvriers des différentes nationalités, nous arriverons à découvrir plus vite les secrets économiques des Sociétés. Espérons que maintenant que nous nous sommes serré la main, que nous voyons que comme hommes, comme citoyens et comme ouvriers, nous avons les mêmes aspirations et les mêmes intérêts, nous ne permettrons pas que notre alliance fraternelle soit brisée par ceux qui pourraient croire de leur intérêt de nous voir désunis; espérons que nous trouverons quelque moyen international de communication, et que chaque jour se formera un nouvel anneau de la chaîne d'amour qui unira les travailleurs de tous les pays.

Frères de France, nous avons oublié les leçons de nos oppresseurs, nous ne regardons plus les hommes comme étrangers ou comme ennemis parce qu'ils sont nés sous d'autres climats, ou parce qu'ils parlent une autre langue, ou parce que leur peau n'est pas exactement de la même couleur que la nôtre. Nous avons senti la chaleur de leur cœur et le serrement fraternel de leurs mains, et nous les avons appelés frères.

Frères de France, encore une fois et pour toujours, soyez les bienvenus en notre pays.

Cette adresse remarquable, et dont la portée n'échappera à aucun de nos lecteurs, fut votée aux acclamations enthousiastes de l'assemblée, puis remise entre les mains de M. Henri Tolain, secrétaire-adjoint de la Commission parisienne et de M. Pierre Richard, typographe, président de la Commission ouvrière de Lyon, qui, au nom des délégués français, remercia le peuple anglais de son accueil bienveillant et affirma de nouveau la nécessité d'une alliance entre les travailleurs. Son discours, rédigé séance tenante, fut signé par tous les délégués présents et remis à M. E. Harris, secrétaire du comité qui avait organisé cette fête.

Cette éclatante manifestation ne devait pas rester sans résultat, et le vœu émis dans l'adresse des ouvriers anglais : *de trouver quelque moyen international de communication qui puisse unir les travailleurs de tous les pays*, allait bientôt se réaliser.

En effet, quelques mois plus tard, le 28 septembre 1864, l'*Association internationale des travailleurs* fut fondée à Londres par des ouvriers anglais et français; ces derniers s'étaient fait représenter au meeting qui eut lieu à cette occasion par MM. Tolain, Perrachon et Limousin père.

Depuis, cette association a grandi; la conférence de Londres, en 1865, les congrès ouvriers de Genève, en 1866, de Lausanne, en 1867, où assistaient des délégués de différents pays de l'Europe, lui ont permis d'affirmer son existence et de propager ses principes, qui se résument en ceci :

L'émancipation des travailleurs doit être l'œuvre des travailleurs eux-mêmes; ils ne doivent pas chercher à constituer de nouveaux priviléges, mais établir pour tous les mêmes droits et les mêmes devoirs; — Solidarité entre tous les ouvriers des diverses professions dans chaque pays; — Union entre les travailleurs des diverses contrées; — Etude et solution des problèmes sociaux dans un sens international; abstraction faite de toute situation particulière, afin d'amener par les voies scientifiques, et pacifiquement s'il est possible, le prolétariat à l'émancipation, à l'égalité de droit, non plus en théorie, mais en pratique; — enfin, pas de devoirs sans droits, pas de droits sans devoirs (1).

(1) Par arrêt en date du 20 mars 1868, MM. F. Chemalé, dessinateur, vérificateur en bâtiments ; Henri Tolain, ciseleur ; Héligon, imprimeur sur papiers peints ; Caléminat, monteur en bronze; André Murat, mécanicien ; J. Perrachon, monteur en bronze; J. Fournaise, opticien; P. Gautier, bijoutier; Dauthier, sellier ; J. Bellamy, tourneur robinett er ; F. Gérardin, peintre en bâtiments; J. Bastien, corsetier; V. Guiard, monteur en bronze; P. Delahaye, mécanicien, et J. Delorme, cordonnier, membres de la Commission de l'Association internationale des travailleurs (bureau de Paris), ont été condamnés chacun à cent francs d'amende et trente jours de contrainte par corps, pour association non autorisée de plus de vingt personnes.

Ce jugement a été confirmé en appel.

Un autre arrêt, en date du 22 mai 1868, également con-

Ce mouvement des idées dans la classe ouvrière à pour nous une haute signification; il démontre que le travailleur a conscience de sa situation, et qu'il ne désespère pas d'y porter remède; il est l'aurore d'un monde nouveau qui, s'appuyant sur la vérité, la justice et la morale, fera disparaître la misère et proclamera véritablement la liberté, l'égalité et la fraternité pour toutes et pour tous. Puisse ceci se réaliser bientôt!

Avant de clore cette étude, nous tenons à remercier tous ceux qui nous ont aidé de leurs conseils ou de leur expérience; qu'ils veuillent bien agréer, ici, l'expression de notre profonde reconnaissance; que MM. Motte et Robillard, délégués de la reliure à l'Exposition de 1862, reçoivent particulièrement nos vifs remerciements pour les documents qu'ils ont mis à notre disposition; ils ont fait preuve vis-à-vis de nous d'une véritable confraternité, qui sera toujours présente à notre mémoire; que M. Pierre Vinçard, ancien président des ouvriers délégués au Luxembourg, en 1848, soit persuadé que nous n'oublierons jamais la complaisance infinie avec laquelle il a bien

firmé en appel, a condamné à trois mois de prison, cent francs d'amende et trente jours de contrainte par corps : MM. Eugène Varlin, relieur; Malon, teinturier; Humbert, tailleur de cristaux; Granjon, brossier; A. Bourdon, graveur sur métaux; Charbonneau, menuisier sculpteur; Combault, bijoutier; Landrin, ciseleur, et G. Mollin, doreur sur métaux. qui avaient été élus membres de la Commission parisienne de l'Association internationale des travailleurs, en remplacement de la Commission précédente. Le délit qui leur était reproché était, dit le jugement d'appel, le « maintien obstiné d'une association dénoncée et poursuivie. »

Le troisième Congrès de l'Association internationale des travailleurs s'ouvrira le 6 septembre 1868, à Bruxelles.

voulu nous aider dans la correction de nos épreuves ; l'assistance qu'il nous a prêtée nous est d'autant plus précieuse, que le temps qu'il nous a consacré était pris sur celui qu'il destinait à l'achèvement de son remarquable ouvrage : *Les Ouvriers de Paris*. Enfin, que M. Clerget, bibliothécaire de l'*Union centrale des beaux-arts appliqués à l'industrie*, soit assuré que nous n'oublierons pas l'obligeance avec laquelle il a mis à notre disposition les trésors confiés à sa garde ; que les fondateurs et administrateurs de ce musée-bibliothèque nous permettent aussi de les féliciter de l'œuvre qu'ils ont accomplie ; elle était nécessaire, et elle est utile, c'est le plus bel éloge que nous puissions en faire. Puisse cet établissement inspirer l'idée de fondations semblables dans tous les centres industriels ; alors l'art se rapprochera de plus en plus de l'industrie, l'ouvrier y gagnera en instruction, et le citoyen en dignité !

ADOLPHE CLÉMENCE,

Président de la Commission pour la délégation
de la Reliure à l'Exposition de 1867.

TABLE

—

A nos souscripteurs............................ VII

Préliminaires de la délégation.................. XI

La Reliure aux Expositions de l'industrie. — Introduction. 1

  I. Première Exposition des produits de l'industrie française, 1798............................ 6

 II. Exposition de 1801......................... 12

III. Exposition de 1802. — Bozérian............. 14

 IV. Exposition de 1806......................... 21

  V. Exposition de 1819. — Simier. — Appréciations sur la reliure de l'époque par Dibdin et Lesné.... 24

 VI. Exposition de 1823. — Appréciation de Lesné... 40

VII. Exposition de 1827......................... 40

VIII. Exposition de 1834. — Les *Membres et l'Estomac*. — Appréciations de M. Dupin sur la classe ouvrière. — Thouvenin. — Lesné.............. 49

 IX. Exposition de 1839. — M. Léon de Laborde, rapporteur. — Le caoutchouc dans la reliure ... 74

  X. Exposition de 1844. — Le commerce et l'industrie. — M. Firmin Didot, rapporteur......... 85

 XI. Exposition de 1849. — Introduction de l'outil mécanique dans la reliure. — M. Firmin Didot, rapporteur. — Un mot sur la reliure par M. Chenu. — Nouvelle appréciation de M. Dupin sur la classe ouvrière.................... 103

XII. Exposition de 1851. — Les délégations ouvrières.
— Historique sur l'industrie du maroquin, par
M. Fauler. — MM. Ch. Whittingham et
Firmin Didot, rapporteurs. — La reliure consi-
dérée spécialement au point de vue de l'orne-
mentation, par M. Richard Redgrave......... 126

XIII. Exposition de 1855. — MM. Bauzonnet et Capé,
experts. — M. Merlin, rapporteur. — M. J.
Janin et sa notice nécrologique sur M. Capé.
— L'atelier de la reliure à l'Imprimerie Impériale. — Historique de la reliure des registres,
par M. Merlin. — Nouvelles machines pour la
reliure.................................... 160

XIV. Exposition de 1862. — M. Wolowski, rapporteur. — Rapport des ouvriers-relieurs. — Les
délégations ouvrières. — L'Association internationale des travailleurs................. 219

Paris. — Imp. Rouge frères, Dunon et Fresné, rue du Four, 43